2018
国际军备控制与裁军

杨翊　主编

世界知识出版社

图书在版编目（CIP）数据

2018 国际军备控制与裁军/杨翊主编．—北京：世界知识出版社，2018.7

ISBN 978-7-5012-5763-8

Ⅰ.①2… Ⅱ.①杨… Ⅲ.①军备控制—世界—文集 ②裁军问题—世界—文集 Ⅳ.①D815.1-53

中国版本图书馆 CIP 数据核字（2018）第 138736 号

责任编辑　刘豫徽
责任出版　王勇刚
责任校对　陈可望

书　　名　**2018 国际军备控制与裁军**
　　　　　2018 Guoji Junbei Kongzhi yu Caijun
主　　编　杨　翊

出版发行　世界知识出版社
地址邮编　北京市东城区干面胡同 51 号（100010）
网　　址　www.ishizhi.cn
投稿信箱　lyhbbi@163.com
电　　话　010-65265923（发行）　010-85119023（邮购）
经　　销　新华书店
印　　刷　北京虎彩文化传播有限公司
开本印张　720×1020 毫米　1/16　20¼印张
字　　数　259 千字
版次印次　2018 年 7 月第一版　2018 年 7 月第一次印刷
标准书号　ISBN 978-7-5012-5763-8
定　　价　48.90 元

出版说明

中国军控与裁军协会编撰的《2018 国际军备控制与裁军》如期与广大读者见面了。本书今年收录了过去一年里国内部分专家和学者关于国际军控、裁军和防扩散领域的最新研究成果，共汇集 13 篇论文，涉及核、常规、生物、外空军备、网络空间等多方面情况和态势。本书试图以此对过去一年中军控与裁军领域里的重大问题做一总结性回顾和评述，在一定程度上反映了中国专家对相关问题的认识与看法。

2017 年，国际关系面临新一轮调整，全球安全形势博弈动荡一面继续上升，国际军备控制与裁军不确定性增强。美国特朗普新政府上台，退出多边安全合作，激化大国地缘战略竞争，强化遏制与打压俄及新兴战略力量，美俄双边核裁军前景黯淡。各国围绕全球安全治理激烈博弈，传统多边裁军机制仍陷僵局，无核国家推动强行达成《禁止核武器条约》，对以《不扩散核武器条约》为基石的全球核裁军与防扩散体系造成冲击。伊核、朝核等防扩散热点问题持续升温，新情况新挑战不断出现。新兴科技发展深刻影响全球战略稳定，网络空间成为新的军事竞争热点，有关军备控制规则仍在探索当中，而新一轮外空安全国际规则制定正在拉开序幕。叙利亚化学武器问题引发新一轮禁止化学武器的讨论。《禁止生物武器公约》就新一轮会间会安排达成一致，为未来推进国际生物军控多边进程奠定了基础。对以上问题，本书进行了深度分析和透彻解读。

本部论文集是我会连续第十五年编写，旨在为国内外专家学者提供一个展示自己学术成果和交流思想的平台，希望对研究军控与裁军问题的学者有所启迪。文中各位专家的观点仅代表作者个人，不代表我会的看法。

衷心感谢参与撰稿的所有作者，他们的辛勤与严谨为本书的质量提供了保障。协会有关领导和秘书处同志对全书的校稿审核做了大量工作，世界知识出版社的领导和有关编辑人员为本报告的文字编辑和把关付出了辛勤努力。另外，对于多年来广大读者和有关人士给予本书好评和支持，在此一并致谢。

由于课题组水平所限，书中难免存在缺点与不足之处，恳请国内外专家和读者批评指正。

《国际军备控制与裁军》课题组
2018年6月于北京

目　　录

【核政策】

特朗普政府提升战术核武器作用的动因及影响分析

史建斌　郑妍

特朗普政府提升战术核武器作用的动因及影响分析

史建斌　郑妍

内容提要：特朗普政府《核态势审议》报告中，令人瞩目地提出以战术核武器增强威慑，并规划了战术核武器发展策略。战术核武器在确保延伸威慑、遂行定制威慑、增强跨域威慑等方面能发挥独特作用，从而进一步提升美国核力量的多样性、灵活性和响应能力，提高美国核威慑的可信性。但是，对战术核武器的倚重，不可避免地会产生一系列安全问题，包括降低核武器使用门槛，增加核战争可能性，阻碍国际核军控与裁军进程，刺激新一轮核军备竞赛等。此将严重影响地区稳定与国际安全。

关 键 词：战术核武器　特朗普政府　核态势审议　核威慑　国际安全

作者单位：中国工程物理研究院战略研究中心

战术核武器在美国核武库中历来占据一席之地，长期在美国核战略中发挥作用，同时也在国际军控界一直备受争议。2018 年 2 月 2 日，美国新版《核态势审议》报告正式颁布。特朗普政府在这份指导美国未来一段时期核力量发展和核政策制定的纲领性文件中，令人瞩目地提出以战术核武器增强威慑，并规划了战术核武器发展策略。此举意欲何为？国际安全与稳定又将受何影响？

美国战术核武器发展情况

核武器按用途可分为战略核武器和战术核武器。一般而言，战术核武器由威力较低的核弹和射（航）程较短的投掷发射系统以及相应的指挥控制通信系统组成，主要用于打击敌方战役或战术纵深内的重要目标。[①] 美国自20世纪70年代以来，与苏联/俄罗斯签署了一系列削减和限制战略进攻性武器的双边条约，包括当前正在生效的新START条约；从这个角度来说，所有未被这些条约覆盖的核武器，即除了洲际弹道导弹、潜射弹道导弹和重型轰炸机外，都可视为事实上的战术核武器，故战术核武器又称“非战略核武器”。从冷战伊始至今，美国战术核武器发展态势随着全球安全环境和政治格局的变化而不断调整。

（一）冷战时期

核武器问世之初，并无战略和战术之分。由于美国核垄断被打破以及东西方关系日渐紧张，美国重新评估核武器使用政策，提出在常规武器和用于对城市人口进行“恐怖轰炸”的战略打击武器之间，需要有一类可用于战场作战的核武器。核武器技术的进步，使得核弹头的重量减轻、体积缩小，可由战斗轰炸机、短程导弹、大炮投掷或运载，战术核武器进入美国核武库。20世纪50年代，美国凭借对苏联占有明显优势的核力量，提出了“大规模报复”战略。为了能在任何地方实施即刻的报复，同时为了弥补海外驻军的不足，美国陆续把战术核武器部署到欧洲和亚太地区。

---

① 参见钱绍钧主编：《中国军事百科全书——军用核技术》（第2版），北京：中国大百科全书出版社2007年版，第80页。

20世纪60年代，随着苏联核力量的发展，美国奉行的“大规模报复”战略遭遇“既不能打核大战又不能打常规有限战争”的尴尬局面，饱受各界抨击。肯尼迪政府上台后，开始采纳“灵活反应”战略，即在战争时期根据情况逐步升级使用核武器，包括有选择、有限度地使用战术核武器。这种使用战术核武器打“有限核战争”的想法，使美国战术核力量急剧膨胀，战术核弹头一度在核武库中占有绝对的数量优势。①

在20世纪七八十年代，美国对战术核武器实施现代化，提高打击精度等性能。为适应作战要求、减少附带损伤，美国还研制了特殊性能的战术核武器，如装载了W70增强辐射弹头的“长矛”导弹等。随着冷战接近尾声，美国陆续减少部署在盟友领土上的战术核武器。1987年12月，美、苏谈判达成《中导条约》，承诺在条约生效后的三年内销毁所有的中程/中短程陆基战术导弹。②

在冷战的不同时期，美国在全球27个国家和地区部署过战术核武器，其中1967年在太平洋沿岸地区的部署数量达到3200枚的历史峰值，③ 1971年在欧洲的部署数量达到约7300枚的历史峰值。④ 美国在海外部署战术核武器的目的很明确，就是通过威胁使用战术核武器，并在必要时升级到战略核武器，慑止对手入侵盟友；一旦威慑失败，将依靠战术核武器以抵消对手在局部区域的优势常规军事力量。

---

① ［美］托马斯·科克伦等著：《核武器手册：美国的核力量和能力》（柯情山等译），北京：解放军出版社1985年版，第5页。

② 国际社会对《中导条约》是否是战术核武器军控条约尚有争议，但中国有关的权威著作认为《中导条约》削减的是战术核武器。参见钱绍钧主编：《中国军事百科全书——军用核技术》（第2版），北京：中国大百科全书出版社2007年版，第81页。

③ Robert S. Norris, William M. Arkin and William Burr, “Where They Were,” *Bulletin of the Atomic Scientists*, November/December 1999, p. 30.

④ Hans M. Kristensen, “*Non-Strategic Nuclear Weapons, Special Report No. 3*,” Federation of American Scientists, May 2012, p. 15.

（二）后冷战时期

20世纪90年代初，国际安全局势发生巨大转变，华约作为一个对北约构成安全威胁的军事组织已不复存在，美国拥有的战术核武器远远超出安全所需，同时担心苏联解体后遗留下来的数以万计的战术核武器失控，为此，老布什总统单方面宣布大量削减和销毁各类战术核武器（即“总统核倡议”），以促使苏联/俄罗斯采取相同举措。美国国防部在2010年宣布，截至2009年9月30日，其战术核武器数量比1991年9月30日减少了约90%。[①] 外界估计，美国在1991年拥有约7000枚战术核武器。[②]

美国还大幅度减少了海外部署数量。在欧洲，美国把部署的战术核武器数量逐渐削减到数百枚的规模；在亚太地区，自老布什政府于1991年12月从韩国撤走了最后一批核炸弹和核炮弹后，未再部署过战术核武器。

（三）当前

奥巴马政府的2010年《核态势审议》报告提到，美国仅有“数量有限的在欧洲前沿部署的”以及“少量存储在美国国内的”战术核武器。根据特朗普政府2018年版《核态势审议》报告透露的信息，当前美国的战术核力量由B61核炸弹组成，由F-15E战斗机和欧洲盟友的两用飞机（DCA）运载。[③] 就具体数量而言，国际权威机构的学者估计，截至2018年初，美国拥有约300枚B61-3/-4战术核炸弹，其中约150枚部署在比利时、德国、意大利、荷兰和土耳其等五个欧洲国家的六个空军基地；其余

① U.S. Department of Defense, “*Increasing Transparency in the U.S. Nuclear Weapons Stockpile*,” Fact Sheet, May 3, 2010, https://www.defense.gov/Portals/1/features/defenseReviews/NPR/10-05-03_Fact_Sheet_US_Nuclear_Transparency__FINAL_w_Date.pdf.（访问日期：2018年4月20日）

② Robert S. Norris and William M. Arkin, “Nuclear Notebook: U.S. Nuclear Weapons Stockpile (June 1991),” *Bulletin of the Atomic Scientists*, June 1991, p.49.

③ U.S. Department of Defense, *Nuclear Posture Review*, Washington, D.C., February 2, 2018, p.48.

的储备在国内。①

特朗普政府提升对战术核武器的倚重

特朗普政府《核态势审议》报告的字里行间，表露出对战术核武器的关注与倚重。

（一）强调以战术核能力增强威慑

相比奥巴马政府在《核态势审议》报告的开篇倡议寻求“无核武器世界”和降低核武器在国家安全战略中的作用，特朗普政府在其《核态势审议》报告正文之前的“国防部长序言”（简称“序言”）中，直奔美、俄战术核武器问题。“序言”在第一段就挑明国际形势、渲染安全危机，“当前美国正面临着冷战结束以来最复杂、最费神的国际安全局面”；接着在第二段摆明自身武库情况，颇具意味地指出，“20 世纪 90 年代初，美国从核武库中销毁了几乎全部的短程核武器”；第三段则笔锋一转，点出俄罗斯“保留了大量战术核武器”，而且“正对这些武器进行现代化改造”，并担忧俄罗斯可能实际使用战术核武器的“依靠核升级谋取胜利的军事战略”。②

如果说“序言”中的这些表述仅是起到造势、铺垫的作用，那么特朗普政府《核态势审议》报告的正文，则以专门的章节，浓墨重彩地阐述要以战术核能力增强威慑，并且提出具体措施和步骤，其中包括发展两款新的低威力核武器（后文详述）。

① Hans M. Kristensen and Robert S. Norris, “U. S. Nuclear Forces, 2018,” *Bulletin of the Atomic Scientists*, Vol. 74, No. 2, 2018, p. 121.

② U. S. Department of Defense, *Nuclear Posture Review*, Washington, D. C., February 2, 2018, p. 1.

（二）回避战术核武器削减谈判

奥巴马政府和特朗普政府都表达了对俄罗斯战术核力量的担忧。奥巴马政府《核态势审议》报告指出，俄罗斯维持了“更大规模的战术核力量”，其中“很大一部分靠近若干北约国家边境而部署，引起北约担忧”。[①]由于美俄在2010年签署的新START条约未对战术核武器进行限制，为此，美国参议院在批准新START条约的决议中，呼吁总统在条约生效后的一年内，寻求“与俄罗斯谈判达成一项协议，以解决美俄之间战术核武库的不均衡问题，并以一种可核查的方式保护和削减战术核武器”。[②] 奥巴马政府也在其《核态势审议》报告中，强调了与俄罗斯在下一轮军控谈判中涵盖战术核武器问题的重要性。[③]

反观特朗普政府的《核态势审议》报告，虽然对核军控的方方面面都有所提及，但显然放慢了推进核军控裁军进程的节奏，具体到战术核武器问题，则是在提升其作用的同时，把自身不再寻求相关削减谈判归责于俄罗斯。[④]

（三）规划战术核武器发展

对于战术核武器，奥巴马政府将其列为未来核削减谈判的重点对象，并且宣布退役核武库中仅存的一款海基战术核武器，而特朗普政府却反其道而行之，规划了如何加以发展。当前俄罗斯核武库中有约2000枚种类多

① U. S. Department of Defense, *Nuclear Posture Review*, Washington, D. C. , April 6, 2010, p. 27.

② Amy F. Woolf, "Nonstrategic Nuclear Weapons," *Congressional Research Service Report for Congress*, RL32572, February 13, 2018, p. 2.

③ U. S. Department of Defense, *Nuclear Posture Review*, Washington, D. C. , April 6, 2010, p. 27.

④ U. S. Department of Defense, *Nuclear Posture Review*, Washington, D. C. , February 2, 2018, p. 74.

样的、可供部署的战术核武器。[①] 外界估计，俄罗斯另有约 1800 枚退役待拆卸的战术核弹头。[②] 特朗普政府发展战术核力量的总体策略，是不与俄罗斯在数量与品种上寻求均势，而是根据自身的需要，保持一定规模和能力。

首先，维持战术核武器在欧洲的前沿部署态势以及在亚太地区前沿部署的能力。为了强化在欧洲的威慑，特朗普政府将与北约合作，“最大限度地确保并在必要时提升驻欧两用飞机的战备性、生存能力及作战效能”。[③] 除了欧洲，亚太地区也是战术核武器可能发挥作用之地，为此，特朗普政府《核态势审议》报告特意指出，“如果需要，美国有能力把两用飞机和核武器部署到全球其他地区，包括东北亚地区”。[④]

其次，现代化现有的空基战术核力量。美国在耗费巨资的核武库现代化计划中，将把 B61-3/-4 核炸弹延寿为更先进的 B61-12 核炸弹，并研制新一代的 F-35 战斗轰炸机取代现有的两用飞机。B61-12 核炸弹和 F-35 战斗轰炸机这对组合，将成为未来美国战术核力量的中坚。

再次，发展新的低威力海基战术核武器。与战略核武器相比，通常情况下战术核武器的威力相对较低，大多为数千至数万吨 TNT 当量。[⑤] 特朗

① 这些武器包括可部署在中程轰炸机和战术轰炸机上的空对地导弹、短程弹道导弹、重力炸弹和深水炸弹，可部署在水面舰船和潜艇上的反舰、反潜、防空导弹和鱼雷，以及地基巡航导弹、反弹道导弹系统等。参见：U. S. Department of Defense, *Nuclear Posture Review*, Washington, D. C., February 2, 2018, p. 52.

② Hans M. Kristensen and Robert S. Norris, “Status of World Nuclear Forces,” 2018, https://fas.org/issues/nuclear-weapons/status-world-nuclear-forces/.（访问日期：2018 年 4 月 20 日）

③ U. S. Department of Defense, *Nuclear Posture Review*, Washington, D. C., February 2, 2018, p. 54.

④ U. S. Department of Defense, *Nuclear Posture Review*, Washington, D. C., February 2, 2018, p. 48.

⑤ 核爆炸释放能量的一种习惯计量方式，以释放相同能量的梯恩梯（TNT）炸药的质量来表示。国际军控界对如何按威力划分核武器说法不一，美国在《1994 财年国防授权法》中，把爆炸威力低于 5000 吨 TNT 当量的核武器界定为低威力的。参见：“*National Defense Authorization Act for Fiscal Year 1994*,” H. R. 2401, Sec. 3136. (d), November 17, 1993.

普政府制定了低威力核武器发展的近期计划和远期计划。近期计划是改造少量现有的潜射弹道导弹核弹头，使其可提供低威力选项。这是特朗普政府加强区域威慑能力的临时方案。该方案从技术上讲，可通过取下氢弹核战斗部的聚变次级、仅保留裂变初级而实现。由此看出，美国为了能相对快捷、低廉、可靠地获得新的低威力核打击选项，满足其应对“近期威胁”所需，不惜用昂贵的潜射弹道导弹装载战术核弹头，而且甘冒牺牲战略核潜艇隐蔽性的风险。远期计划则是寻求一款现代化的海基核巡航导弹。奥巴马政府退役了美国核武库中仅存的海基战术核武器——“战斧”核巡航导弹，理由是该武器系统的“威慑和安全保证作用可被其他手段所替代”。[①] 外界估计，有近300枚“战斧”海基核巡航导弹退役。[②] 特朗普政府表示，将立即着手恢复这一能力，研究制定一份快速发展现代化海基巡航导弹的《备选分析方案》。

最后，着意降低在政治、外交层面可能的负面影响。就低威力核武器而言，其近期计划是一对一地少量改造“三叉戟II”D5潜射弹道导弹上的核弹头，这至少在美、俄签署生效的新START条约到期之前，不违反条约中对现役部署的核武器数量不超过1550枚的规定，而且能规避制造新的核弹头之嫌；其远期计划是发展海基核巡航导弹，这样，无论导弹射程如何，不受限于美、苏1987年签署的、当前仍在生效的《中导条约》，而且对俄罗斯违反《中导条约》的行为，“提供一种符合《中导条约》的响应方案”。[③] 无论是近期计划还是远期计划，发展的都是海基战术核武器，这些

① U.S. Department of Defense, *Nuclear Posture Review Report*, Washington, D.C., April 6, 2010, p. 28.

② Hans M. Kristensen and Robert S. Norris, “U.S. Nuclear Forces, 2010,” *Bulletin of the Atomic Scientists*, Vol. 66, No. 3, 2010, p. 67.

③ U.S. Department of Defense, *Nuclear Posture Review*, Washington, D.C., February 2, 2018, p. 55.

武器在提供区域威慑的同时，不需要盟友提供军事基地，避免因在欧洲盟友（同时也是《不扩散核武器条约》的非核缔约国）的空军基地部署战术核炸弹而遭受国际社会的质疑和指责。但值得注意的是，美国战略司令部司令约翰·海腾（John Hyten）上将于2018年2月16日在美国国防大学的讲话中表示，新的海基核巡航导弹可能部署在美最先进的朱姆沃尔特级（Zumwalt-class）导弹驱逐舰上。[①] 若真如此，将有违乔治·布什总统在"总统核倡议"中的承诺，即"一般情形下，水面舰船不承载战术核武器——这是一条底线"。[②]

缘何提升战术核武器的作用

特朗普政府提升战术核武器的作用，是基于对国际安全态势的研判以及提高核威慑能力的考量。新版《核态势审议》报告重章叠句、回环复沓地阐述，美国当前所处的战略环境急剧恶化，为了应对新出现的威胁、保护美国及其盟友的安全，需要增强核力量的多样性和灵活性。事实上，美国的"三位一体"战略核力量已具备多样性和灵活性，但特朗普政府认为当前的威胁环境更具挑战性，需要对核力量进行适度补充，以进一步提高核威慑能力。分析来看，战术核武器能在如下领域发挥独特作用，无疑是承担此责的优先之选。

---

① Jane Edwardson, "Gen. John Hyten: Stratcom Eyes Low-Yield, Nuclear Cruise Missile Tech for Zumwalt-Class Destroyers," *Industry News*, March 2, 2018, http://blog.executivebiz.com/2018/03/gen-john-hyten-stratcom-eyes-low-yield-nuclear-cruise-missile-tech-for-zumwalt-class-destroyers/.（访问日期：2018年4月20日）

② George Bush, "*Address to the Nation on Reducing United States and Soviet Nuclear Weapons*," September 27, 1991.

其一，确保延伸威慑。[①] 延伸威慑是美国核力量在国家安全战略中发挥的关键作用之一，美国战术核武器长期以来的职责，就是为欧洲和亚太地区的盟友提供延伸威慑和安全保证。美国部署在欧洲的战术核武器，正如特朗普政府《核态势审议》报告所言，“对于威慑潜在对手和保证盟友安全做出了重大贡献”。[②] 它不仅维系着美国和欧洲横跨大洋的“联盟团结”，同时以一种可见的方式表明了美国对欧洲盟友的安全承诺，向任何潜在对手发出了明显的威慑信号，增加美国在盟友一旦受到攻击将出手保卫的可能性。在亚太地区，虽然“战斧”海基核巡航导弹从撤除实战部署状态乃至全部退役后，其提供延伸威慑的职能由美国空军部署在国内的战略核力量以及太平洋司令部的战略核潜艇兼任，但是美国一直维持着一旦需要随时在该地区部署战术核武器的能力。

出于确保延伸威慑可信性的考量，奥巴马政府采取的措施是发展包括常规军事能力和导弹防御能力在内的一系列军事能力，而特朗普政府虽未完全摒弃常规能力的作用，但明确表示，“单凭常规力量不足以确保许多盟友及伙伴的安全，这些国家极其依赖美国的延伸核威慑”。[③] 美国已有的空基战术核武器在前沿部署、力量展示、决心宣示和召回能力等方面有其特长，基本上已能满足美国为盟友提供延伸威慑的需求。特朗普政府规划发展海基战术核力量，能进一步增强地区威慑能力和保持可靠的响应能力。

---

① 根据美国国家科学院（NAS）的定义，“延伸威慑”是一种“通过用核报复导致无法承受的毁伤以威胁觉察到的或潜在的敌手，防止其对盟国进行核打击或常规打击的战略”。参见：Committee on International Security and Arms Control（CISAC）of the National Academy of Sciences, *The Future of U. S. Nuclear Weapons Policy*, Washington, D. C.：The National Academies Press, 1997, pp. 14-15.

② U. S. Office of the Secretary of Defense, *Nuclear Posture Review*, Washington, D. C., February 2, 2018, p. 48.

③ U. S. Office of the Secretary of Defense, *Nuclear Posture Review*, Washington, D. C., February 2, 2018, p. 17.

海基战术核武器部署于水面舰只或攻击型核潜艇，在发挥威慑效应时，具有空基战术核武器所不可比拟的优势：更具独立性，不依赖东道国在军事基地和后勤保障方面的支持；更具机动性，可在危机时随时部署到选定的位置，而且在危机过后可随时撤回。今后，海基战术核武器既是为欧洲盟友提供延伸威慑的补充手段，更是为亚洲盟友提供延伸威慑的重要手段。

其二，遂行定制威慑。定制威慑是新版《核态势审议》报告中推出的新名词，缘由是特朗普政府认为在复杂的国际安全环境下，没有“一招通用”的威慑方式，美国的核威慑要根据威慑对象的不同而“见招拆招”。如果说延伸威慑是提供给盟友的，那么定制威慑则是实施给对手，而俄罗斯是定制威慑的重点对象。考虑到俄罗斯的战术核武器在数量、品种上占优，在区域危机与低烈度冲突中能提供胁迫优势，因而被美国政府认为是俄罗斯颇具争议的“以升级促降级”（escalate to de-escalate）战略的中坚力量。对美国而言，纠正俄罗斯的“以升级促降级”这一观点、慑止俄罗斯在危机中迅速进展到动用战术核武器具有战略紧迫性。特朗普政府通过提升战术核武器的作用，尤其是发展两款低威力战术核武器，向外界传递了强烈的遂行定制威慑的信号，即美国有决心、有能力、有手段应对各种场景下的威胁，从而打消对手觉得通过有限核升级或其他战略攻击能获利的信念，提醒对手核冲突不可估量与无法承受的后果和代价，降低对手首先使用核武器的可能性。

其三，增强跨域威慑。与奥巴马政府相比，特朗普政府扩大了核武器的使用范围。根据新版《核态势审议》报告，核武器除了应对核攻击，还要应对“非核战略攻击”，即用核武器应对生物、化学、大规模常规武器的攻击，以及来自太空和网络空间的攻击，而且表明只要受袭目标为美国或其盟友的基础设施、核力量、指挥控制系统等，美国就可能动用核武器。为了慑止所谓的“非核战略攻击”，美国必须整合多种力量手段，拥有一系列有限的、分级渐进的选项。战术核武器能在投掷平台、爆炸威力、射程、生存能力、防范能力等方面提供额外的灵活性和多样性，能扩展美国应对核与非核战略攻击的应对选项，增强美国的跨域威慑能力。

此外，特朗普政府或许还考虑以战术核武器作为与俄罗斯谈判的筹码，达到“以一博三”的目的：促使俄罗斯履行相关军控条约的义务，推动俄罗斯磋商谈判削减战术核力量，以及纠正其他破坏稳定的行为。在筹码博弈上，美国在《中导条约》谈判上曾有成功先例，20 世纪 80 年代美国通过在西德部署先进的“潘兴-II”中程弹道导弹和“狮鹫”陆基巡航导弹，促使苏联与其达成“双零点”方案，各自销毁所有射程在 500—5500 公里的陆基导弹。

如果单纯从军事角度来看，美国现役的约 300 枚战术核武器在其拥有近 7000 枚核弹头的核武库中所占比例甚小，因而对美国整体军事能力的影响相当有限，而近期发展的少量低威力战术核武器在此方面的影响更为有限。特朗普政府之所以提升战术核武器的作用，显然主要出于政治考虑而非军事考虑，主要看重其威慑价值而非实战价值——通过发挥战术核武器以增强延伸威慑、遂行定制威慑、增强跨域威慑等方面的作用，以期打消对手利用美国核威慑能力中可能存在的“缺陷”以获益的念想，从而使美国的核威慑更可信。

对国际安全与稳定的影响

即使战术核武器的爆炸威力相对较低，但同样会产生冲击波、光辐射、早期核辐射、放射性沾染等毁伤效应，对局部区域造成大规模杀伤与破坏。随着军事科学技术的发展，特别是精确制导技术和卫星实时图像技术的进展，核武器的打击精度不断提高。在此情况下，即使爆炸威力较低的核武器，也能部分取得以前较高威力核武器才有的打击效果。除了固有的大规模毁伤危险，美国提升战术核武器在威慑中的作用，还会带来其他一系列安全问题，严重破坏国际安全与稳定。

（一）降低核武器使用门槛，提升核战争风险

战术核武器容易被误认为破坏力较低、造成的人员伤害较小，因而使用上的政治顾虑较少，使用后的道义压力较轻，以致比战略核武器更可能被实际使用。在战术核武器使用门槛原本就相对较低的情况下，特朗普政府提出的战术核武器发展计划，有可能进一步提升核战争的风险。

一方面是缘于模糊了核与常规武器的界线。战术核武器的威力相对较小，容易与常规武器混为一谈。事实上，两者在爆炸威力上仍相差悬殊。美国 2017 年 4 月投掷在阿富汗的 GBU-43 重型钻地炸弹，爆炸威力达到 11 吨 TNT 当量，可谓当前美国威力最大的常规炸弹，但与美国现役 B61 系列核炸弹 300 吨 TNT 当量的最低威力相比，仍是小巫见大巫。更重要的是，威力再低的核武器也与常规武器存在本质区别，一旦使用，将打破国际上长久以来的“不使用核武器”的事实禁忌。如果特朗普在核武库中引入新款海基战术核武器，这将使对手在危机中无法区分飞袭而来的巡航导弹携带的是常规弹头还是核弹头，从而降低了美国与其他核大国的危机稳定性，诱发因误判而导致的核冲突。

另一方面是缘于模糊了战略与战术核武器的区别。特朗普政府计划把少量潜射弹道导弹搭载的高威力核弹头改造为低威力的。这种在战略武器平台上搭载战术核弹头之举尤具风险。对于来袭的潜射弹道导弹，对手无法快速判别（从探测到导弹直至遭到打击，被袭方只有 10—30 分钟的决策时间[①]）其装载的仅是一枚低威力的战术核弹头，还是一枚或若干枚47.5万吨TNT当量的战略核弹头，而美国现役部署的“三叉戟II”D5型潜射弹道导弹通常可装载8枚核弹头；如果单枚导弹都使对手陷入判别困境，更遑论多枚导弹齐射的情况，而美国现役部署的“俄亥俄”级战略核潜艇可携带多达24枚潜射弹道导弹。出于对自身生存能力的担忧，对手很可能会竭其所能地快速反击。

（二）有碍国际核军控与裁军进程

其一，影响欧洲战术核武器问题的解决。美国作为北约战略核威慑力量的主要提供国，同时也是北约战术核武器的唯一拥有国，在北约核战略制定中发挥着主导作用。从历史上看，北约核战略往往受到美国核战略变化的影响，形成“美国主导、北约紧随”的局面。可以说，北约核战略既是美国全球战略的重要组成部分，也是美国核战略的缩影。当前美国仍在欧洲盟友的领土上部署着战术核炸弹。在苏联解体二十多年后的今天仍滞留在欧洲，因而广受关注，备受争议。对于是否应撤走美国部署在欧洲的战术核武器，北约内部存在重大分歧，相关争论未曾停息。俄罗斯一直坚持，只有“双方的战术核武器仅部署在国内”，才能考虑相关的削减谈判。[②] 由于美国在地区安全问题上更加依赖战术核武器，故不会轻易将其从欧洲撤走。这将使欧洲战术核武器问题更难看到解决前景。

其二，影响美俄战术核武器削减谈判进程。长久以来，美、苏/俄在双边核军控裁军谈判中，更多地关注战略核武器，基本未涉及战术核武器，致使后者成为国际核裁军领域的“盲区”。由于战术核武器在美、俄核武库

① Steve Fetter, Richard Garwin and Frank von Hippel, “Nuclear Weapons Dangers and Policy Options,” *Physics Today*, April 2018, p. 34.

② Nikolai N. Sokov, “Tactical (Substrategic) Nuclear Weapons,” in *Four Emerging Issues in Arms Control, Disarmament, and Nonproliferation: Opportunities for German Leadership*, July 2009.

中占有相当数量，而且从某种意义上讲，战术核武器比战略核武器更容易对国际社会的安全与稳定造成危害，因此，对其进行削减既是美、俄未来深入核裁军进程中无法回避的重要内容，更是全球实现无核武器世界这一远景目标的必经之路。[①] 美国前国务卿基辛格和舒尔茨、前国防部长佩里、前民主党参议员纳恩四人联名于2007年在《华尔街日报》发表文章，提出迈向无核世界的重要步骤之一，就是销毁这种“前沿部署的短程核武器”。[②] 但是，美、俄在战术核武器的规模、安全作用和部署态势等问题上存在实际差异和分歧，以致双边削减谈判进程长期停滞不前。美国提升战术核武器在威慑中的作用，也许是想作为筹码，再来一次《中导条约》式的谈判；然而，此一时彼一时，少量增加的海基战术核武器，显然在谈判桌上没有足够的分量，非但不能像以往部署在欧洲的数以百计的“潘兴-II”导弹那样，给对手带来如芒在背的危险感，反而给俄罗斯提供了维持并发展其战术核力量的借口，从而使双边战术核武器削减谈判进程更难推动。

其三，影响全球核裁军进程。美国和俄罗斯即便履行了新START条约框架下的核削减承诺，仅实战部署的战略核武器就各有1550枚，超过当前其他有核国家的核武库总和，更何况美、俄还各有数千枚其他类型和状态的核弹头。作为拥有全球最大规模核武库的国家，美国与俄罗斯对引领全球核军控与裁军进程负有特殊的责任，应率先以可核查、不可逆和具有法律约束力的方式大幅度缩减其核武库规模。在当前美、俄双边政治关系处于冷战结束后的低谷之际，特朗普政府一方面指责俄罗斯在核裁军问题上

① 参见史建斌：《试析美俄裁减战术核武器谈判前景》，《现代国际关系》2012年第4期，第22—27页。

② George P. Shultz, William J. Perry, Henry A. Kissinger, and Sam Nunn, “A World Free of Nuclear Weapons,” *Wall Street Journal*, January 4, 2007.

"没有追随美国"，另一方面又摒弃了奥巴马政府的无核武器世界理念和与俄罗斯谈判削减战术核武器的倡议，这显然无助于美、俄在新 START 条约到期后的新一轮双边核削减谈判，进而影响国际多边核军控与裁军进程。

（三）刺激新一轮核军备竞赛

美国当前拥有其他国家不可比肩的常规力量和战略核力量优势。如果美国认为不提升战术核武器的作用，就不能增强核威慑能力，不能提供可信的延伸威慑，不能保障自身及盟友的安全，那么其他国家似乎更需要发展或加强自己的核威慑力量。

结语

特朗普政府希望凭借战术核武器以进一步增强美国核威慑能力的多样性和灵活性，从而慑止对手在区域危机或低烈度冲突中使用核武器，提高对手的核使用门槛；但是，对具有"可用性"的战术核武器的倚重，无疑将降低自身使用核武器的门槛。特朗普在竞选总统期间曾质疑为什么不能在危机和战争中使用核武器，在国际社会对此言论记忆犹新之际，新版《核态势审议》报告又提出以战术核武器增强威慑，这使得置于特朗普指端的核按钮更令人担忧。美国对于"战略环境显著恶化"之审局，若以战术核能力来增强威慑无异于搅局，可行的解决之道，应以降低核武器在国家安全战略中的作用而稳局，以改善美俄政治关系而扭局，以积极推动国际核军控与裁军进程而控局，最终以全面降低全球核扩散风险和发生核战争可能性而破局。

【核裁军】

2017 年国际核军控与裁军形势回顾

陈旭舟　许伟　董露

2017 年《不扩散核武器条约》十审一筹会议核裁军问题评析

田景梅

《禁止核武器条约》评析

蒋翊民

从 IPNDV 看核裁军核查技术

郑妍　伍钧

2017 年国际核军控与裁军形势回顾

陈旭舟　许伟　董露

内容提要：报告从《禁止核武器条约》、美俄双边核裁军以及朝核危机三个方面回顾分析了 2017 年国际核军控与裁军的形势，认为国际核军控与裁军形势趋于严峻，其主要表现是：国际核军控与裁军的推动力量发生分化、美俄双边核裁军前景堪忧、因核危机引发核战争的风险增大。

关 键 词：核军控与裁军　形势

作者单位：中国军控与裁军协会

2017 年，国际核军控与裁军领域发生了一些重大事件，对双边和多边核军控与裁军以及地区防扩散形成冲击。从总体上来看，推动国际核军控与裁军的力量发生分化，内部分歧凸显；受各自政策的影响美俄双边核军控领域的合作性下降对抗性上升，前景堪忧；朝核形势进一步恶化，风险增大。

一、《禁止核武器决议》获表决通过，多边核裁军进程发生力量分化和路线分歧，消除核武器面临的现实问题仍未得到解决

2017 年 7 月 7 日，100 多个无核武器国家依据 2016 年 71 届联大通过的

一项决议的授权,[1] 在纽约联合国总部进行了为期4周的谈判后，以122票赞同、1票弃权（新加坡）、1票反对（荷兰）的结果通过了《禁止核武器条约》，并于9月20日起在纽约总部开放供所有国家签署。

截至2017年底，已有57个国家签署了这一条约，其中3个国家通过国内立法程序批准了条约。[2] 根据规定，条约将在批准国数量达到50个后正式生效。

围绕这一条约的谈判，国际多边核裁军进程出现了力量分化和路线分歧。大多数无核武器国家和一些非政府的人道主义组织认为，只要有核武器的存在，就有被使用的可能，核武器一旦被使用将导致严重的人类灾难，而且当前核武器被使用的风险不但没有减小反而还在不断增加；消除核武器威胁的唯一途径是从道义上和法律上实现核武器的非法化，在核武器非法化的框架下来促使所有拥有核武器的国家放弃并消除核武器，而《禁止核武器条约》即是解决核武器非法化问题的基本法律框架。这些国家和组织构成了推动条约达成的激进势力。

针对激进派这一主张，拥有核武器的国家和依赖美国通过延伸威慑提供核保护的国家则认为，核武器与核威慑在维护当今世界安全方面仍具有不可替代的作用。这一现实决定了消除核武器应该是一个渐进、平稳过渡的过程，一方面需要逐步削减各国的核武库规模，降低核威慑的作用；另一方面需要建立新的更少依赖核威慑的安全秩序，最终建立完全不依赖核威慑的国际安全秩序；同时还需要相应地建立不可逆、可核查的核武库削减机制。由于持渐进立场的国家数量上处于劣势，对条约的谈判采取抵制策略，使整个条约的谈判过程完全为激进派国家所掌控，仅仅用了4周的

---

① United Nations, General Assembly, *Resolution adopted by the General Assembly on 23 December 2016* [*on the report of the First Committee* (*A/71/450*)], http://undocs.org/A/RES/71/258.

② ICANW, http://www.icanw.org/status-of-the-treaty-on-the-prohibition-of-nuclear-weapons/.

时间就匆匆完成了条约的谈判工作。

《禁止核武器条约》包括前言和 20 项条款。[①] 前言部分强调对使用核武器将产生人道主义后果严重性的认识以及对《不扩散核武器条约》《全面禁止核试验条约》、无核武器区条约等现有国际核军控协议的认识，同时还强调了各缔约国和平利用核能的权利。条约的核心内容是禁止缔约国使用及威胁使用、发展、生产、制造、获取、拥有、储存、转让、安置、安装和部署核武器，或帮助其他国家从事任何条约所禁止的活动。为加入条约，缔约国需要宣布是否曾拥有、持有或控制核武器或核爆炸装置，并已消除其核武器计划，包括消除核武器设施。缔约国至少要接受国际原子能机构（IAEA）的全面保障监督义务，以保证以和平利用为目的的核材料不被转用于制造核武器。条约还要求缔约国为核武器的受害者提供帮助，为恢复因使用、试验核武器而遭受破坏的环境提供帮助。条约审议大会每 6 年召开一次，条约在第 50 个国家提交批准书的 90 天后开始生效。

虽然从积极的方面看，这项条约从法律、政治和道义的角度提出了禁止核武器的规范，对推进彻底消除核武器、实现无核世界目标有一定的规范作用，但就条约的实际结果而言，从近期和现实看，它不仅无助于打破当前核裁军所陷入的困境，而且还会对核裁军进程的发展产生多方面的负面影响。

首先，条约对核武器的非法化否定了核武器国家拥有核武器的合法性，无益于核裁军进程的发展。核武器国家拥有核武器的合法性是得到《不扩散核武器条约》承认的，尽管这种合法性不是永久的。《禁止核武器条约》将核武器非法化是违背《不扩散核武器条约》的。同时，核武器非法化也就意味着核威慑的非法化，这严重违背和脱离当前国际安全

① A/CONF. 229/2017/L. 3/Rev. 1.

的现实。这种否定核武器合法性及国际安全现实的做法，自然遭到核武器国家的抵制。显然，没有核武器国家参与的核裁军进程是不可能取得实质性成果的。这是《禁止核武器条约》不会有助于核裁军进程发展的主要原因。

其次，条约虽然被支持者们称为是实现无核世界的法律基础，但实际上条约没有涵盖实现无核世界的另外两个重要方面。从现实情况讲，实现无核世界目标需要解决三个方面的问题。一是如何使无核武器国家不发展和拥有核武器，也就是传统意义上的不扩散；二是如何使拥有核武器的国家要彻底消除所拥有的核武器；三是如何建立无核世界的新秩序。《禁止核武器条约》为无核武器国家不发展和拥有核武器制定了法律和政治规范，但没有解决已经拥有核武器的国家如何通过有效的法律机制和技术途径来消除现有核武器的问题。此外，条约也没有涉及如何建立一种新的不依赖于核威慑的安全秩序问题以及防范、阻止个别国家恢复发展核武器的机制问题。从这一点看，《禁止核武器条约》对整个核裁军与实现无核世界进程来讲其意义和作用十分有限，缺乏作为核裁军条约应有的机制设计。

再次，条约没有要求缔约国承担更为严格的国际原子能机构的保障监督义务。在条约谈判期间，有国家提出缔约国应与国际原子能机构签署"全面保障监督协议"和"保障监督协议附加议定书"并承担相关义务。但由于阿根廷、巴西、埃及与伊朗的反对，条约最终只是要求"至少维持本条约生效时已有的国际原子能机构保障监督义务"，对于没有签署"保障监督协议附加议定书"的国家不作强制性要求。在保障监督方面，《禁止核武器条约》并没有比《不扩散核武器条约》有更大的进步。

复次，条约没有制定核查机制，对于推动核裁军进程实用价值不大。《禁止核武器条约》不仅没有为消除核武器和维护无核状态制定核查机制，即使针对条约的核心内容也没有建立有效、可行的核查机制。由于受到拥有核武器的国家（包括《不扩散核武器条约》承认的核武器国家和事实上拥有核武器的国家）的抵制，因此条约谈判也就无法涉及核武器销毁及相关核查机制问题。然而，即使对于条约所禁止的活动，也没有制定相应的核查机制。条约主要是依赖国际原子能机构的保障监督机制，而这一机制只是针对防止将民用核材料转用于制造核武器，对于像研制、获取等所禁止的活动很难说有实际效用。

最后，《禁止核武器条约》的通过导致无核武器国家和拥有核武器国家及其盟国间的分歧进一步突显，对维护《不扩散核武器条约》与推动核裁军都将带来一定的冲击。《不扩散核武器条约》审议是各国谋求共识、维护条约、推动核裁军的重要活动。目前因《禁止核武器条约》而引发的矛盾和分歧势必会反映到 2020 年《不扩散核武器条约》的审议活动中，使得达成最终文件的难度加大。同时，由此产生的分歧也将使得无核武器国家与拥有核武器的国家及其盟国间的合作变得更加困难。这两股力量的合作是切实推进核裁军进程的必要条件。

二、围绕《中导条约》履约问题
美俄双边军控领域的矛盾进一步加深，
美国内提议采取强硬的对抗性政策，
双边核裁军前景更加困难

2017 年是美苏签署《中导条约》30 周年，然而自 2014 年美国公开指责俄罗斯违反《中导条约》以来，双方围绕这一问题的矛盾不断升级，在继续重复以前“指责—否认”这种互动模式的同时，也出现了一些新的现象。

一是美国对俄罗斯的指责进一步升级。2 月 14 日，美国媒体援引美国一位不肯透露姓名官员的消息说，俄罗斯已违反《中导条约》规定，部署了射程超过 500 公里的陆基巡航导弹。[①] 之前，美国对俄罗斯的指责仅是指俄违反条约规定，试验射程超过 500 公里的陆基巡航导弹。3 月 8 日，美参联会副主席塞尔瓦在众议院军事委员会举行的听证会上确认俄罗斯已部署了一种新的违反《中导条约》的陆基巡航导弹，对北约构成了威胁。[②]

4 月，美国国务院发布年度军控履约报告称,[③] 美已经向俄罗斯提供比以前更为详细的相关信息，包括导弹和发射架的俄罗斯内部代号，研发和生产导弹及发射架的单位名称，俄罗斯违反条约规定进行陆基巡航导弹试验的历史情况以及为了掩盖真相而采取的措施，所试验的陆基巡航导弹的射程（500—5500 公里）及其与俄罗斯 R-500/SSC-7 陆基巡航导弹或 RS-26 洲际弹道导弹的特征区别。报告认为，俄罗斯已经完全可以依据这些信息判断美国所质疑的究竟是哪个型号的导弹，并认真考虑是否违反条约义务。

12 月，美国国务院称俄罗斯代号为 9M729 的陆基巡航导弹违反了《中导条约》规定，并认为这是俄“伊斯坎德尔-K”型陆基巡航导弹（R-500/SSC-7）的增程型号[④]。“伊斯坎德尔-K”的射程没有违反《中导条约》的规定。

二是美国在不断指责的同时做出了进一步的反应。年初，美国国会参

① https：//www. armscontrol. org/act/2017-03/news/russia-advances-banned-cruisemissile.

② Maggie Tennis，“U. S. May Act on Russian INF Violation，” *ARMS CONTROL TODAY*，July/August 2017，https：//www. armscontrol. org/act/2017-07/news/us-may-act-russian-inf-violation.

③ U. S. Department of State，*ADHERENCE TO AND COMPLIANCE WITH ARMS CONTROL*，*NONPROLIFERATION*，*AND DISARMAMENT AGREEMENTS AND COMMITMENTS*，April 2017.

④ Ankit Panda，“*The Uncertain Future of the INF Treaty*，” February 21，2018，https：//www. cfr. org/backgrounder/uncertain-future-inf-treaty.

众两院都有议员提出针对俄罗斯违约的立法建议，要求美国政府在作战行动、中导武器发展、导弹防御等方面采取行动。[①] 这些建议部分被参众两院“2018 财年国防授权法案”所采纳。2017 年 7 月 14 日，众议院通过的“2018 财年国防授权法案”要求为研制一种非核的中程陆基巡航导弹提供 2500 万美元的经费。[②] 众议院通过的法案还要求总统在 15 个月内提交一份关于俄罗斯执行《中导条约》情况的报告，并指出如果俄罗斯继续违反《中导条约》，国会将禁止向新 START 条约的延期工作拨款。9 月 18 日，参议院也通过了参议院版的法案，要求为研制一种射程在《中导条约》禁止范围内具有核运载能力公路机动陆基巡航导弹拨款 6500 万美元。[③] 11 月，经两院协商，由参议院提交给总统的授权案最终要求建立一个研制射程在 500—5500 公里的常规型公路机动巡航导弹项目，[④] 并为开展相关研制活动提供 5800 万美元经费。12 月 12 日，特朗普批准了包括这项内容的“2018 财年国防授权法案”。此外，据媒体报道[⑤]，12 月，美国还将俄罗斯两家设计局列入“出口管理条例”的实体清单，对两家被认为是与《中导条约》违约行为有关的单位实施制裁。

在继 2016 年年底恢复《中导条约》“特别核查委员会”会晤后，12 月 12 日至 14 日期间，俄罗斯、哈萨克斯坦、乌克兰与美国代表在瑞士日内瓦

---

① Maggie Tennis, “U. S. May Act on Russian INF Violation,” *ARMS CONTROL TODAY*, July/August 2017, https://www.armscontrol.org/act/2017-07/news/us-may-act-russian-inf-violation.

② Maggie Tennis, “Senate Approval Threatens INF Treaty,” *ARMS CONTROL TODAY*, Council on Foreign Relations, October 2017, https://www.armscontrol.org/act/2017-10/news/senate-approval-threatens-inf-treaty.

③ Maggie Tennis, “Senate Approval Threatens INF Treaty,” *ARMS CONTROL TODAY*, October 2017, https://www.armscontrol.org/act/2017-10/news/senate-approval-threatens-inf-treaty.

④ https://www.russiamatters.org/analysis/after-inf-treaty-object…k-us-and-russian-compliance-plus-new-arms-control-regime.

⑤ Charles Forrester, “Country Risk US sanctions two Russian firms for INF Treaty violations,” *IHS Jane's Defence Weekly*, December 22, 2017, http://www.janes.com/article/76639/us-sanctions-two-russian-firms-for-inf-treaty-violations.

再次召开“特别核查委员会”会议，会议似乎没有就美俄的履约分歧问题取得进展。据美国国务院发布的消息，各国代表就条约履约和义务问题进行了讨论，并表示《中导条约》对现有的国际安全机制、核裁军与防扩散仍发挥着重要作用，他们将努力维护并强化其作用。[①] 这似乎表明双方还没有打算彻底放弃通过外交努力来解决问题，但结果如何还需要进一步观察。有一种看法认为，双方斗争的结果可能是，为了避免招致外交上的压力，谁都不主动提出退约，但利用条约规定上的一些局限，如只禁止试验和部署，不禁止研发，或以种种借口采取违反条约规定的行动。因此，《中导条约》存在名存实亡的风险。

相对于《中导条约》，美俄的新 START 条约履约进展则显得相对平静。从 2017 年 4 月公布的数据看[②]，两国部署的洲际弹道导弹、潜射弹道导弹和重型轰炸机的数量已经低于条约的限额，美国部署的核弹头数也已低于条约规定的 1550 枚。值得注意的是，俄罗斯部署核弹头的数量首次出现下降，到 10 月已经只比条约规定的 1550 枚多出 11 枚。此前俄罗斯部署核弹头数量不降反升的变化曾一度引起美国的担忧。从两国截至 2017 年 10 月所公布的结果看，双方在 2018 年 2 月 5 日前按条约规定完成为期 7 年的削减义务基本已成定局。

然而，按照条约的规定，条约的有效期为 10 年，如双方同意还可以延长 5 年。随着 2021 年的临近，新 START 条约能否经双方同意得以延期，在此之后美俄双边核裁军进程是否还能得以延续问题引起外界的关注。从目前的情况看，美国对这一问题的政策立场还不清晰，条约的有效期能否得

---

① Office of the Spokesperson, Washington, D. C., “*Thirty-First Session of the Special Verification Commission Under the Treaty Between the United States of America and the Union of Soviet Socialist Republics on the Elimination of Their Intermediate-Range and Shorter-Range Missiles* (*INF Treaty*)”, December 14, 2017, https: //www. state. gov/r/pa/prs/ps/2017/12/276613. htm.

② 美国国务院网站，www. state. gov。

到延续还存在不确定性。

表 1　2017 年美俄新 START 条约履约情况

	部署的核弹头数量		部署的洲际弹道导弹、潜射弹道导弹及重型轰炸机数量		部署和非部署的洲际弹道导弹、潜射弹道导弹及重型轰炸机数量	
	美	俄	美	俄	美	俄
2017 年 3 月	1411	1765	673	523	820	816
2017 年 9 月	1391	1561	660	501	800	790
新 START	1550		700		800	

资料来源：美国国务院网站 www. state. gov。

2 月份，有媒体报道，刚上任不久的特朗普在与普京的首次通话时称新 START 条约是其前任奥巴马达成的一项坏协议。对于普京在通话中提议的双方讨论条约的延期问题也没有表现出兴趣。① 7 月，特朗普政府的一名高级官员对媒体称，尽管美对俄罗斯在履行军控条约等问题上存在关切，但美国还是重视新 START 条约的价值，美国会遵守条约，讨论条约延期问题的“大门”并没有关闭。② 紧接着，9 月在赫尔辛基召开的美俄第一轮战略稳定谈判期间，俄副外长对媒体披露说，双方将继续履行新 START 条约，③ 但没有谈及条约延期问题。在俄罗斯方面，对于新 START 条约的态度则显得比较积极。除普京曾提议延长条约有效期外，7 月，俄副外长在接受媒体采访时也再次强调希望与美讨论条约延期问题，并抱怨美国反应迟缓。10 月，普京在“瓦尔代俱乐部”年度会上发表讲话指出，俄罗斯已

---

① Ryabkov: US Provided No Proof of Russia's Alleged INF Treaty Violations, September 25, 2017, https: //sputniknews. com/amp/world/201709251057678713-ryabkov-us-russia-inf-treaty.

② Despite tensions, U. S. sees value in New START treaty with Russia, Reuters, September 22, 2017.

③ https: //www. armscontrol. org/act/2017 - 10/arms-control-today/us-russian-strategicstability-talks-begin.

经做好与美国谈判条约延期问题的准备，但美国目前的态度还不明朗。[①]

新 START 条约能否在 2021 年得以延期在很大程度上取决于美国的政策，而影响美国政策的因素及其相互作用又很复杂，从维护相互透明与可预见性以保持战略稳定角度看，条约的延期是有益的，但目前美国认为俄罗斯违反《中导条约》，不是一个值得信赖的军控合作伙伴，这给特朗普政府制订合作性的军控政策带来极大的困难。后续的发展有待于美国对此的进一步政策评估。

关于继新 START 条约后美俄双边核裁军进程的后续发展问题，奥巴马曾建议两国在新 START 条约的基础上各自再削减三分之一的部署核力量，但没有得到俄罗斯的积极反应。从以往的表态看，俄希望将进攻型核力量削减与反导、常规战略力量等问题挂钩处理。另一方面，特朗普上台后美国的立场也在发生变化，特朗普称美国的核力量已经落后于俄罗斯，美国的核力量应该成为最强。事实上，美国的政策重点已经偏向与俄罗斯在核力量方面开展竞争，加之当前美俄双边关系的严重恶化，两国讨论双边核裁军进程后续发展的政治基础受到严重破坏，目前根本不具备讨论这一问题的条件。

总的来看，由于奥巴马第二届任期以来，美俄关系不断恶化，维持双边军控基础变得越来越困难，而特朗普在对待军备控制与军备发展问题上似乎更加强调后者。一个好的迹象是美俄已经重启双边战略稳定对话，[②] 也许双方能够通过对话走出当前的困局。

---

① Maggie Tennis, "Putin Slams U. S. on Nonproliferation Deals," *ARMS CONTROL TODAY*, November 2017, https: //www. armscontrol. org/act/2017-11/news/putin-slams-us-nonproliferation-deals.

② https: //www. armscontrol. org/act/2017 - 10/arms-control-today/us-russian-strategicstability-talks-begin.

三、朝鲜核导能力取得重大突破，半岛局势更趋紧张，战争风险不断升高

2017 年，朝鲜在核导能力方面取得重大突破。在导弹方面，这一年朝鲜进行各种导弹试射大约 20 次。通过这些试射，朝鲜向外界表明它已经具备中程、远程和洲际投送能力，射程已经可以覆盖美国，其中中程导弹已经采用固体发动机技术，导弹部队的作战能力不断提高。在核方面，9 月 3 日，朝鲜进行了第六次核试验。禁核试组织国际监测系统监测地震震级为 6.1 级[①]，远远大于前几次核试验。据外界估计此次核爆当量在 10 万—25 万吨之间。朝鲜自己对外宣称这是一次热核试验，也就是氢弹试验。外界依据爆炸当量分析也认为很可能是一次热核试验。针对朝鲜的上述核导活动，联合国安理分别在 6 月、8 月、9 月和 12 月做出制裁决议，但目前效果仍不明显。虽然现在还无法判定朝鲜是否已经拥有“两弹结合”的核实战能力，但外界认为即使目前朝鲜还不具备这一能力，如果按照这一势头发展下去，朝鲜不久就能拥有这一能力。

2017 年朝核危机发展令世人担忧的另一个问题是，半岛局势更趋紧张，战争风险不断升高。特朗普抛弃了奥巴马的“战略忍耐”政策，提出“极限施压”政策，为了促使朝鲜停止核导活动，在对朝进行经济制裁和外交施压的同时，反复强调军事打击这一政策“备选项”，强化对朝的军事威胁。与此相配合的是韩美军事演习的规模进一步扩大，突出对朝的“先发制人”打击。作为回应，朝鲜采取了以强硬对强硬的政策。在美国独立日当天，朝鲜进行洲际弹道导弹试射，并声称已拥有强大的洲际弹道导弹，

① https：//www. ctbto. org/the-treaty/development-after-1996/2017-sept-dprk/.

能够击中世界上任何一个国家,[①] 向美国表明其拥有打击美国本土的能力。朝鲜中央通讯社甚至报道说朝鲜计划向关岛附近发射洲际导弹。美朝的相互威胁不但无助于朝核问题的解决，反而不断推升半岛地区的战争风险，甚至是核战争的风险。

值得注意的是，双方在相互发出战争威胁的同时，仍保持有限的低规格接触，特朗普本人还几次释放打算与金正恩坐下来谈的信号。这也许会为朝核危机的缓解创造条件。

2017 年的国际核军控与裁军形势总体趋于严峻，前景令人担忧。为了继续推动国际核军控与裁军进程的稳步发展，国际社会应积极化解分歧，加强合作，包括拥有核武器国家与无核武器国家在防扩散与核裁军领域的合作，美俄在双边核军控领域的合作以及作为朝核危机主要当事方美朝之间的合作。合作是远离核战争风险，实现核裁军目标的希望所在。

① https：//www. armscontrol. org/act/2017-07/news/north-korea-icbm-presents-globalthreat.

2017年《不扩散核武器条约》十审一筹会议核裁军问题评析

田景梅

内容提要：在2017年《不扩散核武器条约》十审一筹会议上，无核武器国家继续不遗余力地推动缔结一项具有法律约束力的《禁止核武器条约》，敦促核武器国家进一步削减其核武库，要求提高核透明并以标准报告表的形式报告履行《不扩散核武器条约》义务的情况，呼吁尽快谈判"禁止生产核武器或其他核爆炸装置用裂变材料条约"，签署和批准《全面禁止核试验条约》并使其早日生效，敦促降低核武器的作用、减少意外发射核武器的风险和降低核武器的作战状态，等等。《不扩散核武器条约》审议进程越来越成为无核武器国家推进核裁军的重要平台。

关 键 词：《不扩散核武器条约》 审议进程 核裁军

作者单位：中国工程物理研究院战略研究中心

2017年5月2—12日，《不扩散核武器条约》（NPT）第十次审议大会第一次筹备会议在奥地利维也纳联合国会议中心召开，① 一筹会议主席由荷

---

① 根据《不扩散核武器条约》的规定，缔约国每五年举行一次审议大会，审查缔约国履行核不扩散、核裁军与和平利用核能义务的情况，并为缔约国今后五年进一步履行上述三项义务制订具体的步骤和措施。为使审议大会取得成果，缔约国在审议大会召开前三年每年举行一次筹备会议，共举行三次筹备会议。2020年，缔约国将举行第十次审议大会，三次筹备会议分别在2017年、2018年和2019年召开。

兰大使范德卡斯特（Henk Cor van der Kwast）担任，111 个缔约国参加了会议。筹备会议顾名思义是为审议大会能够取得成果预做准备。在一筹会议上，与会国家代表就核裁军、核不扩散与和平利用核能三个方面进行了发言和讨论，除了宣传各自履行 NPT 义务的情况外，还阐述了各自在上述三个方面的观点和立场，提出了今后进一步推动核裁军、核不扩散与和平利用核能所应采取的措施、步骤或行动计划。最后，一筹会议主席以个人名义提出了一份反映各方立场和建议的会议总结报告。本文仅就一筹会议核裁军问题进行较为具体而详细的阐析。

一、《禁止核武器条约》

《禁止核武器条约》源于无核武器国家在 2012 年 NPT 第九次审议大会第一次筹备会议上发起的核武器人道主义后果的运动。在 2012 年九审一筹会议上，奥地利、智利、哥斯达黎加、丹麦、罗马教廷、埃及、印度尼西亚、爱尔兰、马来西亚、墨西哥、新西兰、尼日利亚、挪威、菲律宾、南非和瑞士共 16 个无核武器国家提出了“核裁军的人道主义方面”的联合声明。联合声明首先对使用核武器的灾难性人道主义后果进行了阐述，认为使用核武器违背国际法和国际人道主义法，指出唯一的方法就是全面、不可逆和可核查地消除核武器。它要求所有国家加紧努力宣布核武器不合法和实现无核武器世界。它呼吁所有缔约国特别是核武器国家日益重视其遵守国际法和国际人道主义法的承诺。核武器的人道主义影响问题在一筹会议上引起了很大关注和热烈讨论。在许多无核武器国家的大力推动下，这一问题不断发酵。2013 年 3 月 4—5 日，第一次核武器人道主义影响国际会议在挪威奥斯陆召开，包括印度在内的 132 个国家参加了会议。美俄英法中五个核武器国家均未与会。会议重点讨论了核武器爆炸的直接和长期人道主义影响，针对核武器爆炸的人道主义应对措施和应急响应体系等问题。在2013年4月22日—5月3日召开的NPT九审二筹会议上，在“核裁军的人道主义方面”的联合声明上签字的国家已达78个。2014年2月13—14日，第二次核武器人道主义影响国际会议在墨西哥纳亚里特召开，包括印度和巴基斯坦在内的146个国家与会。会议进一步讨论了核武器的毁灭性和其他危险性，许多国家准备团结起来要求确定开始谈判《禁止核武器条约》的截止日期。第三次核武器人道主义影响国际会议于2014年12月8—9日在奥地利维也纳召开。158个国家与会。与前两次会议不同的是，核武器国家美国和英国参加了会议。通过进一步讨论核武器爆炸和核武器试验的影响，故意和非故意使用核武器的危险和现有的国际规范和法律等。第三次国际会议提出应对核武器使用的唯一保证是全部消除核武器，而现在缺少全面禁止拥有、转让、生产和使用核武器的法律规范。

无核武器国家利用和创造各种平台宣传核武器的使用和爆炸产生灾难性的人道主义后果，强调现在却缺少像《禁止生物武器公约》和《禁止化学武器公约》那样具有法律约束力的禁止核武器的法律文书，从而使缔结《禁止核武器条约》成为顺理成章的事情。2015年12月，在奥地利等无核武器国家的推动下，第70届联合国大会通过了题为“推进多边核裁军谈判”的70/33号决议：决定召开开放式工作组会议，实质性地探讨建立和保持无核武器世界所需达成的具体有效的法律措施、法律条款和规范等。

2016年12月，第71届联合国大会又通过了题为“推进多边核裁军谈判”的71/258号决议。该决议决定，在2017年3月27—31日和6月15日—7月7日在纽约召开联合国会议，以谈判一项具有法律约束力的禁止核武器文书，促请与会国尽最大努力尽快缔结这项文书。

《禁止核武器条约》第一轮谈判如期于2017年3月27—31日在纽约联合国总部举行。100多个国家与会。五个核武器国家均未参加会议。会议讨论了条约的目标、原则和条款等。与会国基本认同条约应禁止发展、生产、制造、获取、拥有、储存、转让核武器或其他核爆炸装置与使用核武器以及进行核试验等。但是，他们在核武器销毁的时间表以及相关核查条款等方面存在分歧。《禁止核武器条约》文本的敲定只好留待后续谈判解决。①

NPT 九审一筹会议期间核武器人道主义后果运动推动的《禁止核武器条约》问题无疑会反映在 2017 年 5 月召开的 NPT 十审一筹会议上。在此次会议上，美俄英法等核武器国家及美国核保护伞下的无核武器盟国等虽然表示支持最终实现无核武器世界的目标，但不支持现在就谈判一个《禁止核武器条约》。它们认为在目前国际安全环境恶化和核扩散危险加剧的情况下谈判《禁止核武器条约》的时机不够成熟，不但会不利于推进核裁军，而且会造成缔约国之间的矛盾和分裂。美俄英法中五个核武器国家及美国的无核武器盟国等都强调核裁军应采取循序渐进而非一步到位的方式。

其他的无核武器国家基本上支持谈判一项具有法律约束力的《禁止核武器条约》，但是在销毁核武器是否设置时限问题上意见不一。NPT 不结盟缔约国集团在十审一筹会议上提出了消除核武器的分阶段方案和明确规定的时间框架：第一阶段（2020—2025 年）——谈判和缔结禁止核武器公约；第二阶段（2025—2030 年）——加快批准公约并尽快生效；第三阶段（2030—2035 年）——全面执行公约及其核查制度（每个阶段包含具体的核裁军措施）。

为推进核裁军，不结盟缔约国集团还提出让国际原子能机构（IAEA）介入核裁军核查。它们强调 IAEA 在核裁军中的法定职责，包括对拆除核武器产生的核材料实行保障监督，并承认 IAEA 核查核裁军协定的能力。它们

① 第二轮谈判于 2017 年 6 月 15 日—7 月 7 日举行。7 月 7 日，《禁止核武器条约》以 122 票赞成、1 票反对、1 票弃权的表决结果获得通过。

支持在 IAEA 范围内制定具有法律约束力的适当核查安排，确保从核武器和其他核爆炸装置中不可逆地移除裂变材料，并敦促 2020 年审议大会审查这种核查安排以及使其进行操作的手段。它们敦促核武器国家承诺向 IAEA 申报全部武器级裂变材料，尽可能迅速地把这种材料置于 IAEA 或其他相关国际核查和安排之下，以便为和平目的处置这些材料，确保这些材料永不用于军事计划。它们呼吁 2020 年审议大会建立一个监测落实这项行动的国际机制；设立一个监测和核查由核武器国家单方面或通过双边协定采取的核裁军步骤的常设委员会。

二、削减核武器和停止增加核弹头

与会无核武器缔约国对核裁军进程缓慢和缺少实现全面消除核武器的进展表示不满和担忧。它们重申核武器国家在 2010 年审议大会上已经承诺通过单边、双边、地区和多边措施等进一步努力，削减并最终消除已部署和未部署的所有类型核武器，不管其在何地点。它们呼吁拥有最大核武库的国家带头做出努力，并强调在执行核裁军义务方面采取透明、可核查和不可逆的原则的重要性。它们呼吁俄罗斯和美国启动谈判以实现更大规模的削减，包括非战略核武器。

美俄英法等在其发言中都宣传自己已经大幅度削减其核武库。美国明示或暗示中国和俄罗斯正在扩大其核武库。美国及其一些盟国呼吁核武器国家停止扩大其核力量规模。这些观点均反映到主席个人的会议总结报告中。该报告写道：“敦促所有核武器国家不在其武库中增加核弹头的数量。”

三、核透明和标准报告表

核透明成为近几轮 NPT 审议进程中一些无核武器国家特别是日本、澳大利亚和加拿大等国重点和强力推动的一项核裁军中间措施。它们成功地推动 2010 年和 2015 年审议大会将程度渐深的核透明内容写入《最后文件》。① 它们对五个核武器国家商定的统一报告框架表示不满，认为没有涵盖核武器的所有方面，特别是数量方面。它们试图利用从 2017 年开启的新一轮审议进程继续全力推动核透明，把更深的核透明内容写入 2020 年审议大会的《最后文件》。

在 2017 年 NPT 十审一筹会议上，由澳大利亚、加拿大、智利、德国、日本、墨西哥、尼日利亚、荷兰、菲律宾、波兰、土耳其和阿联酋 12 国组成的“核裁军和核不扩散倡议（NPDI）”国家集团提出“《不扩散核武器条约》所有缔约国的透明”的工作文件，并附有标准报告模板，以促使缔约国按照统一模板，报告本国执行 NPT 承诺特别是 2010 年审议大会《最后文件》中行动计划的情况。它们提出的关于透明的标准报告模板涉及核裁军、核不扩散与和平利用核能三个方面。核裁军方面的透明要求非常全面、详细和具体，包括从与核武器和核裁军有关的政策和措施到核弹头、核材料和运载工具的数量。

数量透明要求主要有：

1. 核武器削减方面的透明：（1）概述削减国家核武器库存数量的单边、双边、地区和多边措施；（2）根据美俄新的《削减战略武器条约》（新 START 条约）部署的核弹头和运载工具总数及美俄讨论进一步削减的

① 2010 年的《最后文件》获得通过，2015 年的《最后文件》未获通过。

会议概述；（3）自 1995 年以来的五个审议周期，国家所有类型核武器库存总体削减的信息。

2. 所有类型核弹头及其运载工具目前库存及其地点的信息（包括部署和非部署、战略和非战略、等待拆卸的）。应按下列类别提供核弹头及其运载工具的信息：（1）总数，包括等待拆卸的；（2）库存数量（部署的战略和非战略，非部署的战略和非战略）；（3）用于上述弹头的运载工具的数量（导弹、飞机、潜艇、炮弹、其他）。

3. 核武器用裂变材料目前库存的信息。应按下列类别提供信息：（1）为国家安全目的/核武器目的生产的钚和高浓铀的总量；（2）宣布超出国家安全目的/核武器目的的裂变材料的数量。

此外，它们还提出其他一些透明要求，诸如阐述核政策和核裁军措施；降低核武器在国家安全政策中的作用所采取的措施；解除或降低核武器戒备状态所采取的措施；《全面禁止核试验条约》；“禁止生产核武器或其他核爆炸装置用裂变材料条约”；向国际原子能机构申报不再需要用于军事用途的任何裂变材料等。

在以前的审议进程中具有一定影响的新议程联盟（NAC）[①] 在十审一筹会议上也提出一份“通过提高执行《不扩散核武器条约》核裁军义务和承诺的透明度和可衡量性加强问责制”的工作文件。它们提出的透明要求基本上被 NPDI 所覆盖。

十审一筹会议主席把 NPDI 和 NAC 的主要核透明要求，特别是核弹头、运载工具与核材料的数量等方面的透明，写入其会议总结报告。

从 2017 年一筹会议的势头来看，核透明无疑仍将成为日本、加拿大、澳大利亚、墨西哥等 NPDI 和 NAC 国家集团在 2018 年二筹和 2019 年三筹

① 由爱尔兰、巴西、埃及、墨西哥、新西兰和南非六国组成。

会议以及2020年审议大会上重点推动的优先事项。NPDI在2015年第九次审议大会上已成功地将核武器、运载工具和用于军事目的的裂变材料的数量和类型等方面的透明写入《最后文件》。① 然而，2015年的《最后文件》没能获得通过。

四、"禁止生产核武器或其他核爆炸装置用裂变材料条约"（简称"禁产条约"，FMCT）和暂停产

尽快启动"禁产条约"的谈判已成为近几轮NPT审议进程的一个重要目标。在此次筹备会议上，许多与会国都对"禁产条约"迟迟不能开始谈判和裁军谈判会议持续陷入僵局表示不满。无核武器国家特别是加拿大和日本等国试图在新一轮审议进程中全力推动"禁产条约"的谈判。它们支持按照联合国大会第71/259号决议设立高级别专家筹备组，以推动真正开始"禁产条约"的谈判。筹备组就"禁产条约"的实质内容提出建议，努力争取获得成果。它们欢迎筹备组的工作与裁军谈判会议之间建立联系，如果裁军谈判会议商定并执行一项包含"禁产条约"谈判的工作方案，筹备组的工作就转到裁军谈判会议。它们希望裁军谈判会议能将筹备组的建议纳入其工作。与"禁产条约"相关联的一个问题就是暂停核武器或其他

---

① 具体措施十一：欢迎核武器国家以共同报告框架提交的报告，大会鼓励进一步详细的报告。大会要求核武器国家根据2010年行动计划5和20提供有关其核裁军相关承诺的定期报告，进一步要求核武器国家就标准报告表继续其接触和向2017和2019年筹备委员会会议报告，鼓励它们在不损害国家安全的情况下考虑如下条目：（1）核武器的数量、类型（战略或非战略）和状态（部署或非部署）；（2）运载工具的数量和类型；（3）降低核武器在军事和安全概念、学说和政策中的作用和重要性所采取的措施；（4）减少意外、未经授权或事故使用核武器风险所采取的措施；（5）降低核武器系统的作战准备状态或警戒状态所采取的措施；（6）拆卸和削减的武器和运载工具的数量和类型，作为核裁军努力的一部分；（7）用于军事目的的裂变材料的数量。大会同意2020年审议大会和2017年和2019年筹备委员会会议应拨出专门时间审议核武器国家提交的报告。

核爆炸装置用裂变材料的生产。它们敦促在“禁产条约”生效前所有核武器国家和未加入 NPT 国家保持或宣布暂停生产核武器或其他核爆炸装置用裂变材料。上述内容被十审一筹会议主席写入其会议总结报告。

五、《全面禁止核试验条约》（CTBT）及暂停试

促使《全面禁止核试验条约》（CTBT）早日生效也一直是近几轮 NPT 审议进程中的一个重要事项。2017 年一筹会议也不例外。与会国对 CTBT 历经 20 多年仍未生效表示不满，敦促尚未签署和批准 CTBT 的国家尽快这样做，以使 CTBT 早日生效。目前，在五个核武器国家中，俄罗斯、英国和法国已经批准 CTBT。它们敦促在条约生效前继续保持暂停核试验爆炸，不采取任何有违 CTBT 目标和宗旨的行动。它们强调建立国际监测系统的重要性，并鼓励尚未完成国际监测台站的国家尽早这样做和向国际数据中心传送数据。一些缔约国还敦促有关国家以透明、不可逆和可核查的方式关闭并拆除任何剩余的核试验爆炸场地及相关基础设施，禁止核武器的研究和发展，不利用核试验的替代方法和新技术来升级核武器系统。有些无核武器国家还呼吁核武器国家停止进行次临界试验和计算机模拟实验。美英法等国强调它们的核武器现代化旨在确保核武器的安全性和安保性。

六、降低核武器的作用、减少意外发射核武器的风险和降低核武器的作战状态

这些问题也是近年来审议进程的传统问题。在这次筹备会议上，无核武器国家又敦促核武器国家采取措施降低和消除核武器在其军事学说中的作用。核武器国家强调在过去几十年它们已经降低了核武器在其安全理论

中的作用。

无核武器国家对意外核爆炸的风险表示担忧，包括由对核武器系统进行网络攻击而造成的核爆炸。它们敦促核武器国家继续做出所有努力全面解决意外核爆炸的风险。核武器国家强调了为维护其核武库的安全性和安保性所做的努力，由此减少了意外使用的风险，包括防止恐怖分子获取核爆炸或放射性爆炸装置以及防止核材料被偷和核设施被蓄意破坏所做的努力。

无核武器国家要求核武器国家采取措施立即降低核武器系统的作战戒备状态。[①] 它们敦促核武器国家就降低核武器系统作战状态的执行情况进行定期报告。核武器国家阐述了在降低其核武库的作战准备状态方面所取得的进展。英国强调其核武器在接到命令几天后才能点火发射。法国和英国强调自冷战结束后它们的核武器不瞄准目标。俄罗斯强调其战术核武器已解除戒备状态，其核武器不瞄准目标（零目标）。在五个核武器国家中，中国是唯一始终坚持不首先使用核武器政策和把核武器的作用仅限于针对核攻击的国家。

七、消极安全保证

消极安全保证就是核武器国家向无核武器国家做出不对其使用或威胁使用核武器的保证。广大无核武器国家长期以来一直要求核武器国家做出上述承诺，并就此谈判和达成一项具有法律约束力的文书。中国一直承诺无条件不对无核武器国家和无核武器区使用或威胁使用核武器，并支持谈判和达成一项具有法律约束力的文书。但是，美俄英法核武器国家一直拒

---

① 智利、马来西亚、新西兰、尼日利亚、瑞士和瑞典六国组成“解除戒备状态”国家集团。

绝这样做，因为这与它们执行的核使用政策相悖。在这次筹备会议上，不结盟缔约国集团和伊朗提出有关这一问题的工作文件。它们呼吁 2020 年审议大会与会国除了把核裁军作为最优先事项外还要把这一问题作为优先事项加以解决。它们强调应就在任何情况下所有核武器国家对所有无核武器缔约国不使用或威胁使用核武器的有效、无条件、非歧视性、不可更改、普遍和具有法律约束力的安全保证的条款立即进行谈判。消极安全保证仍将成为无核武器国家在 NPT 第十轮审议进程中力推的一个重要问题。

综上所述，NPT 审议进程越来越成为无核武器国家推进核裁军的重要平台，它们不断迫使核武器国家接受越来越多和越来越细的核裁军步骤或行动计划。无核武器国家通过不同类型的国家集团，例如不扩散和裁军倡议、新议程联盟、不结盟缔约国集团、北欧国家、欧盟、维也纳十国集团、“解除戒备状态”国家集团等，共同推进核裁军的势头有增无减。从过去的历史来看，无核武器国家依靠集体力量推动核裁军确实有利于其目标的实现。

《禁止核武器条约》评析

蒋翊民

内容提要：2017 年 7 月，联合国《禁止核武器条约》谈判会议以高票通过《禁止核武器条约》草案，标志着近年来无核武器国家着力推动从法律上禁止核武器的努力取得重要进展。无核武器国家推动谈判《禁止核武器条约》，既是出于弥补核裁军法律空白的需要，也是其对核裁军进程迟缓不满的表达，还是对当前国际安全形势持续恶化担忧的反映。条约为实现禁止核武器，提升国际安全的目标，在禁止条款、核查条款以及生效、退出等机制性条款均进行了有针对性的规定。未来，无核武器国家还将进一步推动《禁止核武器条约》普遍化，寻求将禁核上升为国际规范乃至国际习惯法。《禁止核武器条约》虽在国际上掀起巨大声势，但其提出的核裁军方案没有顾及当前国际核态势的客观现实及国际安全形势的复杂性，其核查安排仍显粗糙且基于当前技术水平仍不具有可行性，反而将对国际核裁军进程乃至国际安全造成负面影响。

关 键 词：禁止核武器条约　无核武器国家　核裁军路线　国际安全

作者单位：中国工程物理研究院战略研究中心

2017 年 7 月 7 日，在经过两轮共计四周的紧张谈判后，《禁止核武器条约》（以下简称“禁核条约”）在联合国总部以压倒性优势获得通过，截至 2018 年 1 月 31 日，该条约已有 57 国签署，5 国批准。[①]“禁核条约”是自核武器诞生以来第一个由无核武器国家成功推动通过的旨在彻底禁止核武器的条约，其通过标志着无核武器国家近年来力推的核武器非法化运动取得具有里程碑意义的重要进展，未来也将对国际核裁军进程乃至国际安全产生深远影响。

一、《禁止核武器条约》谈判的背景与动因

自核武器诞生以来，国际社会鉴于其超强杀伤力以及使用可能导致的严重人道主义后果，就开始寻求采取措施彻底消除核武器。1945 年 10 月联合国成立后通过的第一个决议即是关于“建立委员会处理原子能相关事务”，其主要目标就在于确保国际社会和平利用原子能，并尽早实现核裁军。[②]

在最初阶段，国际禁核运动的重点在于寻求禁止核武器使用。1961 年，联合国大会通过了《禁止使用核及热核武器宣言》，并于 1982 年在第 37 届联合国大会上通过决议，敦促裁军谈判会议谈判《禁止使用核武器公约》(Convention on the Prohibition of the Use of Nuclear Weapons)，并提出了《禁止使用核武器公约》草案。该公约草案由序言和四个条款组成，主要内容包括禁止公约各缔约国在任何情况下使用或威胁使用核武器。[③] 此后，联合国大会几乎每年都通过决议，敦促日内瓦裁军谈判会议启动《禁止使用核

① 禁核条约最新批约情况可见国际禁止核武器运动网站，http://www.icanw.org/status-of-the-treaty-on-the-prohibition-of-nuclear-weapons/.（访问日期：2018 年 3 月 4 日）

② Establishment of a Commission to Deal with the Problem Raised by the Discovery of Atomic Energy, January 24, 1946, http://daccess-dds-ny.un.org/doc/RESOLUTION/GEN/NR0/032/52/IMG/NR003252.pdf? OpenElement.（访问日期：2017 年 8 月 17 日）

③ Convention on the Prohibition of the Use of Nuclear Weapons, UN 101st Plenary Meeting, December 13, 1982.

武器公约》谈判。

进入20世纪90年代，国际禁核运动又将战场进一步扩展至国际法院等机构，重点寻求从核武器使用的合法性角度实现突破。1994年12月，部分无核武器国家推动联大通过决议，要求国际法院就“使用及威胁使用核武器是否符合国际法”提供咨询意见。[①] 国际法院在经过长达约20个月的审议后认为：“使用与威胁使用核武器在大多数情况下违反《国际人道主义法》，但在事关国家生死存亡的情况下使用或威胁使用核武器是否违法难以判定”。[②] 尽管国际法院并未针对使用或威胁使用核武器是否违反国际法给出明确结论，但其关于“使用或威胁使用核武器在大多数情况下违反《国际人道主义法》”的表述仍被诸多无核武器国家与反核人士视为是重大胜利。

近年来，无核武器国家进一步掀起新一轮禁核运动高潮。同此前禁核运动主要禁止核武器使用不同，此次运动将重点转向核武器本身，重点强调核武器存在本身缺乏合法性与合理性。[③] 而从运动方式上，无核武器国家在联合国第一委员会、《不扩散核武器条约》审议大会及其筹备会等现有国际多边场合推动既有核裁军议程外，还另起炉灶自行发起多边核裁军新倡议。无核武器国家明确提出，此次禁核运动将重点寻求谈判通过相关国际法律文书，从法律上实现核武器本身的非法化。

从具体动因上看，无核武器国家选择以谈判“禁核条约”为突破口推

---

① General and complete disarmament, The United Nations General Assembly Resolution, http: //www. un. org/documents/ga/res/49/a49r075. htm. （访问日期：2017年8月12日）

② Advisory Opinion on Legality of The Threat or Use of Nuclear Weapons, The International Court of Justice, July 8, 1996, http: //www. un. org/law/icjsum/9623. htm. （访问日期：2017年7月31日）

③ “Austrian Pledge,” Vienna Conference on the Humanitarian Impact of Nuclear Weapons, December 8-9, 2014, https: //www. bmeia. gv. at/en/european-foreign-policy/disarmament/weapons-of-mass-destruction/nuclear-weapons-and-nuclear-terrorism/vienna-conference-on-the-humanitarian-impact-of-nuclear-weapons/. （访问日期：2017年8月12日）

动核裁军，是基于法律、政治以及安全等多方面原因采取的举措：首先，从当前国际法体系看，无核武器国家认为当前国际法体系在核裁军方面存在“法律空白”,[①] 并不存在类似于《禁止化学武器公约》与《禁止生物武器公约》这样专门禁止某一类别武器的国际法文件。无核武器国家强调，核武器因其具有的超强毁伤能力，违反《国际人道主义法》，特别是违反了该法律中的“限制原则”与“区别原则”，因此必须作为非法武器加以禁止。[②]

其次，从当前国际核裁军形势看，无核武器国家强调，国际核裁军进程在近 20 年来进展缓慢，《全面禁止核试验条约》迄今未能生效、《禁止武器用裂变材料生产条约》谈判至今在日内瓦裁军谈判会议未能启动，无核武器国家对核武器国家坚持在维护战略稳定性前提下推进核裁军进程尤为不满。无核武器国家强调，核武器国家以所谓“战略稳定性”[③] 为借口，主张分阶段渐进式裁军，事实上导致其拥有核武器现状的永久化。[④] 有鉴于

---

① “Austrian Pledge,” Vienna Conference on the Humanitarian Impact of Nuclear Weapons, December 8 - 9, 2014, https://www.bmeia.gv.at/en/european-foreign-policy/disarmament/weapons-of-mass-destruction/nuclear-weapons-and-nuclear-terrorism/vienna-conference-on-the-humanitarian-impact-of-nuclear-weapons/.（访问日期：2017 年 8 月 12 日）

② Gro Nystuen and Kjølv Egeland, “A ‘Legal Gap’? Nuclear Weapons Under International Law,” *Arms Control Today*, March 2016, https://www.armscontrol.org/ACT/2016_03/Features/A-Legal-Gap-Nuclear-Weapons-Under-International-Law.（访问日期：2017 年 8 月 22 日）

③ 战略稳定性概念诞生于冷战时期的美苏核关系中。在冷战时期，战略稳定性是美苏核军备控制的核心概念。一般意义上，当两个核武器国家处于相互脆弱性状态，即不论谁先动手都无法消除对方的第二次打击能力的时候，双方就没有进行先发制人核打击的动机。当前，国际关系研究中倾向于从广义的角度界定战略稳定性关系。但本文中的“战略稳定性”仍然是经典意义上的核领域的战略稳定性。具体可参见孙向丽：《中美核关系与战略稳定性》，载陈凯主编：《2015 年国际军备控制与核裁军》，北京：世界知识出版社 2015 年版，第 4 页；从广义角度讨论战略稳定性问题的代表性作品可以参见，托马斯·芬加、樊吉社：《中美关系中的战略稳定性问题》，《外交评论》2014 年第 1 期，第 43—55 页。

④ “A Treaty Banning Nuclear Weapons: Developing a Legal Framework for the Prohibition and Elimination of Nuclear Weapons,” Reaching Critical Will, May 2014, p. 3, http://www.reachingcriticalwill.org/images/documents/Publications/a-treaty-banning-nuclear-weapons.pdf.

此，无核武器国家强调推动核裁军必须要提出新主题，基于新视角，从而区别于核武器国家主导下进展缓慢的渐进式核裁军，实现其加速推进核裁军的目标。

最后，无核武器国家从国际安全角度出发，强调核武器国家目前不仅拒绝推进核裁军，还投入巨资进行核武器现代化。当前国际安全局势存在不稳定因素，恐怖分子、极端组织等非国家行为体仍有可能获取核武器并加以使用，大国战略对抗中的核因素也持续凸显，对国际安全构成全新威胁。有鉴于此，无核武器国家强调核武器存在本身就意味着被使用的风险，因此消除核武器本身是彻底消除核武器使用风险的唯一途径。①

二、《禁止核武器条约》文本分析

此次无核武器国家以核武器人道主义运动为造势背景，依托联合国开放式工作组酝酿谈判实质工作，并最终在联合国框架下迅速完成谈判工作，全程绕开了长期以来作为唯一国际核裁军谈判权威机构的裁军谈判会议。谈判最终达成的条约文本共计分为前言与20个条款，主要内容包括核武器活动的禁止、对缔约国的核查、条约自身机制建设以及条约生效条件、退约规定以及修订等程序性问题，基本上反映了无核武器国家在核裁军问题上主要诉求。

（一）条约前言

相比于谈判会议最初版本草案，“禁核条约”最终文本的前言对于核武

---

① Austria, Chile, Costa Rica, Denmark, Holy See, Egypt, Indonesia, Ireland, Malaysia, Mexico, New Zealand, Nigeria, Norway, Philippines, South Africa, Switzerland, “Joint Statement On The Humanitarian Dimension Of Nuclear Disarmament, 2012 NPT PrepCom,” May 2, 2012, http://www.acronym.org.uk/official-and-govt-documents/joint-statement-humanitarian-dimension-nuclear-disarmament-2012-npt-prepcom.（访问日期：2017年8月10日）

器违法的论述更为细致。针对部分与会非政府组织强调“禁核条约”，5月22日第一版本草案的前言对核武器违反相关国际法的论述过于简略的问题，参与谈判的部分国家及非政府组织在谈判第二阶段强调，从法律上禁止核武器必须要充分说明核武器对于《联合国宪章》与《国际人道主义法》的具体违反体现，特别是要重点强调核武器对于《国际人道主义法》中“限制原则”与“区分原则”的违反，从而增强条约本身的权威性与说服力。[①] 基于这一考虑，“禁核条约”最终文本对核武器违反相关国际法进行了更为细致的说明。最终，谈判通过的文本前言全面论述了核武器可能导致严重人道主义后果及其对《联合国宪章》以及《国际人道主义法》等相关国际法的违反，阐述了该条约同核裁军与防扩散领域其他相关条约的关系，重申了其同当前现行核裁军与《不扩散核武器条约》的一致性，从而为随后规定具体限制条款奠定了基础。

（二）对缔约国核武器活动的限制

作为最核心的目标之一，条约在第一条就明确规定了缔约国在禁止核武器方面的各项义务，具体包括：（1）各缔约国承诺在任何情况下不发展、试验、生产、制造或以其他方式获得、拥有或存储核武器或其他核爆炸装置；（2）不直接或间接向任何接受者转让核武器或其他核爆炸装置或对此种武器或核爆炸装置的控制权；（3）不直接或间接接受核武器或其他核爆炸装置的转让或对此种武器或爆炸装置的控制权；（4）不使用或威胁使用核武器或其他核爆炸装置；（5）不以任何方式协助、鼓励或诱导任何人从事本条约禁止缔约国从事的活动；（6）不以任何方式寻求或接受任何人为从事本条约禁止缔约国从事的活动而提供的援助；（7）不允许在其领土或

① “RCW's response to the first draft text of the Convention on the Prohibition of Nuclear Weapons,” Reaching Critical Will, June 2017, http://www.reachingcriticalwill.org/images/documents/Publications/response-to-22-May-draft-text.pdf.（访问日期：2017年8月15日）

其管辖或控制的任何地方安置、安装或部署核武器或其他核爆炸装置。①

在谈判过程中，与会各国在禁止缔约国发展、生产、获取、积累、转移、部署核武器问题上基本形成了共识，但在是否禁止核武器试验以及禁止使用或威胁使用核武器问题上出现了一定分歧。在是否禁止核试验问题上，部分国家认为禁止核武器试验同《全面禁止核试验条约》相重复，因此建议“禁核条约”可不包括禁核试内容；② 在是否禁止核武器使用与威胁使用问题上，部分国家提出鉴于《联合国宪章》已经禁止国家在处理国际关系中使用武力或以武力相威胁，因此建议“禁核条约”可不包含禁止使用或威胁使用核武器相关内容。③ 但与会大多数国家认为，上述条款虽然同现存国际法存在一定重合之处，但“禁核条约”中相关规定并未同现存国际法形成矛盾与冲突，因此为保持条约全面性，仍然坚持应当在条约中包含相关内容。

总体而言，“禁核条约”对于缔约国核武器活动的限制全面囊括了一国可能从事的核武器活动的各个层面，不仅涵盖了核武器试验生产等能力层面要素，也囊括了核武器使用与威胁使用以及核武器延伸威胁等政策层面要素，对缔约国的核武器活动形成了较为全面的限制。

（三）条约核查安排

众所周知，核裁军条约核查涉及技术、安全乃至政治、经济等多方面复杂因素。美苏两国在经过冷战时期长达数十年的核裁军核查探索实践后，

---

① “Treaty on the Prohibition of Nuclear Weapons,” United Nations conference to negotiate a legally binding instrument to prohibit nuclear weapons leading towards their total elimination, July 7, 2017, http: //undocs. org/A/CONF. 229/2017/8.（访问日期：2017 年 8 月 5 日）

② “Nuclear Ban Daily,” June 19, 2017, http: //www. reachingcriticalwill. org/images/documents/Disarmament-fora/nuclear-weapon-ban/reports/NBD2. 3. pdf.（访问日期：2017 年 8 月 5 日）

③ “Nuclear Ban Daily,” June 19, 2017, http: //www. reachingcriticalwill. org/images/documents/Disarmament-fora/nuclear-weapon-ban/reports/NBD2. 3. pdf.（访问日期：2017 年 8 月 5 日）

仍然面临着众多难以解决的复杂问题。鉴于该问题的复杂性，部分国家最初曾试图在“禁核条约”中规避核裁军核查问题。2016 年联合国核裁军开放式工作组报告就曾建议将核裁军核查等复杂技术问题留待日后谈判解决。[①] 但为维持条约的完整性，参与谈判的国家仍对禁核核查进行了一定安排。

同《不扩散核武器条约》将所有缔约国划分为“核武器国家”与“无核武器国家”不同，“禁核条约”以条约文本通过的时间，即 2017 年 7 月 7 日为节点，将缔约国分为三个类型：(1) 在 2017 年 7 月 7 日之后未拥有核武器，且在加入“禁核条约”时仍然不拥有核武器的国家。这一类型的国家涵盖了《不扩散核武器条约》下所有的无核武器国家。针对这一类型国家，“禁核条约”规定此类国家应在条约生效时起码维持既有的国际原子能机构保障监督义务；这一规定意味着此类国家仅需要继续根据本国同国际原子能机构签署的相关协议继续履行保障监督义务即可；(2) 在 2017 年 7 月 7 日后拥有核武器但在加入条约前已经自行销毁了核武器项目的国家。针对此类国家，条约规定必须与国际主管机构合作以核查不可逆方式取消核武器计划的情况；(3) 在 2017 年 7 月 7 日后拥有核武器且在加入条约时仍然拥有核武器的国家，针对此类国家，条约规定这一类型国家必须首先立即解除核武器的战备状态，尽快至迟于第一次缔约国会议确定的最后期限前销毁核武器或其他核爆炸装置，并在本条约对其生效的 60 天内向各缔约国或缔约国指定的国际主管当局提交此项计划。[②]

---

① 《推进多边核裁军谈判不限成员名额工作组的报告》，第 71 届联合国大会，2016 年 9 月 https：//documents-dds-ny. un. org/doc/UNDOC/GEN/N16/276/38/PDF/N1627638. pdf? OpenElement.（访问日期：2017 年 8 月 15 日）

② “Treaty on the Prohibition of Nuclear Weapons,” United Nations conference to negotiate a legally binding instrument to prohibit nuclear weapons leading towards their total elimination, July 7, 2017, http：//undocs. org/A/CONF. 229/2017/8.（访问日期：2017 年 7 月 25 日）

同最初草案版本相比，条约谈判通过的最后版本在核查方面具有以下特点：首先，条约核查模式从单一到多元。“禁核条约”首版草案中仅对曾拥有核武器但自行销毁的国家提供了核查安排。这意味着国家选择加入条约时必须已经全面消除本国曾经拥有的核武器项目以便接受核查，从而为加入条约设置了一定的门槛。但在条约谈判进程中，部分国家认为“销毁—加入”的入约模式为国家入约设置的门槛过高，不利于条约未来进一步实现普遍性。① 基于这一考虑，条约谈判会议在首版草案的基础上增加了针对加入条约时依然拥核的国家的核查安排，从而为在加入条约时尚未销毁核武器的国家提供了入约的渠道。

其次，最终版本的“禁核条约”在核查中大大淡化了国际原子能机构的作用。在“禁核条约”的最初版本中，国际原子能机构作为唯一的指定机构负责对自行放弃本国核武器项目的国家进行核查。② 这一安排的主要原因在于国际原子能机构曾参与了对南非主动放弃核武器项目的核查。而南非也是人类历史上迄今为止唯一一个自行发展并随后自行消除了核武器的国家。③ 基于这一经验，“禁核条约”最初版本草案将国际原子能机构作为核裁军核查的主要执行机构。但在谈判中，这一安排遭到部分与会国的质疑，主要原因在于：（1）根据国际原子能机构规约，该机构的主要职能为防止核扩散，而非核裁军核查；（2）部分国家提出核武器项目的核查只能

① “Nuclear Ban Daily,” Reaching Critical Will, June 20, 2017, http: //www. reachingcriticalwill. org/images/documents/Disarmament-fora/nuclear-weapon-ban/reports/NBD2. 4. pdf.（访问日期：2017 年 8 月 12 日）

② “Draft Convention on the Prohibition of Nuclear Weapons, ” United Nations conference to negotiate a legally binding instrument to prohibit nuclear weapons leading towards their total elimination, May 21, 2017, http: //www. icanw. org/wp-content/uploads/2017/05/DraftTreaty. pdf.（访问日期：2017 年 8 月 5 日）

③ 关于国际原子能机构核查南非的具体经历可参见“Nuclear verification in South Africa,”, The International Agency of Atomic Energy, https: //www. iaea. org/sites/default/files/publications/magazines/bulletin/bull37-1/37105394248. pdf.（访问日期：2017 年 8 月 27 日）

由核武器国家进行，否则将可能导致核扩散风险。基于上述考虑，“禁核条约”谈判最终淡化了国际原子能机构在核裁军核查中的作用，转而采取了较为含糊的提法，即将核裁军核查工作交由未来“可能的国际机构”解决。

由此可见，“禁核条约”当前尽管对未来禁核核查做出了一定安排，但总体而言此类安排仍然较为宏观，并非是成熟的核裁军核查安排。显而易见，“禁核条约”谈判此举的主要目的在于依然维持形式上的完整性，而实质性的安排仍将留待其后适当时机谈判解决。

（四）条约制度规定与机制建设

生效、退出等相关规定是条约在制度建设层面的重要内容。为实现推动核裁军、建立和加强禁核规范以及降低乃至消除核裁军风险的目标，“禁核条约”在明确条约无限期有效的同时，在条约生效、条约退出方面也进行了具有鲜明特点的规定。

在条约生效条件方面，鉴于《全面禁止核试验条约》因生效条件较为苛刻而至今难以生效，“禁核条约”谈判各国转而倾向于采取较为简单的生效条件。“禁核条约”第 15 条规定，条约在 50 国提交条约批准书、接受书、核准书或加入书交存之日起 90 天后生效。① 基于当前各国在禁核问题上的立场态势，预计条约在开放签署后将很快达到生效条件。

在退约条件方面，“禁核条约”为降低条约缔约国使用核武器的可能性，对缔约国退约进行了十分独特的规定。“禁核条约”规定，各缔约国在行使国家主权时，如断定本条约主题有关的非常事件已危及其最高利益，有权退出条约。该缔约国须向保存人提出退出通知。此项通知应包括一份关于该国认为已经危及其最高利益的非常事件说明。但更为重要的是，条

---

① “Treaty on the Prohibition of Nuclear Weapons,” United Nations conference to negotiate a legally binding instrument to prohibit nuclear weapons leading towards their total elimination, July 7, 2017, http://undocs.org/A/CONF.229/2017/8.（访问日期：2017 年 8 月 5 日）

约强调此一退出行为在保存人收到退出通知之日起 12 个月方可生效，且如果在缔约国退出条约 12 月期满之后，如退出国为武装冲突当事国，该国则仍将接受“禁核条约”约束直至其不再是武装冲突当事国。①

与此同时，为不断适应国际战略环境与安全形势的变化，“禁核条约”谈判对于条约自身的发展也进行了相应的规划。通过定期召开缔约国大会以及审议大会，禁核条约各缔约国希望能够适时评估条约执行情况，并不断基于变化中的国际安全环境对条约主要内容进行调整。

显而易见，通过上述安排，“禁核条约”谈判各国寻求确保条约得以在开放签署后迅速生效，并寻求防止特定国家在危机或武装冲突等特殊情况下迅速发展核武器以寻求战略优势，从而试图将核武器使用的风险降至最低。

三、《禁止核武器条约》评析

“禁核条约”的通过作为近年来国际核裁军领域的重要事件，标志着近年来无核武器国家从国际法角度推动核裁军取得了具有里程碑意义的重要进展。尽管此次“禁核条约”谈判形成了巨大国际声势，并最终通过了条约草案，但其提出的核裁军方案没有顾及当前国际核态势及全球安全形势的客观现实，其核查安排依旧较为粗糙，在技术上也缺乏相应的可行性，不仅难以实现其降低核武器使用风险、提升国际安全的远期目标，反而可能对国际安全造成负面影响。

首先，通过回顾此次“禁核条约”谈判的整个进程不难发现，此次无

① “Treaty on the Prohibition of Nuclear Weapons,” United Nations conference to negotiate a legally binding instrument to prohibit nuclear weapons leading towards their total elimination, July 7, 2017, http://undocs.org/A/CONF.229/2017/8.（访问日期：2017 年 8 月 5 日）

核武器国家发起并迅速推进谈判“禁核条约”，其主要目标在于另辟蹊径推进核裁军进程。为区别于核武器国家长期强调的以维护“战略稳定性”为基础的分阶段分步骤核裁军，“禁核条约”以核武器人道主义后果为切入点，强调核武器违反《国际人道主义法》，要求核武器国家不加区别地全部消除核武器。但从当前全球核态势的客观现实看，目前美俄两国的核武库仍占全世界核武库总量的90%以上，其他核武器国家核武库共计仅占全球核武库的不到10%。① 因此，基于维持全球战略平衡的考虑，美俄两国在核裁军问题上仍然负有特殊责任，仍旧需要率先削减其核武库，其他核武器国家在条件适当时方可加入核裁军进程。因此，“禁核条约”以人道主义为由，不加区别要求核武器国家进行核裁军并未顾及当前国际核态势的客观现实，因此缺乏现实可行性。

更为重要的是，此次无核武器国家推动谈判“禁核条约”，全程绕开了传统意义上作为唯一核裁军多边谈判权威机构的日内瓦裁军谈判会议，对现有国际核裁军机制不可避免的构成了冲击，对现有国际核裁军机制的权威性形成了挑战。而未来，无核武器国家在“禁核条约”已经获得通过的情况下，还将继续投入力量在《不扩散核武器条约》审议会议、联合国大会第一委员会等国际多边平台继续推动条约普遍性，这客观上使得现有核裁军进程之外又形成了新的核裁军议程，不仅将导致当前国际核裁军形势更为复杂，还将对现有国际核裁军努力构成了冲击与分化，反而不利于凝聚核裁军共识。由此可见，无核武器国家当前着力通过“禁核条约”推动核裁军，不仅难以实现加速核裁军进程的目标，反而将进一步破坏核裁军进程。

① “Nuclear Weapons：Who Has What at a Glance，” *Arms Control Today*，July，2017，https：//www.armscontrol.org/factsheets/Nuclearweaponswhohaswhat.（访问日期：2017年8月25日）

其次，在当前国际形势下，核武器对于大国战略关系的稳定作用客观上不容忽视与否认。在核武器诞生之前，国家间战争胜负的重要决定因素之一在于常规武器的优劣，常规武器占据优势的一方可以恣意通过武力实现自身目标而无须担心自身受到报复。但因为核武器这一具有超强毁伤能力的武器出现，大国间诉诸战争的成本急剧上升，全面战争可能带来的惨烈代价远远超乎通过武力所能攫取的收益。特别是在国家间均具有相互之间可靠的核报复能力之后，即便是常规军力居于劣势的一方，也可以凭借核武器通过威胁给对方施加不可承受的代价来威慑常规军力处于优势的对手。

当前，各主要大国间已经形成了基于可靠核报复能力的稳定战略关系，使得任何理性的一方在诉诸武力的问题上均极为慎重。综观当前国际安全现状，目前仍然不存在具有可行性的其他形式安排来替代核武器发挥稳定全球战略关系的作用。更为重要的是，当前作为大国战略关系稳定器的可靠核报复能力正在面临一系列挑战，突出表现在导弹防御等威胁可靠核报复能力的传统因素依旧存在，网络攻击、超高声速全球快速打击武器等新兴威胁核报复能力的因素持续涌现，未来维护大国间战略关系总体稳定将面临更为艰巨的挑战。在这个意义上，无核武器国家通过基于人道主义要求全面彻底核裁军，忽视了国际核态势的现实与全球安全的复杂性，不仅不利于国际安全，反而将可能因忽视核裁军中的战略稳定因素而导致大国战略关系失衡，进而危及大国战略关系稳定与国际安全。

最后，从技术层面看，鉴于禁止核武器对于国际安全的重要意义，“禁核条约”的核查必须要向国际社会提供具有足够置信度的结果。特别是在未来可能出现的“无核世界”中，只要国际社会的无政府状态不改变，单一国家就仍然具有强大的动机秘密发展核武器。事实上，鉴于在可能出现的无核世界中拥有核武器的巨大战略优势，单一国家秘密发展核武器的动机将空前强烈。面对这一形势，未来“禁核条约”核查在地理范围上要确保覆盖全球，在灵敏度和置信度上要足以确保及时监测发现国家可能出现的违约行为。当前“禁核条约”在核查方面的安排，仍然是出于维护条约完整性而做出的十分粗糙的临时性质安排，并非是可以实施的具有可操作性的核查措施。而从当前科技水平而言，建立这样一套核查体系在当前也不具有可行性。

综上所述，当前“禁核条约”提出的方案虽得到众多国家支持，但在安全上缺乏现实性，在法律上难以约束核武器国家，事实上难以达到其加速核裁军进程的近期目标，更难以实现其降低乃至彻底消除核武器的远期目标。但需要承认的是，“禁核条约”的通过已经在国际上形成了禁止核武器的巨大声势，在政治上对核武器国家形成了一定压力。客观而言，无核武器国家对于近年来核裁军进展缓慢不满，寻求推进加速核裁军进程存在一定合理性。核武器国家也应顾及无核武器国家的关切，切实在维护战略稳定与不减损国家安全的前提下，加速推进“分阶段、分步骤”核裁军进程，从而凝聚国际核裁军共识，切实降低核风险。在短期内，核武器国家应逐步推进分阶段、分步骤核裁军的进程，在实现全球核武库规模稳步下降的同时，寻求逐步将导弹防御、全球快速打击武器乃至网络攻击等传统或新兴威胁战略稳定的因素纳入到核裁军进程之中。而从中长期来看，核武器国家与无核武器国家更应当着力通过联合国等现有权威国际组织与机制，探索能够替代核武器威慑作用、能够解决国家间安全关切的可行性安排，例如建立具有权威性的全球性的多边安全安排，降低国家对于核武器的安全需求，从而从根本上确保消除核武器风险、维护国际安全。

从 IPNDV 看核裁军核查技术

郑妍　伍钧

内容提要：2014 年 12 月，美国发起了“核裁军核查国际伙伴关系”（IPNDV）倡议。IPNDV 旨在搭建一个核武器国家和无核武器国家交流合作的平台，共同确定与核裁军核查有关的重大差距和技术挑战，共同研究探讨应对这些挑战的技术和程序，推动核裁军核查技术的发展。促进双方在核裁军方面的相互理解。本文全面总结了 IPNDV 提出的背景，研究方法以及第一阶段取得的研究成果。

关 键 词：IPNDV　核裁军核查　核查技术

作者单位：中国工程物理研究院战略研究中心

一、引言

从奥巴马政府公开支持无核世界目标后，美国积极推动世界范围内的核裁军。美国国务院前副国务卿高特缪勒（Rose Gottemoeller）在布拉格讲话中，提出核武器国家和无核武器国家共同开展核裁军核查技术研究。由此，美国国务院和非政府组织“减少核威胁倡议组织”（NTI）共同推动了世界范围内的核裁军核查技术的工作，设立“核裁军核查技术国际伙伴”（IPNDV），成立了三个工作小组，举行了多次活动，对核裁军核查技术开展系统研究。第一阶段主要集中在核弹头拆卸过程的核查，取得了阶段性成果。按照当初的设想，该项工作应包括核材料生产，核武器制造、部署、退役、拆卸和核材料处置的核武器全寿命周期的核查。项目的目标很大，难度也很大。当前第一阶段的工作基本完成，正在总结和发表最终报告。

IPNDV 集中了无核武器国家和核武器国家的众多科学家和政治外交专家。基本反映当前无核武器国家对核裁军核查的主要诉求和西方核武器国家对核查技术的关切。提出了核弹头拆卸过程的路线图和主要方法，许多工作值得我们在核查技术研究中借鉴。

中国核裁军核查技术研究已经进行了 20 年，主要集中在核弹头拆卸方面的核查研究，许多单项技术达到或超过国际水平，特别在属性测量技术装置研究，测量技术研究都已达到国际先进水平，但研究思路和方法与西方的研究不完全一样。IPNDV 的许多研究方法和对核查的需求分析、达到的目标设想，对我们的研究有重要的参考作用，特别在核查技术总体概念研究中，可以利用 IPNDV 的经验，提出我们自己的核裁军核查技术路线图。

二、IPNDV 的提出及进展

美国积极倡导并着力推动核裁军核查技术国际伙伴关系，有其独特的国内与国际背景。从国内因素看，美国奥巴马政府在核裁军问题上立场积极，奥巴马本人对于核裁军问题十分关注，其在上任之初就高调提出无核世界，并因此获得诺贝尔和平奖。但其上任八年来，美国虽在核裁军问题上态度积极，但除美俄新 START 条约外，在核裁军问题上并未取得重大进展。特别是自 2013 年美俄关系持续恶化后，美俄下一步双边核裁军更为艰难。在此背景下，奥巴马政府也寻求通过其他方式推进核裁军进程，彰显自身在核裁军问题上的积极姿态。而从国际因素来看，近年来，无核武器国家对核武器国家主导的核裁军进程持续不满。自2012年以来，无核武器国家掀起核武器人道主义后果运动，开始以人道主义为突破口，寻求将核武器非法化，要求核武器国家加速核裁军进程，加快核武器削减。

2014年12月，美国发起了IPNDV倡议，旨在搭建一个核武器国家和无核武器国家交流合作的平台，通过提高无核武器国家在核裁军核查工作中的参与度，在同一个合作框架下共同评估核武器监测与核查带来的挑战，提出应对方法，从而加强无核武器国家对核裁军核查领域困难的认知，促其认同以循序渐进的方式推进核裁军进程，并共同为该进程未来的发展进行方案设计和知识储备。

该倡议由美国务院负责牵头，美智库“减少核威胁倡议组织”（NTI）提供智力支持。自2015年3月在华盛顿召开首次IPNDV会议以来，至今已召开了五次会议，推进工作成效显著。

三、第一阶段的工作目标及实现情况

IPNDV倡议以技术为基本特征，由技术专家领导和运作，通过研究确定与监测和核裁军核查有关的关键差距和技术挑战，来强调核查在未来削减核武器中的重要性。为实现这一目标，IPNDV分为核裁军核查目标、现场视察和核裁军技术挑战三个工作组，制定了一系列的工作计划，以对整个核武器生命周期的监测和核查问题进行评估。

第一工作组的目标是讨论核裁军核查的基本目的，计划绘出核裁军过程的关键阶段，讨论潜在的核查和监测的目标、方法和活动。同时政策和技术专家会就核武器国家和无核武器国家在核裁军中的角色进行讨论，评价实现这一目的所需的技术和信息。

预期的工作成果包括：

（1）词汇、定义、原理和好的实践等报告；

（2）显示在核武器全寿期拆卸关键阶段的全面流程图；

（3）给出能力构架文件，包含已经具有的关键监测与核查的技能和专业领域的轮廓，并指明可能存在的不足。

第二工作组探索多边现场视察机制。从一些已有的现场视察中汲取经验，指出核裁军现场视察的基本原则。分析这些原则在未来可能的核军控协议中的可应用性和使用性，并指出核查未来条约时可能的新的视察活动和技术。

预期的工作成果包括：

（1）文件给出以下轮廓：核裁军过程的现场视察组成部分，潜在的新的现场视察活动和技术，不同类型设施的限制准入的可应用性；

（2）“最好实践”文件：指明技能、培训需求和从已有的在不同场景下的现场视察汲取的经验；

（3）提出视察员训练课程。

第三小组工作集中在技术的挑战，解决在未来核弹头核查相关的关键技术挑战，如核弹头认证，建立和维护监护链方法，数据和设备认证等。

预期的工作成果包括：介绍一系列关于美英军控技术合作和英国、挪威倡议的研讨会和经验；分析已有的核弹头认证方法；发展和运行监护链演示。

1. 第一工作组工作成果①

第一工作组的基本目的是为 IPNDV 的工作制订计划和方案。主要工作包括：提出 IPNDV 针对的核裁军的关键阶段及核查和监测的目标和方法，确定核武器国家和无核武器国家在核裁军中的作用以及实现 IPNDV 的目标所需的技术和信息。

第一工作组主要从两个方面进行：一是广泛汲取过去核裁军核查项目取得的工作成果，如美英不扩散和军备控制技术项目②以及英国—挪威核弹头拆卸核查倡议③；二是借鉴国际原子能机构（IAEA）和禁止化学武器组织（OPCW）等国际机构在核查方面的好的经验和教训，制定了用于 IPNDV 的专用词汇，提出了第一阶段的工作场景和 IPNDV 核查中的原则和思考，从多个角度来评价实现核裁军核查所需的技术和信息。

提出的工作原则包括表 1 所列的 IPNDV 的核查原则。

表 1 IPNDV 的核查原则

序号	IPNDV 确定的核查原则	
1	有效性：核查必须能给缔约方提供足够信心，相信其他缔约方能遵守该协议。	Effectiveness：verification must provide parties to an agreement with sufficient confidence of the compliance by other parties to that agreement.
2	建立信心：核查机制应有助于对基本协定的可行性建立信心。	Confidence-building：a verification mechanism should help build confidence in the viability of the underlying agreement.

① Monitoring and Verification Objectives，https：//www. ipndv. org/working_ groups/working-group-1-monitoring-verification-objectives/.

② 关于美国—英国不扩散核军备控制技术项目，详情请参见 http：//nonproliferation. org/vcdnp/wp-content/uploads/2014/09/us_uk_verification_challenges. pdf。

③ 关于英国—挪威核裁军核查技术项目，详情请参见：UK-Norway Initiative on Nuclear Warhead Dismantlement Verification：A NWS-NNWS Cooperation，https：//www. gov. uk/government/publications/uk-norway-initiative-on-nuclear-warhead-dismantlement-verification--2。

续表

序号	IPNDV 确定的核查原则	
3	不扩散：核查不得导致扩散敏感信息的转移。	Non-proliferation: verification must not lead to the transfer of proliferation sensitive knowledge.
4	非入侵：核查活动的入侵程度受国家利益，特别是与安全和安保有关的利益的制约。	Non-interference: the level of interference of verification activities is moderated by national interests, notably those related to security and safety.
5	效率：核查机制必须是成本/资源有效的。	Efficiency: verification mechanisms must be cost/resource-effective.
6	确定性：核查必须平衡清楚，简单与灵活性。	Determinacy: verification must balance clarity, simplicity and flexibility.
7	结构：在核查背景下的国家权力的角色与定位必须固定下来和平衡。	Structure: the role and position of national authorities in the context of verification must be well-established and balanced.

第一工作组将核裁军过程划分为 14 个步骤。

核弹头拆卸过程

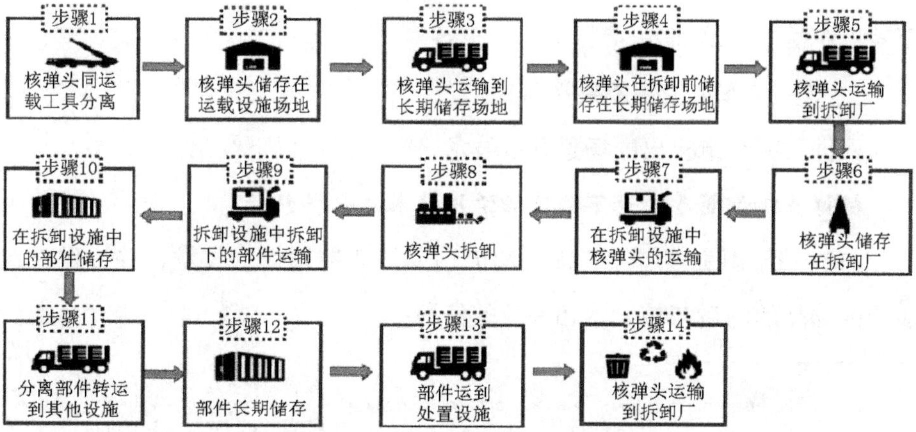

图 1　IPNDV 基本拆卸场景

为使其他组的工作顺利，提出了监控核弹头拆卸的基本场景，即测量核武器中核材料的丰度（即铀 235 和钚 239 的丰度值大于某阈值）和质量（即质量大于某阈值）两个属性。工作组得出结论：如果可以保证没有核武器材料和核爆炸装置产品出现的话，那么拆除核爆炸装置可以通向核裁军。

2. 第二工作组工作成果①

鉴于在核裁军核查工作的不同机制中，现场视察（OSI）发挥的作用也不尽相同，第二工作组吸收了先前几个国家为了视察员监督拆除核爆炸装置（NED）所开发的概念和潜在技术成果以及诸如美俄新 START 等主要军备控制条约的经验教训。在此基础上进一步考虑了如何将这些主要侧重于双边协议下的经验应用在双边或多边协议下，开展核查工作。

提出进行视察需要遵守的四项原则：

（1）视察期间确保所有人员的安全；

（2）视察期间确保所有物品和设备的安全；

（3）确保不向视察人员发布扩散敏感信息；

（4）确保对安全敏感信息的保护。

在现场视察的安全保障方面，提出现场视察中人员安全问题至关重要，要对视察员进行培训。

3. 第三工作组工作成果②

根据第一小组提出的场景开展技术研究，得出以下结论：

核弹头拆卸简单场景下确定的适用技术的分类包括：

（1）用于识别核爆炸装置（NED）或核武器属性的技术，并提供对包装箱内物品的测量与核武器相一致的信心；

---

① On-Site Inspections, https://www.ipndv.org/working_groups/working-group-2-site-inspections/.

② Technical Challenges and Solutions, https://www.ipndv.org/working_groups/working-group-3-technical-challenges-solutions/.

（2）用于探测拆卸后包装箱内特殊核材料的技术；

（3）用于探测拆卸后包装箱内高爆炸物的技术；

（4）用于目标的监控监护链维护的技术；

（5）对于那些作为核武器拆卸或储存过程的一部分的设施和位置，用于它们的监护链维护的技术。

当前尚需开发的技术和方法有：

（1）密封容器中高爆炸物的探测方法，不包括擦拭取样或破坏容器或内容物的方法；

（2）对密封容器中的高爆炸物阈值质量的量化方法，以判断可能含有的其他内容物；

（3）密封容器中铀同位素和铀阈值质量的被动测量。

需要额外开发或工程设计的技术和方法：

（1）在房间内远距离探测爆炸物的方法；

（2）开发不同于目前现有的、其他的核武器模板方法；

（3）开发可用于多种监控方法的信息屏障方法；

（4）对拆卸前后核武器潜在的固有特征进行评估。

基于核弹头拆卸过程简单场景的技术应对讨论，第三工作组得出以下结论：

在确保安全有效的同时监控核弹头拆卸是技术可行的，尽管仍存在严峻的技术挑战。

第一阶段的重点是对“IPNDV 基本拆卸场景”的核武器拆卸过程进行监控和视察。如图 1 的步骤 6—10 所示。尽管这一过程只是更广泛的核武器生命周期的一部分，也是核裁军核查的一部分，但是通过第一阶段的研究工作，大家一致认可，从基本拆卸情景出发对解决核查问题是重要的。

IPNDV 结论认为虽然仍然存在严峻的挑战，但在管理核弹头拆卸安全、安保、不扩散和保密问题的同时，对其进行多边监控、信息屏障和视察程序是一条可行的道路。

四、IPNDV 的后续工作[①]

1. IPNDV 作为搭建核武器国家与无核武器国家交流合作的平台，起到了积极的作用

核裁军核查国际伙伴关系的第一阶段于 2017 年 11 月结束，超过 25 个国家的政府高级官员和技术专家出席了在阿根廷布宜诺斯艾利斯召开的全体会议。从 2015 年 3 月的第一次会议开始，通过不同成员中的政策，核查技术和科学交流，加强了国家和国际核裁军核查能力的多样化。

2. 确定了需要进一步具体研究的核查领域

IPNDV 还确定了需要进一步分析的一些具体核查领域：声明（包括在更广泛的核裁军进程中，并作为对核武器拆卸的监控和核查的更为具体的补充）；视察过程中的数据处理要求；信息障碍技术；能够测量高爆炸物和铀以及核武器模板的技术；以及具有潜在前景的技术和程序的测试和演练。所有这些措施加在一起，得到了 IPNDV 下一步的路线图。

3. IPNDV 第二阶段的计划

IPNDV 的第二阶段工作计划为期两年，目的是加深对支持未来核裁军的有效和实用的核查方案的理解和发展。在第二阶段的过程中，IPNDV 将促进与联合国核裁军核查政府专家组的互动，并形成本阶段的最终成果提交到核不扩散条约审议大会。

---

① Phase I Summary Report：Creating the Verification Building Blocks for Future Nuclear Disarmament，http：//www. nti. org/analysis/reports/ipndv-phase-i-summary-report-creating-verification-building-blocks-future-nuclear-disarmament/.

定位与性质

IPNDV 的工作是技术性的，由技术专家领导和执行。IPNDV 的工作并不与具体的裁军协定或协议挂钩。它的目的是确保无论谈判达成什么协议，都可以使用一系列程序和工具来核查。

计划在每年年底召开一次全体会议，由高级官员和技术专家组成，他们将监测工作组的进展情况，讨论共同的主题或挑战，并向其他相关研究介绍伙伴关系的工作情况。全体会议还将为政治和政策支持以及持续对话提供一个平台。在第二阶段，工作组将承担具体的项目、任务和合作研究与开发活动。

第二阶段的总体目标

（1）制定并实施一项战略，强调包括技术，学术和政策团体在内的各种受众的主要参与机会，消息传递和外展活动，包括教育机会。

（2）扩大 IPNDV 的工作，以考虑核裁军核查的更广泛方面；

（3）深化 IPNDV 关于具体核查内容的工作，包括确保解决方案能够提供所需的信心水平以及满足安全、安保和防扩散义务；

（4）制订切实有效的监测和验证方案，包括测量技术；

（5）通过练习和技术演示等实践活动，展示 IPNDV 的工作。

建立了三个新的工作组

在第二阶段的工作中将建立三个新的工作组。

第四工作组：核武器宣言核查：重点是如何核查武器编号宣布；

第五工作组：减少核查：侧重于如何核实减少和消除商定的宣布数量的武器；

第六工作组：核查技术：重点关注关键技术的研究和进展，其中许多核心技术在第一阶段确定。

新阶段的组织形式及工作安排

美国国务院成员和核威胁倡议组成IPNDV秘书处，秘书处将根据需要支持工作组及其联合主席，协调各工作组之间重叠的主题并协助安排活动，协调确定在未来的全体会议上进行讨论的共同主题。工作组将通过灵活多样的方式开展工作，包括电话会议，电子邮件和面对面会议等。参与国自愿选择参加的工作组。

表2 IPNDV第二阶段（2018—2020年）时间表

序号	时间及安排
1	2017年11月：在阿根廷布宜诺斯艾利斯第二阶段启动全体会议
2	2018年2月/3月：联合工作组会议
3	2018年6月/7月：联合工作组会议
4	2018年11月/12月：第六次全体会议
5	2019年2月/3月：联合工作组会议
6	2019年6月/7月：联合工作组会议
7	2019年11月/12月：第七次全体会议

五、对IPNDV的评价

从总体上看，IPNDV的目标是走向无核世界阶段的核查，不是当前正在进行核裁军进程的核查。IPNDV系统梳理了核裁军核查的整体框架，汇总了当前已有的核裁军核查模式，双边及多边条约和合作的成功经验。同时，也系统梳理了核查技术能力清单，详细分析了核查流程和环节。对核裁军核查的成果起到了很好的总结作用，让各国都能够对核裁军工作的内容、方式和所面临的困难有清晰的了解。

但需要指出的是，IPNDV研究工作仍然面临着诸多尚未得到妥善解决的重要问题，特别是对于如何平衡核查入侵性以及敏感信息保护这一重要问题尚未提出令人信服的解决方案。长期以来，如何在裁军核查入侵性以及敏感信息之间实现平衡，在冷战时期就是美苏双边核裁军核查面临的重要挑战，而时至今日，这一问题仍未得到妥善解决。对于特定核查场景，一方面，核查方在核查中需要确保一定的可信度，否则核查将丧失意义，而一般而言，高可信度的核查必然涉及一定的入侵性问题；另一方面，核查必须要考虑到被核查方核武器的敏感信息的保护，从而防止核查损害被核查方的国家安全以及敏感信息泄露导致的核扩散风险。美俄两国专家在长达数十年的实践后，仍然未能针对这一问题提出合理解决方案。IPNDV 尽管对于当前核裁军核查技术进行了全面梳理，但在针对入侵性以及敏感信息保护的平衡问题上同样没有提出解决方案。

此外，鉴于核裁军核查十分复杂，基于不同条约规定，不同核查场景的核查安排与核查手段往往存在显著差异，其中核查的进行主要取决于核裁军条约的规定。当前 IPNDV 对于核查技术的研究，仍然停留在宏观层面对核裁军核查技术的概要性归纳总结以及针对核弹头拆卸这一单一场景的基本讨论。而未来核裁军核查技术的具体应用，显然将主要取决于未来核裁军条约的具体规定，取决于谈判方的谈判结果。这也成为 IPNDV 持续推进核裁军核查技术研究工作的重要局限。

【地区防扩散热点问题】

朝鲜半岛的核问题与和平问题

杨希雨

美国退出伊朗核协议的几个关注点

郑妍　史建斌

朝鲜半岛的核问题与和平问题

杨希雨

内容提要：2018 年 3 月以来渐次展开的中朝、朝韩、朝美领导人会晤，对通过对话谈判实现朝鲜半岛无核化和建立半岛永久和平体制，带来难得的历史性机遇。但这种来自最高层级的积极态势能否持续，依然存在着巨大的不确定性。事实上，在过去 20 多年中，朝鲜半岛也曾出现过南北关系实现突破性改善的积极势头，朝美也曾就无核化、两国关系正常化等 21 个问题展开密集谈判，并就其中的 17 个问题达成协议。但由于半岛长期存在的战争状态和冷战状态，南北双方深陷安全利益的尖锐对立，这不仅严重制约半岛“核”与“和”问题的根本解决，而且使半岛陷入一轮又一轮的“危机周期”。能否抓住当前新一轮机遇，摆脱“危机周期”，实现半岛无核化并建立永久和平体制，关键在于能否建立南北双方共享的共同安全。

关 键 词：无核化　永久和平体制　南北关系　朝美关系　安全悖论　共同安全

作者单位：中国国际问题研究院

一、引言

2018年3月以来渐次展开的朝鲜最高领导人金正恩非正式访问中国并同习近平总书记举行会谈，朝韩在板门店韩方一侧举行南北峰会，中朝领导人中国大连会晤以及朝美领导人新加坡会晤等一系列活动，对化解朝鲜半岛紧张局势，并通过对话谈判实现朝鲜半岛无核化和建立半岛永久和平体制，带来难得的历史性机遇。但这种来自最高层级的积极态势能否持续，特别是来之不易的南北对话以及朝美峰会能否谈出成果，依然存在着巨大的不确定性。

事实上，在过去二十多年中，朝鲜半岛也曾出现过朝美关系以及半岛南北关系实现突破性改善的积极势头。2000年，朝鲜与美国实现高层互访，双方发表了具有历史意义的《朝鲜人民民主主义共和国与美利坚合众国联合公报》，强调“终结相互敌对关系，建立基于相互尊重主权，互不干涉内政的新型关系”;① 朝韩之间也于2000年和2007年实现过两次南北首脑峰会，并分别发表了《6·15共同宣言》和《南北关系发展与和平繁荣宣言》，共同表示“按照和解、合作与统一的精神来解决彼此间问题”。② 但这种来自双方高层甚至是最高层会谈所取得的历史性重大成果，并没有导致朝鲜半岛无核化以及持久的和平稳定，而使朝鲜核问题愈演愈烈，半岛危机反复爆发。这次南北关系以及朝美关系的缓和与对话，是重蹈以往覆辙，还是开辟朝鲜半岛实现长治久安的历史新进程?

---

① US-DPRK Joint Communique, released by the State Department of the United States, October 12, 2000, https://1997-2001.state.gov/regions/eap/001012_usdprk_jointcom.html.（访问日期：2018年3月17日）

② 参见联合国网站，https://peacemaker.un.org/sites/peacemaker.un.org/files/KR%20KP_920120_JointDeclarationDenuclearizationKoreanPeninsula%28ch%29.pdf。（访问日期：2018年3月17日）

本文试图从分析当前朝韩、朝美各自政策意图以及朝韩、朝美多次积极接触取得重大成果又再陷入危机的根源，来探讨实现半岛长治久安的基本途径。

二、当前半岛局势转圜的基本背景和政策动因

在2017年半岛战争危机频发之后，朝鲜最高领导人非正式访华以及朝韩与朝美迅速走向最高领导人之间的直接会谈，并非偶然的事态发展，而是由有关各方的安全利益以及政策考虑所驱动的必然趋势。

纵观半岛过去二十多年战争危机与对话缓和循环往复的历史，可以看出，尽管朝鲜同韩美同盟的安全矛盾日趋尖锐，有时甚至爆发最高领导人之间的“言语交战”，但对立双方在战争与和平的选择上，客观上存在着根本的共同利益，因为半岛一旦爆发战争，所有各方均为输家。正因如此，中方在复杂尖锐的朝韩、朝美对立中，一直坚定坚持劝和促谈、反对战争，这也是每当半岛局势恶化到战争边缘时，有关各方，尤其是半岛南北双方的最高决策者，总是把如何避免战争维持和平作为决策的出发点和首选。可以说，朝韩双方作为半岛的主人，对于保持半岛和平、防止战争摧毁自己赖以生存的家园，有着高度一致的责任感和共同利益。正因如此，在2017年6月半岛紧张态势不断升级的时候，韩国总统文在寅提出南北携手参加平昌冬奥会的建议。① 针对美国可能采取军事行动解决朝核问题的动向，韩国总统文在寅明确表示：没有韩国允许，任何国家都不

① Choe Sang-Hun: “South Korea Leader Hopes for Unified Olympic Team with the North,” *The New York Times*, June 24, 2017.

得在半岛动武。[①] 而朝鲜最高领导人金正恩在2018年元旦致辞中，不仅对韩国总统文在寅关于南北携手参加平昌冬奥会的建议做出积极回应，而且强调“当前形势要求北南事不宜迟，不拘于过去，改善北南关系”，“要缓和北南之间尖锐的军事紧张状态，营造朝鲜半岛的和平环境”。[②] 正是由于朝鲜和韩国对于半岛和平有着共同追求，对于半岛爆发战争的风险有着共同的关切和反对，从而奠定了今年以来南北关系回暖、半岛局势缓和的基础。

当然，除了中国坚持不懈地劝和促谈反对战争，除了南北双方对于防止战争存在共同利益这两个基本背景之外，朝、韩、美各自不同的政策考虑，则是催化当前局势从紧张对立迅速走向缓和的直接动因。

朝鲜主动建议举行南北首脑峰会以及朝美领导人会谈，主要出于三点考虑：第一，根据发展核武与发展经济的“并举路线”，朝鲜在2017年11月宣布完成了发展核武的“历史伟业”之后，把战略重点转向了集中发展国内经济，开始实施“以经济建设为中心”的新战略。正如2018年4月召开的朝鲜劳动党七届三中全会通过的决议书所宣布的那样：要“使党和国家全盘工作指向社会主义经济建设，为此集中一切力量”。[③] 这就迫切需要和平稳定的外部环境，迫切需要尽快恢复和改善同主要国家的关系，特别是同中国、韩国、美国的关系，迫切需要减少以至全部解除国际社会对朝制裁。而举行峰会并重新谈判半岛无核化，则是达成上述目标的捷径和有效杠杆。第二，从最高层级重新启动南北和解改善关系的进程，有

---

① 《文在寅：未经韩国同意，任何国家不得在朝鲜半岛动武》，纽约时报中文网，2017年8月15日，https：//cn. nytimes. com/asia-pacific/20170815/south-korea-trump-north-korea/。（访问日期：2018年3月19日）

② 《朝鲜最高领导人金正恩发表2018年新年贺词》，朝中社平壤2018年1月1日电，http：//kcna. kp/kcna. user. article. retrieveNewsViewInfoList. kcmsf。（访问日期：2018年3月19日）

③ 朝中社平壤2018年4月21日电。

利于尽快恢复南北经济关系，在国际对朝制裁体系中打开缺口并逐步瓦解该制裁体系。第三，朝鲜在掌握了“核打击美国全境”的能力、同美国建立起“实力对等平衡”之后，① 重启南北改善关系和朝美对话进程，这既有利于朝鲜在新的实力地位基础上推动南北和解合作和平统一的进程，又有利于朝鲜在“核实力对等平衡”的基础上同美国谈判核问题以及和平问题。

韩国对朝鲜关于尽快举行“南北”“朝美”双峰会的建议，一方面表示高度赞赏并积极回应和斡旋，但另一方面在朝鲜核问题上也同朝鲜存在深刻分歧，并受到美国以及国内在野党派的极大牵制。文在寅政府把“双峰会”视为重大机遇，希望借此实现两大目标：一是通过举行第三次南北首脑峰会缓和半岛紧张局势、重启南北和平和解合作进程；二是把“双峰会”及其所重新启动的南北对话与朝美对话进程当作解决朝鲜核问题、实现朝鲜半岛无核化的重要平台。对韩国而言，努力斡旋促成朝美首脑会谈，既能有效降低韩国内反对南北首脑会谈的反对与质疑，又有利于把无核化问题引入南北会谈之中。南北峰会尚未开始，文在寅总统就明确表示，半岛无核化对话同南北对话不可分割开来。②

美国特朗普政府对于举行美朝最高领导人会谈的朝鲜提议被动应对，而且对于快速推进的南北缓和，也通过举行加强对朝多边制裁“温哥华国际会议”、新增对朝单边制裁等措施来牵制韩朝接触的进程。特朗普政府并不反对包括最高领导人会谈在内的美朝接触，恰恰相反，特朗普本人早在竞选期间就明确表示必要时可以同朝鲜最高领导人金正恩直接会谈，但美国对美朝对话设置了明确的前提条件，即美朝对话必须谈无核化问题，同

① Anna Fifield, “North Korea wants military ‘equilibrium’ with the U. S., Kim Jong Un says,” *The Washington Post*, September 15, 2017.

② 新华社首尔 2018 年 2 月 28 日电，文在寅强调半岛无核化对话应与南北对话并行推进。

时坚持在美朝对话中保持对朝极限施压。特朗普总统完全接受朝方提议举行美朝首脑峰会，一是由于韩国转达朝鲜最高领导人金正恩关于无核化的口信，一定程度上满足了美国对美朝会谈所设定的前提条件，二是由于特朗普政府在对朝采取预防性有限军事打击遭遇国内外强烈牵制的情况下，不得不把对话谈判加制裁封锁两手并用的政策作为军事手段解决朝核问题的替代措施。特朗普政府在美朝首脑会谈举行前，抢时间构筑严密的对朝制裁体系，谋求把制裁措施作为同朝谈判无核化问题的筹码，把各种制裁措施同朝鲜的具体弃核行动相挂钩，用“极限施压”迫使朝鲜实际采取弃核措施来换取美国分阶段解除对朝制裁。①

尽管朝韩美三方对于启动南北、朝美峰会的目的各不相同，但对话进程对于稳定半岛局势，在稳定的局势下探讨解决复杂矛盾的道路，无疑具有重要意义。

二、朝韩、朝美接触的进展和成果与“危机周期”的根源

朝韩与朝美最高领导人举行面对面的会谈来之不易，但要使这两个峰会所启动的南北对话和朝美对话进程取得实质性进展，则非常艰难和复杂。

朝韩和朝美高层乃至最高层对话并非始于现在。早在冷战时期的 1972 年，朝韩之间就开启了对话与和解进程，并跨越冷战时代和后冷战时期，虽几经动荡起伏，但在南北和解合作与和平统一以及推动半岛无核化这两个基本问题上，取得了一系列里程碑式的重大成果。而朝美接触从 1992 年

① Edith M. Lederer, “US official: Maximum pressure on North Korea until progress,” *The Washington Post*, March 12, 2018.

第一次高级别政治会谈开始，也在朝鲜半岛无核化以及朝美关系正常化两个基本问题上，先后取得一系列历史性标志性成果。

（一）朝韩接触的进展与成果

朝鲜与韩国之间从1972年谈判发表《7·4南北联合公报》开始，进行过从工作级、内阁级到最高领导人级别的多次会谈，特别是2000年6月第一次南北首脑会谈以及2007年10月第二次南北首脑会谈，把南北关系推向高潮。通过签署《7·4南北联合公报》（1972年4月）、《北南和解互不侵略和合作交流协议书》（1991年12月）、《朝鲜半岛无核化联合宣言》（1992年1月）、《6·15南北共同宣言》（2000年6月）、《北南关系发展与和平繁荣宣言》（2007年10月）等一系列重要文件，朝鲜与韩国在南北关系以及半岛无核化两个方面取得了重要的、影响未来的实质性进展。

第一，在改善南北关系、促进和平统一方面达成如下基本共识和重要协议。①

确立了“统一三原则”，即自主、和平、超越意识形态和社会制度差异的民族团结；明确了和平统一的模式，即按照南方关于“邦联”的概念以及北方关于松散形式的“联邦”的方向，共同推进和平的、没有外来干预的自主统一。

---

① 参见，The July 4 South-North Joint Communiqué，https：//peacemaker. un. org/sites/peacemaker. un. org/files/KR%20KP _ 720704 _ The% 20July% 204% 20South-North% 20Joint% 20Communiqu% C3% A9. pdf；《南北双方和解、不侵略及交流与合作协定》，https：//peacemaker. un. org/sites/peacemaker. un. org/files/KR%20KP _ 920120 _ Joint Declaration Denuclearization Korean Peninsula% 28ch% 29. pdf；Text of Joint Declaration of Denuclearization on the Korean Peninsula，https：//peacemaker. un. org/sites/peacemaker. un. org/files/KR%20KP _ 920120 _ Joint Declaration Denuclearization Korean Peninsula. pdf；South-North Joint Declaration，June 15，2000，https：//www. usip. org/sites/default/files/file/resources/collections/peace _ agreements/n _ skorea06152000. pdf；Declaration on the Advancement of South-North Korean Relations，Peace and Prosperity，https：//www. ncnk. org/sites/default/files/2007 _ North-South _%20Declaration. pdf。

确立了南北相互间关系准则，即互不侵犯、互不使用武力、和平解决争端、终止军事敌对状态、共同维护半岛和平、互不干涉内政。

建立半岛永久和平体制，终结1953年临时停战协定，为此南北共同推进在半岛召开三方或四方领导人会议，宣布正式结束朝鲜半岛的战争状态。

解决包括离散家属团聚等问题在内的人道主义问题，实现离散家属团聚定期化。

开展和加强贸易、投资、文化、教育、科技、新闻出版、广播电视、通邮、立法等广泛领域的交流与合作。

开展和加强南北在恢复与改善南北交通、开发自然资源、经济特区等方面的项目合作，包括建设开城工业园区、金刚山旅游区、合作建设恢复穿越南北的铁路、恢复开城到新义州的铁路、合作建设开城到平壤的高速公路、合作建设位于安边和南浦的造船基地，并在农业、健康与医疗、环境保护等方面建立合作项目，在双方有争议的西海地区建立“和平与合作特区”，加强渔业合作，防止意外军事冲突发生。

第二，在实现半岛无核化方面签署重要文件并就若干关键性问题达成一致。①

由两国总理于1991年联合签署《关于朝鲜半岛无核化共同宣言》，共同承诺南北均不试验、不制造、不生产、不接受、不拥有、不储存、不部署或使用核武器，南北均不开展核后处理和铀浓缩项目，南北的核项目仅限于和平利用核能。

南北双方在2007年第二次南北首脑会谈后发表的联合宣言中，一致同

① 参见 Text of Joint Declaration of Denuclearization on the Korean Peninsula, https://peacemaker.un.org/sites/peacemaker.un.org/files/KR%20KP_920120_Joint Declaration Denuclearization Korean Peninsula.pdf; Declaration on the Advancement of South-North Korean Relations, Peace and Prosperity, https://www.ncnk.org/sites/default/files/2007_North-South_%20Declaration.pdf。

意共同落实六方会谈《9·19 共同声明》和《2·13 协议》。

（二）朝美接触的进展与成果

从 20 世纪 90 年代初开始，美朝展开了包括高级别政治会谈、朝鲜最高领导人特使访美、美国国务卿访朝等高层接触在内的双边接触，先后签署了《美朝共同声明》（1993 年 6 月）、《美朝框架协议》（1994 年 10 月）、《美朝联合公报》（2000 年 10 月）、《美朝关于朝鲜停止核、导试验及美向朝提供食品援助的协议》（2012 年 2 月）。此外，美朝双方从 1994 年到 2002 年期间，展开了核、导、恐怖主义、互设联络处、朝鲜半岛能源开发项目、双边经贸关系等 21 个问题的密集对话与谈判，其中就 18 个问题签署了协议。[①] 朝美双方在无核化以及推进双边关系全面正常化这两个方面，取得如下进展和成果。

第一，朝美就朝鲜“冻核”迈向弃核以及不发展弹道导弹方面达成重要共识和协议：[②]

朝美郑重承诺共同致力于没有核武器的朝鲜半岛的和平，美国将对朝鲜正式提供不使用或威胁使用核武器的保证，朝鲜不退出《核不扩散条约》（NPT），并将持续性地采取实际步骤落实朝韩签署的《朝鲜半岛无核化联合宣言》中规定的“八不”。

美国及国际机构向朝鲜提供总发电能力为 2000 兆瓦的两座轻水反应堆，在两座轻水堆提交朝鲜之前，朝冻结全部核活动，美国及国际机构在朝鲜“核冻结”期间每年向朝鲜提供 50 万吨重油用于发电。美国及国际机

---

① Robert Carlin and John W. Lewis, “Negotiation with North Korea: 1992 - 2007,” Center for International Security and Cooperation, Freeman Spogli Institute for International Studies, Standford University, January 2008.

② 参见 Text of the Agreed Framework, https://nsarchive2.gwu.edu/NSAEBB/NSAEBB87/nk17.pdf; U. S. -D. P. R. K. Joint Communique, Released by The State Department of The United States, October 12, 2000, https://1997-2001.state.gov/regions/eap/001012_usdprk_jointcom.html。

构在提交两座轻水堆后，朝鲜销毁宁边的全部核设施。美朝缔结和平利用核能合作协定。

朝美就朝鲜的弹道导弹问题展开会谈，只要会谈在进行，朝鲜就不进行任何形式的远程导弹发射活动。

第二，朝美就改善双边关系达成一致原则和协议：①

双方采取实际措施，从根本上改善双边关系，采取包括（朝韩美中）四方会谈在内的措施，用永久和平安排来正式取代1953年的《临时停战协定》，终止双方相互敌对状态。

双方一致同意共同迈向政治、经济全面正常化关系，美国采取措施降低美对朝贸易和投资限制，美朝两国在对方首都互设联络处，并尽早升格到大使级外交关系。

双方共同承诺开展基于平等和不带偏见的会谈解决分歧，致力于建立基于相互尊重主权、互不干涉内政的新型关系。

朝韩以及朝美上述的积极接触所产生的广泛成果，无疑是十分重要和宝贵的，但这并没有使半岛摆脱危机不断爆发的危机周期现象，更没有使上述来之不易的宝贵成果得以巩固和坐实，而使半岛危机周而复始地每隔三四年就爆发一次：

从1993—1994年爆发第一次核危机到1998年朝鲜发射“大浦洞导弹”危机，2002年朝鲜秘密开发浓缩铀引发第二次核危机，2006年朝鲜第一次核试验危机，2009—2010年朝鲜第二次核试验以及天安舰/延坪岛危机，2013年朝鲜撤出《临时停战协定》引发半岛战争危机，2017朝美军事对抗

① 参见DPRK-US Joint Statement，www2. law. columbia. edu/course _ 00S _ L9436 _ 001/.../1993%20DPRK. doc；U. S. -D. P. R. K. Joint Communique，Released by The State Department of The United States，October 12，2000，https：//1997 - 2001. state. gov/regions/eap/001012 _ usdprk _ jointcom. html；Text of the Agreed Framework，https：//nsarchive2. gwu. edu/NSAEBB/NSAEBB87/nk17. pdf.

风险升高的战争危机。

这就提出了一个带有根本性的问题：为什么朝韩与朝美之间都曾努力谈判并达成了不少实质性成果，朝鲜半岛却仍然陷入上述这种每过几年就陷入一场危机的“周期”？从根本上说，这种“危机周期”源于朝鲜半岛迄今一直存在的两种不正常状态：第一，朝鲜半岛迄今依然处于战争状态，尽管朝鲜战争的停战协议已经签署了半个多世纪；第二，朝鲜半岛迄今依然处于冷战状态，尽管冷战在世界上已经结束了二十多年。如果不从根本上结束朝鲜半岛的战争状态和冷战状态，即便新一轮的南北首脑峰会以及朝美首次最高领导人会谈能够达成一些共识，取得一些成果，也必然像以往那样难以巩固，甚至再次陷入新的半岛危机。

三、半岛长治久安的出路在于实现共同安全

在战争状态和冷战状态下，朝鲜半岛安全的本质特征是南北双方的安全是分裂和完全对立的。南北各自加强自己安全的任何努力，一定带来对对方的安全威胁。过去 20 多年，朝鲜核武器从无到有，从小到大，朝鲜感到安全的同时，韩国却感到更加不安全了。而过去 20 多年，韩美军事同盟不断增强，美国向韩国提供“延伸核威慑”，韩国军队现代化程度迅速提高，韩国感到安全的同时，朝鲜却感到更加不安全了。一个严酷的现实是：过去 20 多年，南北双方竞相增加自己的军事能力，投入大量资源甚至付出沉重代价竞相做“加法”，但结果却是朝鲜和韩国都比 20 年前更加不安全了。朝鲜与美韩同盟之间深陷“越是加大军事投入就越是增加不安全因素”的“安全困境”。

要摆脱这种“安全困境”，就必须把分裂的安全改变成为南北双方的共同安全。朝、韩、美对于南北峰会以及朝美峰会有着各自不同的政策目标

和战略预期，但是如果不把追求和解决南北共同安全的问题作为相互接触的共同目标，峰会带来的积极气氛和成果依然不能使半岛摆脱“危机周期”的安全困境。正如中国国家主席习近平在阐述亚洲新安全观时所强调的那样：“不能一个国家安全而其他国家不安全，一部分国家安全而另一部分国家不安全，更不能牺牲别国安全谋求自身所谓绝对安全。”① 这种普遍、平等、包容的共同安全，是摆脱安全困境的现实出路，这一点对深陷安全困境的朝鲜半岛具有很强的针对性。就当前半岛安全困境的焦点朝鲜核问题而言，作为同时兼具保卫朝鲜和摧毁美韩同盟的朝鲜核武器，只能在朝鲜和美韩同盟同时都感受安全的共同安全环境中，才具有被彻底放弃的现实可行性。

朝鲜与美韩竞相加强自身安全反而导致安全困境不断加深，教训就在于朝鲜半岛南北双方的安全利益原本就紧密交织和互动，任何一方独自加强自身安全的努力，都必然会引来另一方的反作用力。这就决定了共处朝鲜半岛的朝韩双方，只能超越战争状态和冷战状态所带来的各种分歧，寻求共同安全。朝鲜与韩美之间追求各自安全所造成的安全困境，不可能通过继续增加“核遏制力”或“延伸核威慑”来破除，而只能通过相互减少威胁对方，在共同安全的基础上实现朝鲜半岛无核化，才能共同摆脱令所有各方都受害的安全困境，终结半岛循环往复的“危机周期”。

综观以往朝韩接触和美朝接触取得重大成果又陷入重大危机的经验教训，取得进展和成果的基本要素是朝韩与朝美在无核化问题上的共识。而成果被摧毁、危机反复爆发的基本原因，也是在核问题上的对立加深。因此，新一轮南北和朝美最高层会谈能否带来半岛安全的积极拐点，关键也

---

① 参见习近平：《积极树立亚洲安全观共创安全合作新局面》，新华网，http：//news.xinhuanet.com/world/2014-05/21/c_1110799227.htm。

在于南北之间和朝美之间能否在半岛无核化问题上达成共识。习近平主席在2017年11月同来访的美国总统特朗普共同会见记者时指出，中美双方致力于实现朝鲜半岛无核化，致力于通过对话谈判解决半岛核问题，并愿同有关各方共同探讨实现半岛和东北亚长治久安的途径。[①] 习近平在同金正恩举行会谈时也强调指出，中国坚持实现半岛无核化目标、维护半岛和平稳定、通过对话协商解决问题。[②] 中方在做有关各方工作时，突出强调实现半岛无核化，正是紧紧抓住了当前半岛错综复杂矛盾的关键问题。

由于朝鲜和美韩同盟双方早已深陷“安全困境”，要在共同安全的基础上实现半岛无核化，绝非易事。因为牵动全局的核问题对于所有各方均利害攸关，似乎任何一方都难以妥协。但是，和平解决核问题，又恰恰是包括朝鲜、韩国和美国在内所有各方的共同利益所在，这就决定了通过谈判解决核问题的现实可行性。

表面看，朝美在核问题上的对立越来越不可调和，然而正是由于和平解决核问题的自身利益需要，朝鲜和美国在持续强硬发声的同时，也都为谈判解决核问题释放了积极信号。朝鲜在2016年7月美国“独立日”之后不久，以政府声明的方式明确指出：“朝鲜人民民主主义共和国始终呼吁的无核化，是指整个朝鲜半岛的无核化”，声明还列出了实现朝鲜半岛无核化的五个前提条件作为安全保障，强调指出：“如果这些安全保障得以实现，朝鲜也将对此采取相应措施，实现朝鲜半岛无核化就能够取得决定性突破。”[③] 美国前国务卿蒂勒森也代表美国政府在多个场合公开表明美国对朝

① 《习近平同美国总统特朗普共同会见记者》，新华社北京2017年11月9日电，中国政府网，http：//www.gov.cn/xinwen/201711/09/content_5238386.htm。

② 《习近平同金正恩举行会谈》，新华社北京2018年3月28日电，新华网，http：//www.xinhuanet.com/world/2018-03/28/c_1122600292.htm。

③ Korea Central News Agency，“DPRK Government Denounces U.S.，S. Korea's Sophism about ‘Denuclearization of North’，” July 6，2017，Korea Central News Agency，http：//www.kcna.kp/kcna.user.article.retrieveNewsViewInfoList.kcmsf#this.

鲜的“不以颠覆朝鲜政权为目标”等“四不”政策。① 美国现任国务卿蓬佩奥也在访问平壤后不久公开表示，“如果朝鲜采取大胆行动迅速实现无核化，美国准备与朝鲜合作，使其实现与我们的韩国朋友同样水平的繁荣。”② 尽管上述两个不同形式的声明和表态立场差距仍大，但已经显现出不少的共同点和相似点，这些共同点和相似点，不仅构成开展谈判和对话解决核问题的政治基础，也为有关各方在半岛摆脱“安全困境”构建共同安全，提供了重要的积极因素。

四、结论

（一）冷战结束以来，中国明确地把维护半岛和平稳定以及推进半岛无核化作为自己在半岛的两大战略目标。为此，中国一直主张，无论有关各方特别是朝美之间的矛盾如何尖锐复杂，都必须坚定不移地通过对话谈判的方式解决有关问题，必须以综合、均衡的方式，一揽子解决朝鲜核问题，既要解决朝鲜半岛的无核化问题，也要同时解决朝鲜在安全、政治、经济等领域的合理关切。

（二）近一个时期以来朝鲜半岛局势的迅速变化，从本质上深刻表明：持续了半个多世纪的半岛安全格局，正进入历史性、结构性变化的前夜。推动这种变化的主要驱动因素，是如何解决朝鲜核问题，要不要实现朝鲜半岛无核化，而决定这种变化结果的是建立什么样的半岛永久和平体制，结束半岛南北双方之间的战争状态和冷战状态。

---

① 《外交部称肯定美方对朝鲜问题的“四不”承诺望付诸行动》，环球网，2017年9月29日，http：//world. huanqiu. com/exclusive/2017-09/11297954. html。

② JOSH LEDERMAN and MATTHEW LEE, “Pompeo: US hopes to have N Korea as ‘close partner’ not enemy,” May 11, 2018, https：//apnews. com/0503d16ba3c24154ad739c7ef275a53f.

（三）从根本上看，朝鲜半岛的主人，是南北双方。朝鲜半岛的无核化以及永久和平稳定，南北双方是主要当事方。但是由于半岛长期存在的战争状态和冷战状态，南北之间的安全关系，早已陷入“零和游戏结构”，即一方加强自身安全的进展，必然意味着另一方安全利益的受损。半岛当前安全形势的根本特征，是南北双方都在做“加法”，即增加自己的军备以增加自身安全。如朝鲜在迅速增加核武器和攻击型导弹，而韩国在增加反导系统的同时，也在增加攻击型导弹，并引进美国的“延伸核威慑”。但是到头来，双方各自所增加的军备，都是在降低对方的安全系数，这必然引起对方增加自己的军备以降低对方的安全系数。这种负面的“加法”竞赛，导致南北双方都越来越不安全，而不是越来越安全。今年以来启动的南北对话与朝美对话进程，从根本上说，要着眼于终结南北之间的负面安全竞争，建立朝鲜和韩国共同而平等享有的共同安全，这是实现朝鲜半岛长治久安的基础。

（四）朝鲜半岛的未来，取决于两个关键因素：第一，南北之间能否建立起一种相互信任机制和军事安排，首先停止互相做“加法”，并在这种机制和安排之下，制定路线图，循序渐进地相互做“减法”。在互做“减法”的进程中，美国必须承担相应的义务采取相应的“减法”措施。第二，有关各方如何从“共同安全”的原则出发，在推进美国要求的“全面、可验证、不可逆的”朝鲜半岛无核化进程的同时，推动建立朝鲜和韩国共享的“全面、可验证、不可逆的永久和平”，即“CVID（complete，verifiable and irreversible denuclearization）”和“CVIP（complete，verifiable and irreversible peace）”并行谈判推进的进程，为半岛的长治久安和南北实现民族和解与和平统一奠定基础。

美国退出伊朗核协议的几个关注点

郑妍　史建斌

内容提要：《伊朗核协议》由“伊核问题六国”为解决伊朗核问题而达成，而美国总统特朗普一直对该协议不满，并最终动用总统权力宣布退出。包括国际原子能机构在内的国际社会认为伊朗没有违反核协议规定的活动，而且核协议并非像特朗普所认为的那样，在现场视察、突破时间、落日条款和导弹计划等方面存在“严重缺陷”。美国的退出，并不会导致核协议就此瓦解，但美国重启的次级制裁，将严重影响伊朗在核协议框架下的利益。

关 键 词：伊朗核协议　特朗普　核扩散　国际安全

作者单位：中国工程物理研究院战略研究中心

2018年5月8日，美国总统特朗普宣布退出《伊朗核协议》，并重启已对伊朗豁免的制裁。《伊朗核协议》是美、俄、英、法、中、德六个国家（又称“伊核问题六国”）以及欧盟为了解决伊朗核问题，经过艰苦、漫长谈判而与伊朗在2015年7月14日达成，其正式名称是《联合全面行动计划》（JCPOA）。在核协议框架下，伊朗限制其敏感的核活动并接受国际原子能机构的监视与核查，以换取国际社会对其涉核制裁的解除。美国的退出，使围绕《伊朗核协议》的相关问题再度引起国际社会的关注和热议。

伊朗核问题概况

伊朗从20世纪50年代开始核能研发活动，一度得到西方国家的援助。1979年伊朗爆发伊斯兰革命，西方国家逐步断绝了与伊朗的核合作。此后伊朗开始发展本土的核燃料循环能力，尤其是核材料生产能力。核材料既可用于民用发电等，也可用于军事目的——达到一定丰度的铀-235或钚-239是制造核武器的理想材料。2002年8月，伊朗被揭露在纳坦兹和阿拉克两地建造未向国际原子能机构申报的核材料生产设施，伊朗核问题由此引起关注。

在英、法、德三国斡旋之下，伊朗于2003年底签署了《不扩散核武器条约》的《附加议定书》，暂停所有涉及铀浓缩和后处理的活动。2006年1月，伊朗宣布恢复已经中止两年的核燃料研发活动，伊朗核问题再度升温。由于在国际原子能机构框架下调解无效，伊朗核问题当年被提交联合国安理会，并形成了六国磋商机制。

虽然"伊核问题六国"与内贾德总统执政的伊朗在联合国框架下举行了数轮对话，但双方在铀浓缩和解除制裁等核心问题上各执一词，谈判呈僵持状态。伊朗一直声称其核活动出于民用目的，持续发展了铀浓缩能力并试图获得钚生产能力。以美国为首的西方国家认为伊朗一直未能彻底澄清其核计划是否另有军事目的，担心伊朗在一定时间期限内获得核武器，因此推动联合国安理会先后通过多轮对伊制裁决议，美国与欧盟也对伊朗实施了制裁，制裁主要集中在军事禁运、石油输出、贸易和金融资产冻结方面。

2013年伊朗鲁哈尼总统履新后，频频释放温和信号，谈判出现转机。当年11月，伊朗与"伊核问题六方"达成了过渡性协议——《联合行动计划》(JPA),开始实施“限制换解(减)禁”。此后,谈判双方多次磋商,协调分歧,最终达成《伊朗核协议》以全面解决伊朗核问题。

《伊朗核协议》的谈判进程从本质上来说主要是美国和伊朗的利益博弈。协议的达成对美国奥巴马总统来说事关其两届任期的政治功绩,对伊朗鲁哈尼总统来说事关其政治生命,因为在国际社会的长期制裁下,伊朗严重依赖石油出口的单一经济体系几乎滑向崩溃的边缘,已影响到政权稳定性。“生命”高于“政绩”,为此伊朗做出了更多的让步。2015 年 10 月 18 日,即经联合国安理会批准 90 天后,《伊朗核协议》生效;2016 年 1 月 16 日,经国际原子能机构确认伊朗已落实在核协议框架下的相关规定后,核协议正式执行,联合国、欧盟和美国各自解除针对伊朗核问题的相关金融和经济制裁。

对于伊朗是否曾有涉及军事层面的核活动,国际原子能机构在 2015 年 12 月发布的《最终评估报告》称,“伊朗在 2003 年底前开展了一系列与发展核爆炸装置有关的活动,而且部分活动发生在 2003 年以后”,确认伊朗曾经从事过核武器计划;但报告又指出,“没有可靠迹象表明伊朗在 2009 年后有与发展核爆炸装置有关的活动。”① 除了国际原子能机构外,一些政府机构、国际组织和专家学者也对此有所评估,其中较有影响的是美国情报部门在 2007 年发布的题为《国家情报评估——伊朗的核意图和能力》。《国家情报评估》一般由美国近 20 个情报机构共同完成,是美国最高水准的情报产品之一。该报告认为,伊朗军方部门曾根据政府指令研制核武器,但研究活动迫于国际压力已于 2003 年停止;伊朗当前没有核武器,但保留

① Director General, International Atomic Energy Agency, *Final Assessment on Past and Present Outstanding Issues Regarding Iran's Nuclear Programme*, GOV/2015/68, December 2, 2015, p. 14.

着发展核武器的选项。[①]

特朗普执意退出核协议

尽管时任美国总统奥巴马把达成《伊朗核协议》视为其任内最主要的政治外交成就之一，但特朗普却始终打算将其推翻。早在2016年作为总统候选人时，特朗普就对《伊朗核协议》多有指责，表示要撕毁协议、另起炉灶谈判一份新协议。入主白宫后，特朗普下令全面开展对伊朗政策的战略审议，不断质疑《伊朗核协议》的作用，不时释放退出信号，扬言重启制裁，如2017年9月19日特朗普总统在"联大"发言，认为《伊朗核协议》"是美国有史以来参与的最糟糕、最失算的交易之一"。[②] 除了言论造势，特朗普还采取措施步步推进，如在政府高层进行人事调整，让一贯反对核协议的蓬佩奥和博尔顿分别取代主张保留核协议的国务卿蒂勒森和国家安全顾问麦克马斯特。

如果美国要退出核协议，可采用的机制有三种，这些机制殊途同归，都以重启对伊制裁为标志，也都以重启制裁为目的。

第一种机制是利用《伊朗核协议》的有关条款。如果美国认为伊朗有违反核协议的行为，可以将有关问题逐次提交"联合委员会"（根据《伊朗核协议》而设立）、协议谈判各方外长乃至联合国安理会以寻求解决。如果在最长65天的时间内，问题未能解决，美国可"快速恢复"在核协议框

---

① Office of the Director of National Intelligence, "Iran: Nuclear Intentions and Capabilities," *National Intelligence Estimate*, November 2007, http://www.globalsecurity.org/intell/library/reports/2007/nie_iran-nuclear_20071203.htm.（访问日期：2018年5月8日）

② White House Office of the Press Secretary, *Remarks by President Trump to the 72nd Session of the United Nations General Assembly*, September 19, 2017.

架下对伊朗豁免或中止的制裁。但特朗普没有考虑这一机制。

第二种机制是利用《伊朗核协议审议法案》（INARA）的有关条款。《伊朗核协议审议法案》由美国国会通过，旨在确保国会能审议和监督美国对《伊朗核协议》的执行情况。根据《伊朗核协议审议法案》，美国总统每隔 90 天要向国会证实伊朗是否遵守了该法案的有关规定，如果美国总统未能证实，或是认为伊朗有严重违反协议的行为而向国会提交了报告，那么国会有 60 天的窗口期，以决定是否立法恢复那些在核协议框架下已对伊朗豁免或中止的制裁。自 2017 年 10 月以来，特朗普在规定的时间点拒绝向国会证实伊朗履行了《伊朗核协议审议法案》有关规定，并认为《伊朗核协议》存在缺陷，呼吁对其进行修订。但是，美国国会并没有在规定时间内立法以恢复制裁，也未就修订核协议提出方案。在此机制下，特朗普作了尝试，但未能遂愿。

第三种机制是动用总统权力，对制裁豁免不予延期，或直接宣布退出。美国对伊朗制裁的豁免需要定期“刷新”，否则制裁将自动恢复。2018 年 1 月 12 日，特朗普虽然继续豁免对伊朗的涉核制裁，但下了最后通牒，除非国会和欧洲盟友在规定期限内达成令其满意的方案以修改核协议中的“严重缺陷”，否则这将是他最后一次延期。[①] 若真如此，美国对伊朗豁免的《2012 财年国防授权法》中的相关制裁将在 120 天以后，即 2018 年 5 月 12 日恢复，对伊朗豁免的美国 2012 年《伊朗自由与反扩散法》、2012 年《伊朗威胁降低与叙利亚人权法》和 1996 年《伊朗制裁法》中的相关制裁，也将在 180 天或 6 个月后一一恢复。[②] 但特朗普赶在 5 月 12 日之前，直接宣布退出核协议，表明了一种坚决、强硬的态度。

---

① U. S. White House, *Statement by the President on the Iran Nuclear Deal*, January 12, 2018.

② Kenneth Katzman, “Iran Sanctions,” CRS Report, RS20871, April 18, 2018, p. 41.

当初，奥巴马民主党政府为避免国会共和党议员的掣肘，确保《伊朗核协议》能快速、顺利地执行，动用的是总统行政令，并未寻求国会将其作为条约通过，因此，《伊朗核协议》在美国并不具备法律地位。依照美国国内法，美国总统有权随时做出退出《伊朗核协议》的决定。虽然《伊朗核协议》的其他谈判方一直致力于维护协议，法国总统马克龙、德国总理默克尔和英国外交大臣鲍里斯接踵造访白宫以游说美国回心转意，但特朗普还是以一种最简单、直接的方式退出了协议。

伊朗是否遵守了核协议

美国退出核协议了。那么，伊朗是否有违反核协议规定的行为？

国际原子能机构是负责监视和核查伊朗核活动的国际组织，在国际防扩散领域历来发挥着无可取代的重要作用，其相关结论具有高度权威性。自 2015 年以来，国际原子能机构总部工作人员通过安装在伊朗国内的摄像头和其他远程传感器发回的数据信息，昼夜监视着伊朗的敏感设施；其实验室每周分析从伊朗取回的微粒样本，从中寻找伊朗核材料生产可能违规的蛛丝马迹；其核查小组长期驻扎在伊朗，现场视察公开的核设施和其他存疑场所。自《伊朗核协议》正式执行以来，国际原子能机构总干事每隔一段时间向联合国安理会提交一份核查与监测报告，所有报告都确认伊朗遵守了在核协议框架下的承诺。

国际社会主流也持与国际原子能机构同样的观点，如在 2017 年 9 月举行的联合国大会上，欧盟外交政策负责人莫盖里尼强调，《伊朗核协议》得到了完全执行，伊朗没有违约情况。部分美国高官也公开发表类似看法，如 2018 年 3 月 21 日，美国国务院政策规划主任胡克（Brain Hook）表示，

“伊朗履行了在 JCPOA 框架下的承诺”。[①]

一个值得注意的问题是，特朗普总统拒绝向国会证实伊朗履行了《伊朗核协议审议法案》的有关规定，并不意味着伊朗一定有未履行《伊朗核协议》义务的行为。在《伊朗核协议审议法案》框架下，总统除了需要证实伊朗完全履行了《伊朗核协议》、没有重大违反协议的行为、没有从事可显著推进核武器计划的行为，还需要证实美国中止的制裁与伊朗所采取的措施是“恰当的、相称的”而且符合美国的国家安全利益。[②] 显然，《伊朗核协议审议法案》所需证实的内容更多，范围更广，远远超出《伊朗核协议》所规定的义务。特朗普政府从未声称伊朗有违反或未执行核协议的行为，而是语焉不详地说“伊朗未能符合协议精神”。

分析来看，特朗普政府之所以坚决退出《伊朗核协议》，主要原因还是美国的中东利益在作祟。奥巴马想从中东乱局中脱身，而特朗普却想增加美国在中东的存在感，挤压伊朗在中东的影响力。美、伊之间对抗多年，信任危机积重难返，紧张关系绝非仅凭一纸核协议就能在短期内化解。美国政府 2017 年 12 月出台的《美国国家安全战略》指出，中东“不能受控于美国的任何敌对力量”；同时认为，致使中东地区动荡不安的因素之一是伊朗的扩张，“伊朗，作为恐怖主义的主要支持国，利用地区不稳定，通过合作伙伴和代理人、武器扩散和资助等方式扩大其影响力”。[③] 特朗普政府在 2018 年《核态势审议》报告中，特意提及了对美国

① Kenneth Katzman, Paul K. Kerr, Valerie Heitshusen, “Options to Cease Implementing the Iran Nuclear Agreement,” CRS Report, R44942, April 30, 2018, p. 5.

② U. S. 114th Congress Public Law 17, *Iran Nuclear Agreement Review Act of 2015*, H. R. 1191, May, 2015, https://www.congress.gov/bill/114th-congress/house-bill/1191/text.（访问日期：2018 年 5 月 8 日）

③ The White House, *National Security Strategy of the United States of America*, December, 2017, p. 48.

与伊朗在中东影响力此消彼长的担忧，并把伊朗作为定制威慑的对象。[①] 特朗普政府显然采取的是一种“双轨”措施，一方面通过军售等形式加强与沙特、以色列的关系，共同牵制伊朗；另一方面从《伊朗核协议》入手，通过恢复制裁以削弱伊朗的整体实力，从而达到遏制伊朗、维护美国中东利益的目的。

伊朗核协议的“缺陷”

特朗普认为《伊朗核协议》存在“严重缺陷”，缺陷主要集中在现场视察、突破时间、落日条款和导弹计划这四个方面。[②] 那么，情况是否如特朗普所认为的那样呢？

其一，现场视察。特朗普质疑《伊朗核协议》是否有足够的核查，要求伊朗应允许国际视察员对所有场址进行即时视察。对此，国际原子能机构总干事于2018年3月证实，2017年其核查人员在伊朗获准进入了需要访问的所有场址。[③] 国际军控界普遍认为，伊朗当前接受的核查机制是前所未有的全面、严格。伊朗需全面执行与国际原子能机构签署的《保障监督协议》和《附加议定书》中的有关规定；非但如此，在《伊朗核协议》框架下，伊朗还要承担比《附加议定书》更严格的核查义务，如国际原子能机构一旦要求对存疑场址进行现场视察，伊朗需在24日内做出安排，而《附加议定书》无此规定。在这么短的时间内，“即使很小数量的铀也难以被擦

① U. S. Department of Defense, *Nuclear Posture Review*, Washington, D. C., February 2, 2018, p. 33.

② U. S. White House, *Statement by the President on the Iran Nuclear Deal*, January 12, 2018.

③ Director General, International Atomic Energy Agency, *IAEA Director General's Introductory Statement to the Board of Governors*, March 5, 2018.

除干净”，伊朗无法掩盖其可能有的秘密核活动。[①]

其二，突破时间。特朗普要求不让伊朗接近拥有核武器，这可解读为确保伊朗的突破时间足够长。所谓突破时间，指获得足够用于制造一枚核弹所需要的核材料的时间。《伊朗核协议》已对伊朗核能力严加限制，包括大幅减少离心机的安装数量、降低浓缩铀的储量和丰度、改造阿拉克重水反应堆使其不适用于生产可用于核弹的钚。对于伊朗最令人关注的铀浓缩活动，国际原子能机构在2018年2月最新出台的监测与核查报告中证实，伊朗未再生产铀-235丰度超过3.67%的浓缩铀，而且浓缩铀储量仅为109.5公斤，远远低于协议所规定的300公斤。[②] 由于利用已申报设施发展核武器的铀路径基本被封锁，钚路径彻底被卡断，伊朗的核能力遭到“断崖式”减损，国际社会普遍认为，伊朗的突破时间已被延长到协议谈判各方所能接受的至少一年。在执行《伊朗核协议》之前，美国政府认为伊朗的突破时间为2—3个月。[③]

其三，落日条款。特朗普总统担忧伊朗在协议期满后重启核武器发展计划，因此认为需要永久限制伊朗的核活动，而不是协议规定的从2025年起部分放松。事实上，即使核协议期满后，伊朗仍是《不扩散核武器条约》的非核缔约国，需要继续承担相应的核不扩散义务，而且仍旧接受《附加议定书》的有关核查规定。由于核燃料循环被全程持续监视，伊朗几乎不可能利用申报的核材料和核设施生产武器用裂变材料，也不太可能秘密实

---

① Darius Dixon, “*Moniz: Test Results Back up Assurances on Iran Deal*,” July 22, 2015, http://www.politico.com/story/2015/07/moniz-test-results-back-up-assurances-on-iran-deal-120507.（访问日期：2018年5月8日）

② Director General, International Atomic Energy Agency, *Verification and Monitoring in the Islamic Republic of Iran in Light of United Nations Security Council resolution 2231 (2015)*, February 22, 2018, Para. 12.

③ The White House, *Parameters for a Joint Comprehensive Plan of Action Regarding the Islamic Republic of Iran's Nuclear Program*, April 2, 2015.

施核武器计划而不被以国际原子能机构为代表的国际社会及早察觉。

其四，导弹计划。自《伊朗核协议》生效以来，伊朗多次进行导弹试射，其中包括自主研发的中程弹道导弹。特朗普认为，伊朗的远程导弹和核武器计划是密不可分的，伊朗发展和试射导弹应受到严厉制裁。在联合国安全理事会第2231号决议中，要求伊朗在核协议生效之日起8年内，“不进行任何与能搭载核武器有关的弹道导弹活动，包括利用弹道导弹技术进行发射”。[①] 美国认为伊朗的弹道导弹试射违反了安理会第2231号决议，而伊朗称这些导弹不是设计用于携带核弹头。客观而言，《伊朗核协议》虽然没有相关条款限制伊朗的导弹发展，但它限制了伊朗的核材料生产能力，从而也间接地阻止了伊朗发展核导弹。

总体来看，《伊朗核协议》给伊朗核能力发展设置了一条底线，确保伊朗核计划彻底的民用性；规划了一条红线，从铀路线和钚路线上制定各项措施，限制伊朗的核能力；铺陈了一条防线，通过设立“快速恢复制裁”机制，约束伊朗的违规行为；预埋了一条眼线，对伊朗核活动制定了有史以来最严格的监测与核查机制。[②] 对于长期悬而未决的伊朗核问题，以往各类制裁甚至军事打击威胁并未奏效，而具有强约束力、长期效力和严格核查措施的《伊朗核协议》的生效与执行，较好地缓解了国际社会对伊朗核能力发展另有军事企图的担忧，成为全球防止核扩散架构中的关键一环。

诚然，《伊朗核协议》只是一份针对伊朗核问题的多边协议，不能指望这份协议能解决所有涉及伊朗的国际安全问题，也不宜把其他问题纳入核协议范畴而使伊朗核问题复杂化。此外，核协议是由谈判各方经过长期艰

---

① United Nations, Security Council, *Resolution 2231 (2015)*, S/RES/2231 (2015), Annex B, July 20, 2015.

② 参见史建斌：《试析“联合全面行动计划”对伊朗核能力的影响》，《国际论坛》2016年第3期，第1页。

苦磋商而达成，即便存在一些缺陷，也强似没有协议。否则，何以限制、核查伊朗的核活动？

美国退出伊朗核协议的影响

美国的单方面退出并不能导致《伊朗核协议》就此搁浅。《伊朗核协议》不是伊朗和美国的双边协议，而是伊朗与“伊核问题六国”及欧盟共同达成的多边协议并得到联合国安理会第2231号决议的认可，没有哪个国家可以单独令其崩溃。与美国不同的是，《伊朗核协议》其他谈判方，尤其是英、法、德三国，并不乐见因为核协议的瓦解而带来的地缘政治恶化以及经济利益共损等问题。就在美国宣布退出核协议后，英国首相特蕾莎、德国总理默克尔和法国总统马克龙发表联合申明，表示“遗憾和关切”，并承诺继续遵守核协议条款。国际社会也在极力斡旋，以维护核协议的完整性和有效性。对伊朗而言，《伊朗核协议》为其提供了在政治上和经济上重新融入全球的契机和途径，尽管美国退出了，但只要其他谈判方坚守，伊朗仍可在核协议框架下与其他谈判方开展合作。

但是，美国的退场，使《伊朗核协议》非但少了一名桨手，还徒增风浪阻力，其远航能力有待观察。特朗普宣布退出协议后，随即签署了《国家安全总统备忘录》，责成国务院和财政部制定措施，重启对伊制裁。美国对伊朗动用的是次级制裁，即制裁对象是伊朗的非美国贸易伙伴。针对不同的行业领域，美国财政部海外资产控制办公室（OFAC）当日制定了90天和180天两个宽限期；宽限期过后，即2018年11月4日之后，美国的制裁将全面实施。此举一方面慑止个人和企业进入伊朗市场，同时迫使伊朗已有的国际贸易伙伴顾忌美国的制裁而考虑退出伊朗市场。伊朗能否长期履行《伊朗核协议》相关承诺，很大程度上取决于其在协议框架下的利益是否能得到保证，而美国重启的制裁，显然将严重影响伊朗的经济利益。在此情况下，伊朗很可能会依据核协议中的有关条款，“停止履行其在JCPOA框架下的全部或部分承诺”。①

若真到了这一地步，特朗普纠结的将不再是对伊朗的现场视察是否有足够的力度和权限，而是伊朗是否还继续接受核协议框架下严格的监测与核查措施。

若真到了这一地步，特朗普的担忧将从“落日”转到眼前。伊朗虽然不至于立即从事已于2003年停止的核武器计划，但无疑会考虑逐渐恢复《伊朗核协议》限制或禁止的核活动，如增加运行的离心机数量、安装更先进的离心机、提高浓缩铀的储量和丰度等。

若真到了这一地步，特朗普顾虑的不是如何确保伊朗的突破时间足够长，而是如何防止其大大缩短。伊朗虽然不至于立即生产武器级高浓铀，但完全有可能把生产的浓缩铀丰度从当前的3.67%提高到核协议达成前的20%的水平。从技术上讲，丰度为20%的浓缩铀虽然无法直接用于核武器，但是，把天然铀浓缩到20%的丰度相当于已完成了从天然铀浓缩到武器级高浓铀的90%的工作。②

特朗普指责《伊朗核协议》存在“严重缺陷”，但其退出协议后果之严重，甚于其所认为的协议可能有的缺陷。

---

① *Joint Comprehensive Plan of Action*, Vienna, July 14, 2015, Para. 26, http://eeas.europa.eu/statements-eeas/docs/iran_agreement/iran_joint-comprehensive-plan-of-action_en.pdf.（访问日期：2018年5月8日）

② Kelsey Davenport, Daryl G. Kimball and Greg Thielmann, “Solving the Iranian Nuclear Puzzle: The Joint Comprehensive Plan of Action,” 4th Edition, *An Arms Control Association Briefing Book*, August 2015, p. 8.

【常规军控】

2017年度地雷军备控制形势

郭仕贵　刘云剑

2017 年度地雷军备控制形势

郭仕贵　刘云剑

内容提要：在《特定常规武器公约》框架内，地雷军控/履约仍是目前常规武器军控的主要议题，反车辆地雷、简易爆炸装置以及无人自主武器系统是该领域的热点议题。在两种地雷军控机制中，《地雷议定书》/《修正的地雷议定书》主张权衡国家安全需要与人道主义关切，严格限制杀伤人员地雷的使用；《渥太华禁雷公约》则主张全面禁止杀伤人员地雷。截至2017 年底，《修正的地雷议定书》有缔约国 104 个，其履约关切在于议定书的普遍化和国家履约报告的提交率与质量；《渥太华禁雷公约》有缔约国 164 个，某些缔约国使用杀伤人员地雷、乌克兰和希腊未能如期销毁库存地雷以及乌克兰未能如期清理其雷区等违约事件，对公约的完整性与权威性构成了严峻的挑战。至 2017 年 4 月，全球仍有 61 个国家和地区存在杀伤人员地雷污染，10 个缔约国存在遗留或疑似污染，2025 年前实现全球无地雷污染的目标依然任重而道远。

关 键 词：地雷军控　修正的第二号议定书　《渥太华禁雷公约》　特定常规武器

作者单位：解放军 32184 部队

在现代信息化战争中，地雷仍是重要的作战武器，具有其他武器不可替代的作用。然而，由于地雷本身一些特点，尤其是其滥杀滥伤作用以及一些武装组织，尤其是非政府武装，过度或不合理地使用地雷，致使战场上遗留下大量地雷，在战后给当地平民造成较大伤害，严重影响了雷患国家的生产和生活，引发了严重的人道主义关切，致使地雷军控成为常规武器军控领域中的一项主要内容。

当前，国际上并行运行着两个地雷军控机制。一个是由联合国裁军委员会主导的《特定常规武器公约》（CCW）框架内的《地雷议定书》（OP Ⅱ）/《修正的地雷议定书》（AP Ⅱ）。另一个是由世界上一些国家和非政府组织联合发起缔结的《渥太华禁雷公约》（APLC）。这两个机制基本目标一致，但基本立场、组织形式、控制对象及控制程度等方面存在较大差异。

一、地雷军控现状

（一）基本状态

《特定常规武器公约》所附的《第二号议定书》［《禁止或限制使用地雷（水雷）、饵雷和其他装置的议定书》（OP Ⅱ），亦称《地雷议定书》］，于1980年10月10日通过，1983年12月2日生效，至2017年12月有95个缔约国。中国政府于1982年3月8日批准该议定书。《特定常规武器公约》所附的《修正的第二号议定书》［《禁止或限制使用地雷、诱杀装置和其他装置的修正议定书》（AP Ⅱ），亦称《修正的地雷议定书》］，是缔约国对《第二号议定书》修订而成。该议定书于1996年5月3日通过，[①] 1998年12月3日生效，至2017年12月有104个缔约国。中国政府于1998

① 联合国裁军事务部网站，《修正的第二号议定书》中文版，联合国，1996，https://www.unog.ch/80256EDD006B8954/（httpAssets）/36874F35D5A32ADFC12581E9007245A0/$file/04+CCW_AP.II_CONF.19_4_corrected_submitted.pdf。

年8月29日批准该议定书。《渥太华禁雷公约》（《关于禁止使用、储存、生产和转让杀伤人员地雷及销毁此种地雷的公约》，简称《禁雷公约》或《渥约》），于1997年9月18日通过，[①] 1999年3月1日生效。至2017年12月，该公约有164个缔约国。[②]

上述两个地雷军控机制都以减少以至消除杀伤人员地雷对平民的威胁为目标，但其基本立场有所不同。《渥太华禁雷公约》单纯考虑了人道主义关切，主张全面禁止杀伤人员地雷，而《第二号议定书》/《修正的第二号议定书》主张平衡国家自卫需要和人道主义关切，认可地雷是合法的武器，严格限制但不全面禁止杀伤人员地雷。

从法律层面讲，《第二号议定书》仍具有效力，但已失去实质性意义，且有13个《第二号议定书》的缔约国未加入《修正的第二号议定书》，缔约国正在考虑终止《第二号议定书》。由于《渥太华禁雷公约》过分强调或夸大了杀伤人员地雷引发的人道主义问题，没有考虑有关国家的正当防御对地雷的合法需求，104个《修正的第二号议定书》缔约国中尚有9个未加入《渥太华禁雷公约》，包括地雷大国美国、俄罗斯、中国、韩国、印度、巴基斯坦等。此外，至今仍有17个国家既不是《渥太华禁雷公约》，也不是《修正的第二号议定书》或《第二号议定书》的缔约国。

（二）会议机制

会议机制是一项重要的履约措施之一。两个机制都定期召开会议，包括缔约国会议（年会）、审议/审查会议、会间会议、政府专家组会议等。缔约国会议、政府专家组会议及会间会议一般每年召开一次，审议/审查会

① 联合国裁军事务部网站，《渥太华禁雷公约》中文版，联合国，1997，https：//www.unog.ch/80256EDD006B8954/（httpAssets）/B56D2F57487A5798C12571C7002E838E/$file/AP_MBC_Chinese.pdf。

② 联合国裁军事务部网站，STATES PARTIES AND SIGNATORIES，2017年12月，https：//www.unog.ch/80256EE600585943/（httpPages）/6E65F97C9D695724C12571C0003D09EF? Open Document。

议一般5年召开一次。《修正的第二号议定书》要求缔约国每年3月31日前提交上年度国家履约报告，《渥太华禁雷公约》要求缔约国每年4月30日前提交上年度国家履约报告。

按照《特定常规武器公约》相关要求，至今已召开了五次审查会，第五审查会（五审会）于2016年12月在瑞士日内瓦举行。按照《修正的第二号议定书》第13条规定，1999年召开了首届缔约国年会，至今已召开19届。第19届缔约国会议于2017年年底在瑞士日内瓦举行，会议决定：2018年6月11—12日召开APⅡ专家组会议；2018年6月12—13日召开《第五号议定书》（PⅤ）专家组会议；2018年4月9—13日或8月27—31日召开致命性自主武器系统（LAWS）年度首次政府专家组会议，8月27—31日或11月12—16日召开年度第二次政府专家组会议；2018年11月19日召开第十二届PⅤ缔约国会议；2018年11月21—23日召开第20届APII缔约国会议；2018年11月21—23日召开CCW缔约国会议。[①]

《渥太华禁雷公约》至今已召开三次审议会议，最近一次于2014年6月在莫桑比克首都马普托举行，第四次审议会议计划于2019年举行。至今已召开了16届缔约国年会，最近一届年会于2017年12月在奥地利维也纳举行，会议商定于2018年11月26—30日在瑞士日内瓦举行缔约国第17届会议。

（三）热点议题

当前，在《特定常规武器公约》框架内，除常态性议题外，热点议题涉及致命性自主武器系统、反车辆地雷、简易爆炸装置等。

① 联合国裁军事务部网站，CCW Latest Information 2018，https：//www. unog. ch/80256EE600585943/（httpPages）/3CFCEEEF52D553D5C1257B0300473B77？OpenDocument。

1. 反车辆地雷[①]

反车辆地雷问题磋商了若干年，由于中俄等部分国家的不懈坚持，争议依然保持不变。美国等部分国家倡议的“反车辆地雷议定书”始终没有进入谈判程序，但各方在部分一般性问题上已达成一致性意见。如各方都认为，滥用反车辆地雷是造成人道主义问题的根源之一，必须加强反车辆地雷的出口、转让控制，加强对平民的地雷危险性教育，开展扫雷合作等。

（1）有关反车辆地雷的主要议题。在之前的 CCW 讨论和 2012 年专家会议期间，非杀伤人员地雷可探测性要求是一项关键性议题。主要问题之一是不可探测的非杀伤人员地雷增加清除作业难度和成本，从而极大地减缓或阻滞人道主义援助行动。另外一项关键性议题是自毁、自失效和自失能装置减少了非杀伤人员地雷的服役期。其他关注的问题是保护平民的措施、含有非杀伤人员地雷雷场的监视和安全措施、敏感引信和防排装置、受害者救助以及合作与援助等。

（2）有关反车辆地雷的各方观点。

美国。美国是有关反车辆地雷议题的发起者，在其再次修订《修正的第二号议定书》意图失败之后，又持续推动“反车辆地雷议定书”进程。2012 年 4 月 2 日，在非杀伤人员地雷专家组会议开幕式上美国代表团声明：我们充分认识到有关非杀伤人员地雷不加选择和不负责任的使用引发的人道主义威胁。我们认为除在《修正的第二号议定书》中相关规定外，针对非杀伤人员地雷使用特殊限制还有空间，美国完全支持并致力于达成 CCW 附加“非杀伤人员地雷议定书”。

① 联合国裁军事务部网站，Mines other than anti-personnel mines（MOTAPM），https：//www. unog. ch/80256EE600585943/（httpPages）/7FAEF7CE8B841EFAC12579C1002CAF88? OpenDocument。

中国。中国代表多次申明，中国不同意制订反车辆地雷议定书。他指出：就反车辆地雷问题而言，目前尚无证据表明，反车辆地雷在战争和武装冲突中的使用导致了严重的人道主义问题；但同时也必须看到，反车辆地雷是包括中国在内的许多国家安全防御的重要手段，在国防上具有不可替代的重要作用，对其使用的不当限制有可能严重损害这些国家的安全利益，这本身就有违反人道主义的基本精神。①

俄罗斯。俄罗斯指出：杀伤人员地雷和非杀伤人员地雷所要完成的战斗任务是不同的，因此，对非杀伤人员地雷采用与杀伤人员地雷相似的探测和有效期技术标准是没有道理的。争取促使在使用非杀伤人员地雷所造成的人道主义后果与正当防卫利益之间达成合理的平衡；重申正规部队按照国内指示和国际人道主义法规范使用非杀伤人员地雷，可以减少这种地雷所造成的危险。

联合国。在2012年CCW缔约国会议上，联合国秘书长安南指出：反车辆地雷政府专家组经过了五年磋商，但未能形成议定书。这表明在此问题上各方观点存在分歧，难以找出共同点。我们必须清醒地认识到上述事实，对重启磋商采取谨慎态度，避免徒劳的谈判结果损害公约的权威性。在CCW这一总体范畴内，联合国继续呼吁加强关于反车辆地雷使用问题的国际规章，该问题仍在引发人道主义关切，国际社会正在继续审查。我鼓励会员国在考虑除杀伤人员地雷之外的其他地雷对民众的影响时给予该问题高度优先。

① 中国外交部网站，中国裁军大使傅聪在《特定常规武器公约》2015年缔约国会议上的发言，2015年11月，http：//www.fmprc.gov.cn/web/wjb_673085/zzjg_673183/jks_674633/fywj_674643/t1336228.shtml。

2. 简易爆炸装置（IED）①

由于简易爆炸装置的滥用，尤其是包括恐怖分子在内的非政府行为者使用各种简易爆炸装置攻击平民或以平民物体为目标，引发了国际社会普遍关注。从 2009 年以来，简易爆炸装置列入各年度 CCW 会议议程，目前有关简易爆炸装置问题的工作集中于交流经验，汇编现有管控制度与措施，旨在解决最终能用于制造简易爆炸装置材料的扩散或非法使用。

2016 年 4 月 AP Ⅱ专家组会议、12 月五审会以及 2017 年年底第 19 届缔约国会议，与会缔约国、国际性组织、非政府组织一致认为：

（1）滥用简易爆炸装置已经在全球范围内引发了严重的人道主义灾难；

（2）严格遵守 AP Ⅱ相关规定，合法使用简易爆炸装置不会引发人道主义问题。

（3）滥用简易爆炸装置者主要为非国家行为体，包括恐怖分子、极端分裂分子。

（4）AP Ⅱ是讨论简易爆炸装置问题的主要平台。

会上，还明确了当前及今后一段时期内的简易爆炸装置问题的工作，包括汇编现有指南和最佳实践、交换信息、数据库建设等。

二、部分国家/组织地雷军控政策/立场

目前对地雷军控机制的态度，总体上可分为三类：第一类为《渥太华禁雷公约》的缔约国，主张全面禁止杀伤人员地雷；第二类为《第二号议定书》/《修正的第二号议定书》的缔约国；第三类为上述公约和议定书

---

① 联合国裁军事务部网站，Final document，CCW /AP. II/CONF. 19/4，Geneva，21 November 2017，https：//www. unog. ch/80256EDD006B8954/（httpAssets）/36874F35D5A32ADFC12581E9007245A0/ $ file/04+CCW_ AP. II_ CONF. 19_4_ corrected_ submitted. pdf。

的非缔约国。

第一类国家包括欧盟所有国家、次撒哈拉非洲所有国家、除古巴和美国外的美洲国家以及亚洲部分国家等。此类国家主张全面彻底禁止杀伤人员地雷的生产、贮存、转让及使用，销毁库存地雷，清除埋设的地雷。至2017年12月，该公约有164个缔约国、1个签约国及33个非缔约国。认为只有所有国家都加入《渥太华禁雷公约》，全面禁止杀伤人员地雷，才能最终实现公约之人道主义目标。

第二类国家包括美国、俄罗斯、中国、印度、巴基斯坦、韩国等。此类国家主张地雷是一种合法的武器，应合理兼顾国家正当防卫需要和人道主义关切，认为，促进议定书普遍化并切实履行，就能减少地雷引发的人道主义影响。至2017年12月，OPⅡ有95个缔约国，APⅡ有104个缔约国。这类国家拥有大量杀伤人员地雷库存，其中11个国家正在生产杀伤人员地雷或保留其生产杀伤人员地雷的权力。在第二类国家中，美国、俄罗斯、中国、印度、巴基斯坦、韩国等国家虽然未加入《渥太华禁雷公约》，但认可《渥约》的人道主义目标，并在一定程度上表示了将来加入《渥约》的可能性。

第三类国家不是《渥太华禁雷公约》《修正的第二号议定书》及《第二号议定书》的缔约国，此类国家目前有17个，分别为亚美尼亚、阿塞拜疆、巴林、埃及、伊朗、哈萨克斯坦、朝鲜、吉尔吉斯斯坦、黎巴嫩、利比亚、缅甸、尼日尔、沙特阿拉伯、新加坡、叙利亚、阿拉伯联合酋长国和越南。

与地雷/集束弹药/战争遗留爆炸物等有关的国际非政府组织在地雷问题上表现异常激进，这些组织以地雷/集束弹药等引发的人道主义关切为切入点，作为彰显其存在与成就的舞台，如以“国际禁雷运动”组织、“集束弹药联盟”为代表的国际非政府组织就是《渥太华禁雷公约》《集束弹药公约》进程的主要发起者和推动者。

美国。美国是 CCW、OP Ⅱ及 AP Ⅱ的缔约国，还是 APLC 进程的积极推动者之一，在地雷军控领域表现积极，但尚未加入 APLC。

早在 1994 年 9 月美国率先呼吁彻底根除杀伤人员地雷并参与了渥太华进程，积极促成了《渥太华禁雷公约》但在 1997 年并没有签署该公约。布什当选美国总统后重新审视了其地雷政策，在 2004 年宣布不再考虑加入《渥太华禁雷公约》并否定了克林顿政府的目标，但承诺 2010 年后不再使用长效地雷，使各种地雷都将具有自毁功能。奥巴马出任总统后，又启动了新一轮的地雷政策审视，在 2014 年 6 月《渥约》三审会上，美国政府代表团表示在不远的将来将加入《渥约》。其地雷政策的核心包括：美宣布不再生产和采购杀伤人员地雷；保留在全球使用杀伤人员地雷的权利；现库存杀伤人员地雷 300 万枚，可使用 20 年；1990 年代末停止生产地雷，但保留恢复生产的权利；2011 年停止使用并同意销毁 130 万枚长效杀伤人员地雷，同时保留具有自毁功能的杀伤人员地雷；截至 2009 年，已将其不可探测的地雷从其现役库存中退役。

在 2016 年 8 月 APII 第 18 届缔约国会议上，美国代表团在开幕式上发言指出：美国鼓励观察员国采取必要的步骤成为 AP Ⅱ缔约国，尤其是那些 OP Ⅱ缔约国。我们充分认识到有关地雷、诡计装置和其他装置的滥用引发的人道主义代价，认为 AP Ⅱ的普遍化是减少这些代价的关键一步。同时指出：已经启动的进程“寻求将使美国最终完全符合并加入 APLC，同时确保其有能力回应朝鲜半岛突发事件的方法”这一进程仍在进行中，“在相关工作逐步推进过程中，韩国的安全问题仍是至关重要的关切”。

俄罗斯。俄罗斯是 OP Ⅱ、AP Ⅱ的缔约国，不是 APLC 缔约国。2009 年 12 月，俄罗斯外交官重申，因缺乏有效的替代和销毁大量库存的财政困难等原因，俄罗斯不能加入《渥约》。俄罗斯曾于 2009 年承诺支持无地雷世界的目标，但指出需要考虑国家安全的需要。2010 年 12 月，俄罗斯表示，并不排除将来加入《渥约》的可能性，但需要一种替代杀伤人员地雷的方式。

在2013年11月13日APⅡ第15届缔约国会议上，俄罗斯声明：议定书生效以来，其关注有关地雷使用问题的独立性价值与日俱增。这种价值体现于各种类型地雷使用的强制性限制，并确保了人道主义与防御利益的平衡。发挥议定书潜能最重要的是议定书的普遍化以及在国家层面严格和全面履行其各项规定，无疑会有助于实质性减少包括反车辆地雷在内的地雷使用所引发的人道主义伤害及痛苦，缓解人道主义关切。

中国。中国是CCW及所附的各项议定书的缔约国，承诺履行议定书规定的各项义务。自1998年以来，中国制定了地雷履约计划，在全军进行了地雷履约知识的宣传教育，暂停了老式防步兵地雷的生产和出口。

中国认为，APⅡ平衡处理了人道主义关切和国家安全需要之间的关系，只要该议定书得到普遍参加和遵守，就能够解决地雷滥伤平民问题。

在《渥约》三审会上，中国代表团全面介绍了中国的地雷政策和相关努力。强调由于特定的国情和国防安全的需要，中方尚难加入《渥约》，但认同并赞赏公约体现的人道主义精神，一直实施审慎的地雷政策，积极致力于国际人道主义扫雷援助，为解决杀伤人员地雷造成的人道主义关切做出自己的贡献。

在2016年12月12日CCW五审会一般性交流会上，中国代表团指出：在当前背景下，CCW作为重要的在常规武器军备控制领域重要的法律文书，在解决常规武器滥用引发的人道主义关切方面发挥着不可替代的作用。

印度、巴基斯坦。印、巴是世界上两个人口大国，同属于发展中国家，工业基础薄弱，过去地雷武器需要进口，近年来已能够自己生产，但地雷技术还比较落后。两国在印控克什米尔问题上长期存在争端，多次发生战争，因此对地雷武器都有一定依赖性。同时，两国又都是世界大国争夺的对象，两国在国际事务上的立场和态度就显得尤为敏感。

印度和巴基斯坦均是 CCW 及所附的各项议定书的缔约国，但均未加入《渥太华禁雷公约》。2012 年 11 月，印度重申其一贯立场：“我们支持 AP Ⅱ铭记的途径，关注其国家漫长边境线合法防卫的需要，同时，我们完全认同彻底根除杀伤人员地雷的目标。”印度之前每年都发表相同的声明，“我们支持世界没有杀伤人员地雷威胁的憧憬”，同时指出，杀伤人员地雷有效的替代技术、低成本高效率、合法的防卫作用将显著促进完全根除杀伤人员地雷的目标。印度坚持将杀伤人员地雷视为一种不可或缺的作战武器。印军认为：由于国家边境漫长，地形复杂，某些地方荒无人烟，杀伤人员地雷在保卫国家方面仍将发挥重要作用。基于这种立场，印度只加入《修正的第二号议定书》，而未加入《渥约》。

其他国家。非洲的许多国家都经历过长年战乱，遭受了严重的地雷危害，至今仍面临长期的战后排雷任务。这些国家对参与地雷军控表现积极，以争取到更多的国际扫雷援助。

日本和韩国是美国的盟国，在地雷军控上主要按美国的旨意行事。日本有美国做后盾，在安全方面关切较小，不在乎有无地雷。韩国在韩朝边界上存在战争威胁，在边界上布设有大量的长效雷场，所以一直要求美国考虑韩国的情况，使得美国在地雷军控问题上不能有大的行动。

古巴在国际事务上一直支持中国，在地雷问题上也给予中国较大的支持。其他一些中、小国家，特别是一些经过战乱的国家，如柬埔寨、阿富汗等，对两个公约都比较积极，目的是能够得到国际社会的同情和援助。

联合国。联合国支持全球根除杀伤人员地雷的目标，承认有关国家从自身安全需要使用杀伤人员地雷的合法性，赞赏各国、有关组织对缓解杀伤人员地雷引发的人道主义关切所作出的贡献。联合国秘书长是 CCW 及各项议定书及 APLC 相关会议的召集人。联合国地雷行动总体战略目标是实现一个无地雷和无战争遗留爆炸物威胁的世界，使个人和社区置身于一个有益于发展的安全环境中。

欧盟。欧盟各国是积极推动地雷军控发展的主要力量。冷战结束以后，这些国家在安全方面的威胁减小，又自认为具有崇高的人权和人道主义价值观，所以在事关人道主义关切问题上表现激进。欧盟一直追求在国际事务上能发挥重大作用，近年来，通过发起、推动渥太华进程和奥斯陆进程，已逐渐找到一条摆脱大国主导常规武器军控的途径。欧盟曾指出：在减少地雷、诡计装置和其他装置引发伤害方面，APLC 代表重要的国际人道主义法律文书，支持其全面履行。

非政府组织。国际非政府组织是积极推动地雷军控发展的主要因素。近年来，“红十字国际委员会”“国际人权联合会”“国际儿童基金会”“国际禁雷运动”等几十个国际非政府组织，一直在推动包括地雷在内的常规武器禁限活动，积极参与《渥太华禁雷公约》和奥斯陆《集束弹药公约》进程。非政府组织目前的目标是扩大《渥太华禁雷公约》的影响，吸引或促使几个主要大国加入该公约。

三、地雷履约现状

（一）履行《渥太华禁雷公约》现状[①②]

总的来说，缔约国履行《渥太华禁雷公约》的状况良好。不仅核心义务得以尊重，而且在出现分歧时，各缔约国通常会以令人满意的方式加以

① 联合国裁军事务部网站，Final report，Sixteenth Meeting Vienna，18－21 December 2017，http：//undocs. org/aplc/msp. 16/2017/11。

② 国际禁雷运动组织网站，Landmine Monitor 2017，14 December 2017，http：//www. the-monitor. org/en-gb/reports/2017/landmine-monitor-2017. aspx。

处理。然而，仍有少数缔约国在杀伤人员地雷的使用和未能如期销毁库存地雷方面存在严重的履约关切，某些缔约国落实公约核心条款的力度不足。目前，《渥约》面临的主要挑战包括乌克兰未能如期清理其雷区、乌克兰和希腊两个缔约国未能如期销毁其库存杀伤人员地雷等，国际社会对此表示严重关切，认为“对公约的完整性和权威性构成了严峻的挑战”。

1. 公约普遍化。某些缔约国及激进组织认为，只有所有国家加入 APLC，全面禁止杀伤人员地雷，才能最终实现公约之人道主义目标。目前《渥约》33 个非缔约国多数为苏联国家以及许多亚洲国家，美国、俄罗斯、中国 3 个安理会常任理事国均为非缔约国。

2. 库存地雷销毁。3 个缔约国仍有 550 万枚杀伤人员地雷有待销毁，包括乌克兰（约 490 万枚）、希腊（约 64 万枚）和阿曼（约 1 万枚）。乌克兰和希腊均已错过其公约规定的销毁期限。缔约国、“国际禁雷运动”和“红十字国际委员会”对希腊和乌克兰的违约行为表示严重关切。

3. 雷区清理。截至 2017 年 4 月，仍有 61 个国家和地区存在杀伤人员地雷污染，其中 33 个为 APLC 缔约国，24 个为非缔约国，4 个为其他地区。另有 10 个缔约国存在遗留或疑似污染。上述 33 个国家需要在其成为缔约国 10 年内销毁其控制或管辖下雷区内所有杀伤人员地雷（第 5 条义务）。目前仅有 4 个缔约国有望满足其宽限期要求，18 个缔约国显然难以完成其第 5 条义务，2 个缔约国情况不详，还有 8 个缔约国正在申请延长其宽限期，而乌克兰已错过了 2016 年 6 月 1 日雷区清理期限，违背了公约第 5 条规定，是一起非常严重的违约事件。

4. 履约报告。截至 2017 年 10 月 31 日，只有 47%的缔约国提交 2016 年度的履约（透明性措施）报告。共有 85 个缔约国未提交 2016 年度透明性措施报告，其中，多数缔约国有两年或两年以上未提交上述报告。

5. 缔约国使用杀伤人员地雷。也门政府军曾于 2011 年使用杀伤人员地雷，是一起严重的违约事件；南苏丹政府军（2011 年和 2013 年）、苏丹政府军（2011 年）被指控使用杀伤人员地雷，《渥太华禁雷公约》“合作遵约委员会”对此表示关注，一直保持跟踪确认。

6. 受害者救助。1999 年以来，估计全球 119 个国家因地雷/战争遗留爆炸物之伤亡总数约为 11 万人，幸存者约为 8 万人，此外，每年还新增伤亡人数 4000—5000 人。历年来，阿富汗、柬埔寨和哥伦比亚伤亡人数最多。除了幸存者本人需要急救和后续医疗护理之外，其家庭和受影响社区均需要救助。

7. 资金。国际社会认为，影响履约进展的主要因素包括雷患国政治意愿、基础能力、资金和安全环境等，而资金是至关重要的制约因素，许多缔约国将资金不足作为未能有效实施其地雷行动计划的主要理由。粗略统计，1992—2016 年间，国际社会向全球地雷行动提供资金约 97 亿美元，平均每年约 3.88 亿美元，包括国际社会援助资金和雷患国向其本国地雷行动投入的资金。2012—2016 年五年间地雷行动资金总额约为 30 亿美元，平均每年约为 6.03 亿美元。

（二）履行《修正的第二号议定书》现状①

《修正的第二号议定书》（APⅡ）于 1998 年 12 月 3 日生效，目前处于平稳状态，各缔约国致力于提高议定书的普遍性，加强互动了解。目前 CCW 及其 APⅡ的主要履约关切在于履约报告和普遍化等方面。

1. CCW 及其议定书的普遍化。公约缔约国强调，促进公约及其议定书普遍化并切实履行公约，就能减少特定常规武器造成的人道主义影响。截至 2017 年 12 月，CCW 有 125 个缔约国，第一条修正案有 85 个缔约国，

① 联合国裁军事务部网站，Final document，CW /AP. II/CONF. 19/4，Geneva，November 21，2017，https：//www. unog. ch/80256EDD006B8954/(httpAssets)/36874F35D5A32ADFC12581E9007245A0/ $ file/04+CCW_AP. II_CONF. 19_4_corrected_submitted. pdf。

《第一号议定书》（PⅠ）有 118 个缔约国，《第二号议定书》（OPⅡ）有 95 个缔约国，《修正的第二号议定书》（APⅡ）有 104 个缔约国，《第三号议定书》（PⅢ）有 115 个缔约国，《第四号议定书》（PⅣ）有 108 个缔约国，《第五号议定书》（PⅤ）有 93 个缔约国。

2. 国家年度报告。在 2010 年 11 月召开的 APⅡ第 12 届缔约国年会上，决定缔约国在每年 3 月 31 日之前（涉及上年 1 月 1 日—12 月 31 日之情况）就有关问题向联合国秘书长提交报告。1999—2016 年间的有关数据显示，报告提交率最低为 50.88%（2000 年）、最高为 67.57%（2003 年）。大多数 APⅡ缔约国至少提交了一次报告。普遍认为，国家年度报告存在的主要问题包括：（1）报告提交率偏低；（2）报告质量低下；（3）各年报告的相应数据不连贯；（4）报告内容不详细；（5）规定的报告格式有缺项，尤其是表格 F（“其他事项”）。

四、地雷军控发展趋势

自从地雷问题成为世界热点议题以来，各国对地雷军控的认识不断加深，在平衡处理人道主义关切和国家安全需要之间的关系上不断探索，为促进人类和平与发展起到了有益作用。根据目前发展势头和发展规律，可以预见未来一定时期内地雷军控总体走向。

（一）参与的国家和组织将更加广泛

地雷军控是一项以人道主义保护为目的的国际运动。地雷作为一种普遍应用的常规武器，由于使用不当而造成的平民伤亡不断出现，战后排雷所需要的周期长、资金多，这些现实情况非常容易引起国际社会的关注和同情。参与地雷军控活动不需要过高的门槛，而且一些贫穷国家还可借此获得国际援助，因此，能吸引众多国家或非政府组织积极参与。目前已经有160多个国家和几十个非政府组织不同程度地参与到地雷军控活动中。由于地雷军控是一项长期的国际运动，今后参与的国家可能还要增多，一些国际非政府组织将表现更加积极。

（二）对人道主义保护的作用将不断增强

近年来，由于国际地雷军控运动的不断发展，国际社会加大了地雷危害宣传和战后排雷援助的投入力度，世界上因地雷造成的年度伤亡人数总体已呈下降趋势。即使在近期发生武装冲突的地区，对地雷的使用也比较克制，没有出现像以往一样的造成大量的地雷伤害。这表明地雷军控在人道主义保护方面已产生积极作用。随着地雷军控持续发展，各种武装组织在武装冲突中使用地雷将会更加谨慎，地雷军控对人道主义保护的作用会不断增强。

（三）发展进程仍将缓慢和复杂

地雷是一种造价低廉、效能显著的防御性作战武器，只要世界上战争根源没有消除，地雷就永远不会从地球上消失。即使政府军队不使用地雷，非政府武装、民兵组织还会随时使用地雷。目前，在伊拉克和阿富汗，非政府武装采用的路边炸弹、爆炸装置等也都属于地雷的范畴。因此，那种不考虑国家安全需要、全面禁止使用地雷的想法仅仅是一种美好愿望，在短期内是难以实现的。

五、结语

地雷军控履约工作是我国军事外交、装备研发工作的组成部分，是维护我国军事安全利益的主要手段，是展现我国负责任大国形象的重要窗口，也是新的国际形势下我军面临的一项长期任务。总的来看，地雷军控会在各种力量的推动下不断向前发展，仍将是常规武器军控领域中的一个热点问题。

【外空反导】

对美国导弹防御系统的几点认识

王鸿章　占刚　姬宇鹏

联合国外空活动长期可持续性准则简评

王国语

对美国导弹防御系统的几点认识

王鸿章　占刚　姬宇鹏

内容提要：导弹防御系统是美国战略力量体系重要组成部分，发展导弹防御系统是美国的国家政策。本文主要从美国现有导弹防御系统与“星球大战”计划的内在关联性、美国提高导弹防御能力的“四化”路径、美国导弹防御发展重大动向等角度，从整体上对美国导弹防御系统进行梳理和分析。

关 键 词：美军　导弹防御　“星球大战”计划　战略能力

作者单位：火箭军指挥学院

导弹防御系统是美国战略力量体系重要组成部分，对维护美国全球战略主导地位发挥重要作用。长期以来，美国将发展导弹防御系统作为国家政策，持续推进导弹防御能力建设，建成了世界唯一的节点遍布全球、包含若干反导子系统、具备多层拦截各种射程弹道导弹能力的导弹防御体系。美国导弹防御系统影响世界战略稳定和军事战略平衡，长期以来广受关注。下面主要从整体上对美国导弹防御系统建设发展进行分析。

一、美导弹防御系统发展主要沿袭当年“星球大战”计划的思路框架

对导弹进行防御的问题和导弹几乎是同步出现的。1955 年美国开始研

制最早的“奈基—宙斯”反导防御系统，拉开了美国导弹防御系统建设发展的帷幕。在此后几十年里，美国建立导弹防御系统的努力从未真正停止过。美国导弹防御系统发展从整体上可分为20世纪80年代前和80年代之后两个阶段。以80年代初里根总统提出“星球大战”计划为标志，美国导弹防御系统建设发展进入第二个阶段。30多年后的今天，美国导弹防御系统建设仍没有摆脱当年“星球大战”计划设想的体系构架和技术路径，仍同“星球大战”计划保持着高度的内在一致性。

（一）美现有实战部署的导弹防御子系统都发端于“星球大战”计划时期

美国现有导弹防御系统主要由陆基中段反导系统（GMD）、“宙斯盾”反导系统（海基和陆基）、末段高空区域防御系统（THAAD）和“爱国者”反导系统等四个子系统组成。陆基中段反导系统（GMD）是目前美国唯一专职拦截洲际弹道导弹的反导系统，该系统虽然于2002年之后才正式启动试验和部署进程，但其设计理念和发展动议在20世纪80年代后期就被明确提出来了。1989年2月初，刚刚卸任美国里根政府负责“星球大战”计划的战略防御计划局局长职务的亚伯拉罕森①，向美国国防部正式提出了建立有限的战略防御系统的方案，建议将“民兵”导弹上的核弹头换成“星球大战”计划新研究的动能弹头，以形成既经济又有效的地基导弹防御系统。② 这一方案构成了美国现役GMD系统发展的基础，GMD系统最早一批试验用拦截弹用的甚至就是“民兵”导弹的弹体。

“星球大战”计划最初只是一个用于保护美国本土免遭苏联核打击的防御计划，在里根的第二任期增加了用于保护美国海外驻军及盟国免遭中近

① 詹姆斯·亚伯拉罕森1984年4月被任命为战略防御计划局局长，1989年2月1日离任。

② 参见韦兴：《亚伯拉罕森将军评论“明智卵石”构想的优点》，《战略防御》1989年第5期。

程弹道导弹攻击的目标。正是在这样的背景下，20 世纪 80 年代后期美国陆军提出了建立既能在大气层内也能在大气层外进行导弹拦截的陆基反导系统的需求，并展开相关技术准备工作。1992 年美军正式启动“战区高空区域防御系统”，即 THAAD 反导系统项目研制，后逐步发展成为今天的 THAAD 系统。美国“宙斯盾”系统和“爱国者”导弹系统最初并非以反导为主要目的，但在美国大力推进“星球大战”计划、重视导弹防御能力建设的背景下，特别是有了“星球大战”计划催生的一系列反导新技术作基础，两个系统开始拓展出导弹防御功能，发展成为今天的“爱国者”反导系统和“宙斯盾”反导系统。

（二）美现有导弹防御系统采用的还是“星球大战”计划的技术路径

美国导弹防御系统发展的两个阶段之所以显现断裂性关系、美国现有导弹防御系统之所以明显区别于俄罗斯导弹防御系统，根本原因在于美国通过“星球大战”计划确定了新的导弹防御技术路径。同之前利用核爆炸效应摧毁来袭弹头的理念不同，“星球大战”计划明确以定向能拦截、动能拦截作为导弹防御基本模式。在“星球大战”计划推动下，美国定向能技术、动能技术、空间技术在较短时间内取得长足进展，为美国导弹防御系统发展奠定了坚实的技术基础。美国现有导弹防御系统走的仍然是“星球大战”计划确定的技术路线，实战部署的四个导弹防御子系统全部采用动能杀伤技术，通过碰撞方式拦截来袭导弹。

（三）美导弹防御系统发展实质上是对“星球大战”计划的反复取舍和选择

始于 1983 年的“星球大战”计划，既包括对美国本土的保护，也包括对美国海外驻军及盟友的保护。最初设想主要通过天基部署、助推段拦截来消除所有对美国本土的弹道导弹威胁，[①] 后逐渐调低了可拦截导弹数量标准，调整了部署重点。在里根政府之后，不论是老布什政府对“星球大战”计划的“精简”，还是克林顿政府将“星球大战”计划“降级”；不论是小布什政府在发展导弹防御系统上的“一意孤行”，还是奥巴马政府导弹防御建设计划的“收缩”。实际上都是对以防卫美国本土为主还是以保护美国海外驻军安全为主、美国要拦截什么样性质的导弹、具备拦截多大规模来袭导弹等问题的回答和明确。美国最近30多年导弹防御系统建设发展进程，本质上是对“星球大战”计划设想的导弹防御系统建设目标、模式、规模、结构、重点、步骤等进行的再选择、再确定和再调整。特别是近些年来，美国加大用于保护本土安全的导弹防御系统规模，加大天基反导系统投资和研发力度，美国导弹防御系统建设呈现出向“星球大战”计划回归的势头。可以说，“星球大战”计划不仅是美国现有导弹防御系统发展的起点，在一定程度上也代表着美国导弹防御系统未来发展的方向和归宿。

“星球大战”计划既代表着美国导弹防御系统的过去，又规定着它的现在，还预示着它的未来。它与美国导弹防御系统之间的这种切不断的紧密联系，为人们观察、理解和预判美国导弹防御系统发展提供了一个重要视角。

二、美主要按“四化”路径提升导弹防御能力水平

美国导弹防御系统建设往往给人“年年岁岁花相似”的感觉。梳理近些年来美国导弹防御建设发展实践，可以看出其能力建设清晰的“四化”思路。

---

① 参见1985年美国国防部向国会提交的《美国“星球大战”计划》报告。

（一）规模化

美国导弹防御系统框架体系于20世纪90年代基本确定之后，随着各反导子系统的不断成熟与完善，近年来，美国导弹防御能力建设主要采取数量规模型发展模式，增加反导拦截系统实战部署规模成为一段时间以来美国导弹防御系统发展的显著特点。继2017年底美军完成将实战部署的陆基中段反导拦截弹数量由30枚增至44枚的计划之后，2018财年美军又开始了新一轮拦截弹扩容，计划再增加部署20枚拦截弹，使陆基中段反导拦截弹数量由现有的44枚增至64枚。① 近些年来，美军持续对“宙斯盾”军舰实施反导升级，大力采购“标准-3”型反导拦截弹。截至2016年底，美军已有33艘“宙斯盾”战舰具备导弹防御能力，累计采购“标准-3”型反导拦截弹超过200枚。2017、2018和2019财年，美军计划分别再采购35枚、40枚和43枚“标准-3” Block ⅠB型和“标准-3” Block ⅡA型反导拦截弹。美军2008年部署了第一个THAAD导弹连，2017年底实战部署的THAAD导弹连数量已增至6个，接收了将近200枚THAAD拦截弹。美军2018财年将部署第7个THAAD导弹连，2018和2019财年计划再分别采购34枚和82枚THAAD拦截弹。美军用于“爱国者-3”反导系统的经费，大部分用于系统采购，每年采购“爱国者-3”导弹数量平均在100枚左右。2018财年，美军申请采购93枚最新改进型的“爱国者-3”导弹。②

（二）全球化

美国自恃是全球性国家，近些年来其导弹防御建设呈现出越来越明显的向全球化拓展、全球化部署的特点。一是借海外驻军实现海外部署。美

① 参看美国2018财年国防预算授权法案：NATIONAL DEFENSE AUTHORIZATION ACT FOR FISCAL YEAR 2018. PDF。

② 参看熊瑛、齐艳丽：《美国导弹防御系统2018财年预算分析》，《现代军事》2017年第8期。

国在日本、韩国、欧洲和中东地区国家有固定驻军。近年来，通过为其海外驻军编配具有反导能力的“宙斯盾”战舰、“爱国者-3”反导系统等，实现了美军导弹防御系统在东亚、中东地区的部署。二是借所谓的导弹威胁扩大反导部署。亚洲方向：2013 年 4 月美军以应对朝鲜导弹威胁为由，将一个 THAAD 导弹连部署关岛，实现了 THAAD 反导系统在美国本土之外的部署。2017 年美军又以同样的理由，在韩国部署了一个 THAAD 导弹连；欧洲方向：美国以应对伊朗导弹威胁为由，在地中海长期部署 4 艘反导型“宙斯盾”军舰，并在罗马尼亚和波兰各建立一个陆基“宙斯盾”反导基地；近期，美军又以应对所谓的俄罗斯威胁为由，酝酿进一步扩大在欧洲地区的反导部署规模。三是借助军事同盟体系推动反导系统全球部署。除了保留在英国、澳大利亚等盟国境内已有的反导防御基地、设施外，近年来，美国利用其全球的军事同盟体系，在日本、土耳其、卡塔尔、以色列等国家部署了 AN/TPY-2 型导弹防御预警雷达。四是借对外军售变相拓展其反导部署。通过向日本、卡塔尔、沙特阿拉伯、阿拉伯联合酋长国、波兰、瑞典等国家以及我国台湾地区出售导弹防御系统，美国将其导弹防御部署变相拓展至世界上多个国家和地区。

（三）一体化

一体化是美军建设和运用的重要理念，在美军导弹防御能力建设上也有明显体现。美国导弹防御系统本身就是按照一体化理念设计的，遍布全球并延及空间的导弹预警探测系统与多种类型的反导拦截系统，借助于指挥、控制、作战管理和通信系统（C2BMC）无缝链接，一体运作。美军实战部署的 GMD、“宙斯盾”、THAAD 等各反导子系统既可独立使用，又可与其他反导子系统互通互联，多系统一体联动。近些年来，美军日益重视这种融多种反导系统要素于一体的联合反导试验。例如：在 2014 年 6 月进行的陆基中段反导拦截试验中，就使用了舰载“宙斯盾” AN/SPY-1 型雷达对目标导弹实施的探测与跟踪；在2016年1月底进行的陆基中段导弹防御系统非拦截飞行试验中，位于夏威夷太平洋导弹靶场的AN/TPY-2型雷达和海基X波段雷达共同对靶弹实施了探测跟踪和识别。美军于2012年开始启动实施由多个反导子系统共同参与拦截的“综合飞行试验”（FTI）计划。在当年10月进行的代号“综合飞行试验-01”的拦截试验中，美国同步使用“爱国者”-3、海基“宙斯盾”和THAAD等三种反导拦截系统对5枚不同类型的靶弹实施拦截。在2015年11月实施的“宙斯盾”系统与THAAD系统联合反导试验中，两种反导子系统对三个不同类型的目标实施的拦截，除了美军自己各反导系统之间的一体化试验训练外，美军还与北约盟国、日本、韩国等国家进行了反导系统一体化演习和训练。

（四）实战化

随着各反导子系统的不断成熟完善，美军开始越来越重视反导系统实战化建设。一是加强对反导系统性能极限的试验和验证。仅2017年一年，美军就进行了“标准-3”ⅡA型导弹的首次实弹拦截试验、陆基中段拦截系统首次对洲际导弹目标的拦截试验、“萨德”系统首次拦截中远程弹道导弹目标的试验，“标准-6”防空反导导弹首次拦截中程弹道导弹的试验等带有极限测试性质的试验，检验系统实战化性能。二是按实战可能情况来设置试验科目。近些年来，美军陆续对“爱国者-3”、THAAD、“宙斯盾”等反导子系统进行了一拦一、多拦一、多拦多、拦截混合类型靶弹、拦截复杂靶弹等试验以及使用不同反导子系统同时对多个目标、多类型目标、来自不同方向的目标实施拦截的试验。按照计划，2018财年美军还将首次实施陆基中段反导系统的作战飞行试验，按照“二拦一”作战运用设想，一次齐射两枚地基拦截弹，对来袭的洲际弹道导弹靶弹实施拦截。

三、美正在寻求和酝酿导弹防御上的重大突破

美国在完善、提高现有导弹防御系统性能的同时，从未放弃寻求导弹防御新技术、新方法、新途径的努力。美国以下几个方面的导弹防御发展动向，尤应引起关注。

（一）激光反导“瓶颈”有望近期突破

激光反导是“星球大战”计划设想的主要反导方式，虽然受技术难度、资金等因素影响，美军现役实战部署反导系统全部采用动能拦截方式，但美并未放弃对激光反导的探索。从近期情况看，制约激光反导武器化的技术难题，有望不久后取得突破。美国《航宇日报》网站2016年6月29日报道称，美国导弹防御局时任局长叙林中将透露，美国正在培育三种类型激光反导武器，其中120千瓦级碱金属激光武器和50千瓦级光纤激光武器，计划于2018财年或2019财年进行演示，这两种激光器的功率重量比有可能达到实现武器化所要求的5千克/千瓦的标准①。2017年12月，美国导弹防御局局长塞缪尔·格里夫斯中将表示：美国为发展反导用激光武器而进行的“低功率激光演示器”（LPLD）项目，将于2018年晚些时候进入第二阶段，第三阶段可能于2019年开始，2023年结束。届时将完成激光器样机生产及机载飞行试验，具备在“具有代表性的距离上捕获飞行中的导弹，并将激光光束稳定地保持在导弹弹体上的能力”。② 在此基础上，通过激光功率增量发展出实战化的激光反导武器。美军设想的激光反导武器，

① 《美国导弹防御局继续发展无人机搭载激光武器拦截助推段弹》，https：//roll. sohu. com/20160701/n457350700. shtml.

② “MDA awards contracts for a drone-based laser design”，https：//www. defensenews. com/land/2017/12/11/mda-awards-three-contracts-to-design-uav-based-laser/.

未来将以大型高空长航时无人机作为装载平台。2017 年 6 月，美国导弹防御局专门发布了用于激光反导目的的高空长航时无人机性能征询书，希望于 2023 年前完成无人机研发工作。

激光反导具有速度快、拦截效率高、成本低等优势。美国激光反导技术瓶颈一旦取得突破，实现激光反导武器化、实战化，会在很大程度上解决长期以来约束反导系统大规模部署的成本和效益问题，改变当前“利攻不利防”的导弹攻防博弈基本国际态势，影响将十分深远。

（二）在反导雷达上推广使用新材料

近年来，美国开始在反导雷达上使用氮化镓这种新型半导体材料。相对于过去普遍使用的砷化镓，氮化镓输出功率密度更高，成本更低。以未来将配备到“伯克”Ⅲ型反导驱逐舰上 AN/SPY-6 型防空反导型雷达（AMDR）为例。按照 AN/SPY-6 雷达制造商雷神公司的说法，由于 AN/SPY-6 雷达使用了氮化镓半导体材料，雷达灵敏度是美军现役 SPY-1D 型“宙斯盾”雷达的 30 多倍，新型雷达对同等反射面积目标的探测距离是 SPY-1D 雷达的 4 倍以上，超过 2000 千米，可同时捕获目标的数量超出 SPY-1D 雷达 30 倍，达到 10000 个,① 新雷达同时跟踪目标数量、同时引导拦截目标数量等，也都较 SPY-1D 雷达有大幅提升，新雷达总体性能拉开 SPY-1D 雷达大约“30 年的差距”。2017 年，AN/SPY-6 雷达已经进行了三次探测跟踪试验，并开始小批量低速生产，计划于 2023 年形成初始作战能力。除 AN/SPY-6 雷达外，美军已确定将在新研制的“远程识别雷达”“夏威夷本土防御雷达”以及新型的“爱国者-3”系统雷达、AN/TPY-2 雷达后续型号上，广泛使用氮化镓这种新型半导体材料。

① “Air and Missile Defense Radar (AMDR),” https://www.raytheon.com/capabilities/products/amdr/.

目标识别一直是美国导弹防御能力建设的核心问题。新型半导体材料的广泛使用，将在一定程度上弥补美国导弹防御体系弱项，显著提升美国导弹防御整体能力。

（三）推行“以攻助防”反导新方式

在强化反导拦截能力的同时，近年来美军又提出所谓的“主动抑制发射”（left-of-launch）反导新方法，主要利用网络、电磁等攻击手段，使对方导弹在发射前或者初始飞行阶段就出现故障，使对方导弹发射或者飞行失败，以达成与反导拦截类似的效果。有人甚至推测，美军已经在实践中运用了这种通过进攻达到防御目的的反导新模式。特朗普政府2017年底发布的《美国国家安全战略报告》明确提出，美国“导弹防御系统包括在导弹发射前消除其威胁的能力”,[①] 很可能指的就是这种以攻助防的新型导弹防御模式。

美国导弹防御系统已经破坏了国际战略平衡与稳定，美国现在又将强大的非核战略进攻能力引入导弹防御领域，会进一步加剧不平衡状态，使国际社会围绕导弹防御问题的博弈更加复杂，对世界和地区和平稳定造成更大冲击和影响。

（四）拓展反导运用新领域

面对世界导弹发展新变化，近些年来，美军开始着手应对所谓的高超音速武器“威胁”，拓展反导领域。在2018财年美国国防预算申请中，首次单列了高超音速武器防御项目并申请7530万美元经费，用于高超音速武器防御的早期研究和技术验证。[②] 在2018年2月公布的美国2019财年国防预算申请中，美军为高超音速武器防御申请经费为1.2亿美元，较上一财

① National Security Strategy of the United States of America，December 2017，p. 8.

② 参看熊瑛、齐艳丽：《美国导弹防御系统2018财年预算分析》，《现代军事》2017年第8期。

年大幅度增加，未来 6 年计划共投入约 7. 33 亿美元用于发展对高超音速威胁防御的能力①。作为第一步，美军计划先通过对现有导弹防御系统传感器、指控系统的整合，于 2019 年实现对大部分高超音速目标威胁的实时预警。

当前，俄罗斯等国家主要通过发展高超音速武器来抵消或者对冲美国导弹防御影响。美国现在就开始重视并着手解决高超音速武器防御问题，意味着其他国家对美发展导弹防御系统的这种反制，最终恐难达到预期效果。国际社会有效反制美国导弹防御威胁，仍需要很长时间，需要做出更多、更大的努力。

① 《美国导弹防御局大力发展高超声速威胁防御能力》，https：//www. yidianzixun. com/article/0IUJzCKF。

联合国外空活动长期可持续性准则简评

王国语

内容提要：从2010年开始，"外空活动长期可持续性"（LTS）成为国际空间社会，尤其是联合国外空委框架下讨论的热点。截至2018年2月，谈判已经接近尾声，21项准则和序言部分已经达成一致，但在政治诉求、技术理解和法律意见等问题上存在重要分歧，还有7项准则未达成一致。新一轮外空安全国际规则制定的序幕刚刚拉开。LTS谈判是外空安全国际治理的重要组成部分，对于未来外空军控秩序的构建具有重要意义。在未来外空国际规则谈判中，如何理解、明确、塑造、提出和实现中国外空话语权，是亟待思考和解决的问题。

关 键 词：外空活动长期可持续性　外空军控　外空话语权

作者单位：北京理工大学空间法研究所

2010年2月，联合国外空委科技小组委员会设立了"外空活动长期可持续性工作组"。2011年6月确定了工作组的职权范围和工作方法。①工作组计划在2015年结束谈判。但从2014年开始，俄罗斯提出了一系列新的准则草案，涉及外空军控（空间操作）问题和空间交通管理（态势感知、

① A/AC. 105/C. 1/2010/CRP. 3，http：//www. unoosa. org/pdf/limited/c1/AC105 _ C1 _ 2010 _ CRP03E. pdf.

数据分享）的主导权，引发美欧的强烈反对，谈判一度陷入僵局。2018 年 2 月，联合国外空委“外空活动长期可持续性”（LTS）准则的谈判已经进入第八年，目前共整合形成了 28 项准则，其中 21 项准则和最终报告的序言部分已经达成一致，其余 7 项准则准备在 6 月召开的联合国外空委大会间隙讨论。①

虽然整个谈判进程艰难缓慢，但缓慢未必低效。LTS 工作组已成为各国代表就外空重大事项充分交换意见的平台。谈判的延伸和深化，对于识别主要航天国家和集团［例如，拉丁美洲加勒比海地区（拉加）集团］的外空政治和利益诉求及谈判底线以及熟悉外空国际规则制定谈判的游戏规则和技巧，都具有重大的意义。从国际视角来看，这本身也是提高外空透明度和建立互信措施的重要进程。本文概要介绍其焦点问题、理念及原则，分析谈判的主要问题和动向，并对谈判的趋势进行预测。

一、焦点内容

工作组主席将准则分为三大类：政策、管理和组织性准则、科技类准则和合作及能力建设类准则。主要涉及数据信息透明度（空间物体、空间碎片、空间天气）、外空活动中的网络安全和空间操作（外空军控）等三个方面，还包括政府监管要求（如小卫星管理）、能力和组织建设等内容。② 尚待谈判的准则大多属于外空透明度、外空活动中的网络安全与外空军控问题。尽管这些准则大部分还没有得到充分的讨论，但就大多数国家的意愿来看，工作组极有可能在 2018 年 6 月结束工作。③

① A/AC. 105/L. 315，February 2018.

② A/AC. 105/L. 315，February 2018.

③ A/72/20，联合国外空委第六十届会议报告，2017 年 6 月。

（一）外空透明度

外空透明主要是指数据信息透明，既包括空间物体、空间碎片、空间天气的数据信息，也包括空间物体用户、操作方的联系信息。

第一，强调空间物体登记信息的完善（准则 6）；

第二，用于空间操作协调的联系信息、轨道信息、空间碎片监测信息（准则 11、12、13）；

第三，发射前和在轨的交会评估信息（准则 14、15）；

第四，空间天气的监测及预测信息共享（准则 16、17）。

以上准则均已达成一致。

（二）外空活动中的网络安全

第一，不得对他国空间物体硬件软件系统实施网络攻击或干扰（准则 9）；

第二，不得对他国地面空间设施进行攻击或干扰（准则 18）；

第三，增强空间系统所依赖的地面设施的安全与复原力（准则 19）。

以上准则尚未达成一致。

（三）空间操作（外空军控）

第一，通过国内立法明确外空应仅限于和平利用（准则 7）；

第二，执行自我约束型的操作措施和技术措施以预先避免外层空间的不利态势（准则 8）；

第三，避免故意改变自然空间环境（准则 10）；

第四，摧毁或清除他国空间物体或空间碎片以及在外空使用武力的限制（准则 20、21、22）；

第五，激光使用的限制（准则 32）。

以上仅准则 32 达成一致。

二、准则体现出的理念和原则

（一）分歧最小的原则：共享与透明

谈判过程中，各国对2013年联合国外空透明与建立信任措施政府专家组报告高度重视并反复提及。美国、俄罗斯、欧洲一些国家在空间操作方联络信息、在轨空间物体数据、登记信息和空间碎片信息等方面均提出了强烈的透明度诉求。虽然背后存在不同的动机和考量，但还是体现了国际社会对于共享与透明原则的高度认同。

（二）存在分歧和对立的两大原则：自我保护与自我限制

主要体现了美俄的对立。美国强调本国或盟国空间资产的保护，而俄罗斯则强调航天大国应当对自己可能威胁他国利益的空间活动进行必要的限制和自我克制。这与俄罗斯对美的整体外交政策和立场完全一致。俄一直批评美为了自己的利益而不惜伤害他国利益。

三、主要问题

虽然谈判取得了一定的成果，但难掩其中存在诸多重要的分歧，通过的准则中有一些是历经艰苦谈判后最终各方妥协的结果。

第一，政治诉求差异。美方基本主导了LTS前期重要议题（空间碎片、空间操作、空间态势感知）的谈判（2012—2014），以提高透明度、增强空间活动安全标准和促进商业航天发展为其主要诉求。2014年开始，乌克兰危机引发了俄罗斯向美欧外交多线开火的局面，外空也不例外。俄罗斯一系列新准则提案以遏制美国空间控制战略和打压欧盟《外空活动国际行为准则》为主要战略目标，提高了准则的针对性和对抗性。2015年，拉丁美洲加勒比海地区（拉加）集团也急于在谈判末期实现政治输入，标榜政治成果，但其提案因为有明显限制军事航天的导向，所以很难在政治上与美俄等航天大国达成一致，同时因为论证的瑕疵，其缺乏理论说服力和有效的政治诚意。

第二，技术理解分歧。有关提升透明度的准则，如提供发射前通报、无控再入通报，等等。航天大国间因为能力、标准的不同，在一些技术细节上存在不同理解。

第三，法律意见不一。最突出的是空间物体登记、交会评估磋商、空间碎片主动移除、摧毁空间物体等问题。对于管辖权、控制权、清除空间物体的法律依据等法律概念或命题的解释不同。此外，俄罗斯作为相关准则的起草者，初期对法律问题的阐述和解释不够，以至于法律概念模糊或缺失，激化了原有的政治和技术争议。

四、动向分析

LTS 谈判从中期的美俄矛盾、美国与外空透明度建设滞后国家间矛盾发展为中美、美俄以及俄罗斯与有空间攻防能力建设诉求国家间矛盾并存的局面。在提高透明度问题上，美俄虽有分歧，但整体趋同。而在空间攻防能力建设上，以美国为代表的具有相关诉求国家的利益趋同，但都是俄罗斯遏制或限制的对象。从战略上讲，美国的所有地缘政治和国际政治对手也有限制美国过快发展的诉求，与俄罗斯在某些问题上可能达成共识，牵制美国的发展。

美俄在个别条文上（交会评估、联络信息）出现合流趋势，但关于空间态势感知的话语权，美俄观点尖锐对立。美国希望以其空军的数据港为数据汇总中心，单边发号施令，掌握空间态势感知话语权，进而掌握未来空间交通管理国际体系的主导权。而俄罗斯则倡导借助联合国平台，联合其他有空间态势感知能力的国家和发展中国家，发起一个多边的数据汇集及交换中心，削弱美国的外空主导权。在这个问题上，大多数国家与俄罗斯的利益趋同，但出于政治站队需要，欧洲国家等不得不与美国保持一致，对联合国信息平台的建立持反对或观望态度。

五、趋势分析

（一）LTS 工作组极有可能在 2018 年结束工作

美国、欧洲等国家强烈表示，不同意将工作组授权继续延期。俄罗斯也不会强烈要求工作组延期，前提是对关于俄罗斯准则的讨论能够符合其最低诉求。如果俄罗斯关注的空间碎片主动清除准则在 2018 年 6 月的会上不能得到有效进展，不排除俄将强势反对通过报告或任何其他独立文件，并要求工作组继续延期。俄罗斯提出的部分准则因为缺乏政治、技术和法律共识，如果不能很好地修改完善，则很可能无法达成共识，例如：空间碎片主动清除、摧毁空间物体等。

（二）开启后 LTS 时代：空间物体与事件（空间态势感知）主题

因被列入了 UNISPACE+50 的优先主题，无论是通过单设议题，还是建立工作组或专家组，“空间物体与事件”都会成为联合国外空委下一阶段讨论的热点和焦点。美国必然以此为其首要的战略安排，倾向于建立具体的、由其领导的国际协调和合作机制。力主通过该主题扩大其空间态势感知领域的领导力，建立有利于美国的数据交换国际机制，为其掌控空间交通管理主导权打下基础。俄罗斯将力推其倡导的联合国近地信息监测中心，来削弱美国的空间态势感知优势，并有可能在空间物体与事件平台，继续推销其在 LTS 工作组下未达成一致或未及讨论的准则。

（三）“后后”LTS时代初见端倪

LTS谈判和空间物体与事件谈判都孕育和指向了一个未来更加细致、更加明确的外空国际规则体系，无论是称其为空间交通管理国际体系还是外空安全国际治理体系。俄罗斯作为制定规则的践行者和引领者，将在这一过程中继续发挥巨大作用。美国等航天大国都将被动地做出调整和应对。

这些谈判将引领新一轮外空规则讨论和制定的热潮，这符合国际社会对外空安全的利益和规则诉求。可以预见，有关外空透明度（例如：空间物体登记、操作信息共享）、小卫星管理、空间碎片主动清除等涉及国家安全的空间活动的标准、程序要求和限制乃至在轨服务、外空资源开发开采和外空中的武装冲突规则等，将成为未来5—10年，甚至下一个外空活动60年里联合国外空委及其相关平台下讨论重点。

【生物武器】

2017年度国际生物安全与生物军控形势

刘术　李瑞　金军

2017 年度国际生物安全与生物军控形势

刘术　李瑞　金军

内容提要：全球生物安全形势严峻，呈现影响国际化、危害极端化、发展复杂化的特点。生物安全被纳入主要大国的国家安全战略并成为大国博弈的新高地、国家安全的新疆域、国防建设的新维度。美国发布新版《国家安全战略》，将生物安全问题置于突出重要地位。朝鲜半岛局势持续紧张，生物武器问题屡屡引发关注。生物技术继续迅猛发展，给国际生物安全带来新挑战。对种族基因武器的担忧引发人类遗传资源保护关切；合成生物学技术发展使人们担心未知或灭绝病原体随时可能“复活”；基因编辑等现代基因操作技术进步为人类干预生命现象提供颠覆性手段。伴随着全球化进程而来的生态与社会环境剧烈变化加剧了新发突发传染病疫情暴发。国际生物军控多边进程继续推进，《禁止生物武器公约》2017 年度缔约国会就新一轮会间会安排达成一致，为未来推进国际生物军控多边进程奠定了基础。

关 键 词：生物安全　生物军控　两用生物技术　禁止生物武器公约

作者单位：中国军控与裁军协会

2017 年，国际生物安全形势依然复杂严峻，国家生物武器、生物科技两用性风险、突发传染病疫情依然是国际社会各方关注焦点，国际生物军控多边进程既有矛盾与分歧，也有共识与合作。

一、生物安全是国际社会重大安全关切

（一）美国将生物安全置于国家安全首要环节

生物安全与国家核心利益密切相关，是国家安全的重要组成部分，越来越受到各国政府高度重视，许多国家纷纷把生物安全纳入国家战略，作为国防和军事博弈的制高点。2017 年 12 月 18 日，美国总统特朗普发布了他上任后的首份《国家安全战略》（National Security Strategy），全面阐述了其关于国家安全的政策立场。《战略》高度重视生物安全问题，将“抵御大规模杀伤性武器”和“对抗生物武器与流行病”作为国家安全第一支柱的前两项内容，特别强调了生物安全的重要性，提出要从检测、防扩散、支持生物医药创新、提高应急响应速度等方面采取积极措施，切断威胁之源，确保美国人民的安全。[①] 这种排序和措辞，显示出特朗普政府对安全威胁的新认知，更加重视传统军事安全，并将生物安全问题的重要性提升到新高度。

（二）围绕生物武器的国际政治博弈激烈

2017 年，朝鲜半岛局势紧张加剧，除核导危机外，美英日韩等国媒体纷纷关注朝鲜生物武器问题。2017 年 12 月 10 日，美国《华盛顿邮报》引述美国情报与武器专家说法称，朝鲜已经逐步取得了可用于研制先进生物武器的必要硬件。报道说，朝鲜从可生产数吨致病性微生物的工厂到专研基因改造的实验室一应俱全，这些生物剂足可以在全球各地散播

① National Security Strategy of the United States of America. December 2017, https://www.whitehouse.gov/wp-content/uploads/2017/12/NSS-Final-12-18-2017-0905-2.pdf.

可怕疾病。[①] 2017 年 12 月 19 日，日本《朝日新闻》报道，韩国情报部门不愿透露姓名的人士说，朝鲜已开始测试装载有炭疽杆菌的洲际弹道导弹，测试目的包括导弹进入大气层时炭疽杆菌能否存活。[②] 日本记者还就上述消息向我外交部发言人提问求证。2017 年 12 月 27 日，英国《每日邮报》报道，据韩国情报官员透露，发现一名脱北士兵血液中存在炭疽抗体，说明此人曾接触过炭疽杆菌或注射过炭疽抗体。由此推断，朝鲜可能正在进行生物武器试验。[③]

（三）国家生物防御面临新挑战

面对生物技术的快速发展，国家生物防御不仅需要应对已知生物剂，还需要考虑更广泛且可能无法完全预测的新生物威胁。即使生物袭击涉及已知病原体，也不太可能再遵循二战和冷战期间的袭击模式。特异基因型生物武器的话题已经引起多年关注。根据美国公共广播公司前线（PBS Frontline）的文章《在南非发生了什么?》披露：南非种族隔离政权曾试图制造生物武器，使该国黑人不育。1998 年，南非真相与和解委员会举行听证会，委员会揭发了该政权的种族隔离化学生物战计划，指控其开发一种不育疫苗用于南非黑人，还曾使用生化毒剂进行政治暗杀。[④] 2017 年 10 月 31 日，俄罗斯总统普京发出警告，称有国外势力正在采集俄罗斯公民的

---

① Joby Warrick, “Microbes by the ton: Officials see weapons threat as North Korea gains biotech expertise,” December 10, 2017, https: //www. washingtonpost. com/world/national-security/microbes-by-the-ton-officials-see-weapons-threat-as-north-korea-gains-biotech-expertise/2017/12/10/9b9d5f9e-d5f0-11e7-95bf-df7c19270879_ story. html.

② Yoshihiro Makino, “North Korea said to be testing anthrax-tipped ballistic missiles,” December 20, 2017, http: //www. asahi. com/ajw/articles/AJ201712200036. html.

③ Tariq Tahir, Sara Malm, “North Korean soldier who defected to the South is found to have ANTHRAX antibodies in his bloodstream after a report warned Kim is testing warheads loaded with the deadly disease,” December 26, 2017, http: //www. dailymail. co. uk/news/article-5213249/North-Korean-defector-ANTHRAX-antibodies-blood. html.

④ What Happened In South Africa? https: //www. pbs. org/wgbh/pages/frontline/shows/plague/sa/.

DNA 数据，要求政府警惕可能针对俄罗斯进行的生化袭击，他强调这个势力正“有目的并且专业地”收集俄罗斯不同民族的 DNA 信息。[①] 俄罗斯国家杜马随后表示，计划通过一项保障俄罗斯人遗传资源信息安全的法案。该事件源自 2017 年 7 月，美国空军教育训练司令部发布招募信息，特别指明需要获取俄罗斯人的核糖核酸（RNA）和滑膜液样本，并称全部样本（12 份 RNA 和 27 份滑膜液）必须“来自俄罗斯境内的白种人”，所有样本都应在俄罗斯采集。这令俄罗斯官员对样本可能会被用于制造基因武器表示警觉和担忧。对此，美国空军教育训练司令部 10 月 31 日向俄媒澄清：美空军最大医疗部队——第 59 医疗部队的“先进分子监测中心”确实搜集了俄罗斯人的生物样本，由于此前研究人员已经从一家美国公司获得另外一组来自俄罗斯的样本，因此研究的对照组样本也应源自俄罗斯；并称美军搜集俄罗斯人生物样本的目的不是制造基因武器，而是为了继续此前一直在进行的一项研究。[②]

二、两用生物技术迅猛发展带来安全隐患

生命科学研究使人类、动物和环境健康以及生态系统极大获益，但如果滥用，会对人类和环境造成危害，这就是“两用性困境”。2017 年，国际社会对生物恐怖袭击的担忧以及基因合成和基因编辑方面的最新技术进步，使生物学研究的两用性成为公众关注焦点。

① Damien Sharkov, “Vladimir Putin Stokes Biological Weapon Fears And Memes, Saying Foreigners Are Collecting Russian DNA,” October 31, 2017, http://www.newsweek.com/vladimir-putin-stokes-biological-weapon-fears-and-memes-saying-foreigners-are-697762.

② Tom Balmforth, “Gene Warfare? Russia's Accusations Of U.S. DNA Gathering Get Raised Eyebrows, Lawsuit Threat,” November 3, 2017, https://www.rferl.org/a/russia-biological-warfare-accusations-raise-eyebrows-lawsuit/28834069.html.

（一）合成生物学技术

合成生物学指通过复杂的技术和工具对遗传物质进行测序、合成和操纵。大规模并行DNA合成已成为现实：首先在微芯片上合成成千上万的DNA短片段，然后用生化方法将它们组装成正确序列。利用这种方法，科学家可以很容易地创建编码大量基因或整个病毒的DNA分子。2017年3月23日，美国国防部网站报道了该部应对合成生物学带来的新威胁的相关情况。目前，美国国防部已委托美国国家科学院开展跨部门联合研究，分析与合成生物学相关的新威胁，为国防部应对这种新威胁提供建议。美国国防部为了应对合成生物学带来的新兴威胁，正在更新“化生防护计划”（CBDP），更加注重防护装备与探测系统之外的医疗领域，主要包括保护美军作战人员免受化生威胁的疫苗、治疗方法和诊断试剂盒的研发。此外，美国国防部高级研究计划局（DARPA）已经对合成生物学相关领域研究提供了资助，如生产药品或利用微生物合成燃料等。[①] 2017年7月6日美国《科学》杂志网站报道，加拿大阿尔伯塔大学（University of Alberta in Edmonton）病毒学家戴维·伊文斯（David Evans）团队利用邮购的基因片段，重新合成出了早已灭绝的马痘病毒（horsepox），这是一种天花病毒的近亲。该团队仅花费10万美元从德国一个合成DNA商业公司Geneart购买了重叠的DNA片段，每个约有3万碱基对；研究人员将这些材料组合成一个包含21.2万碱基对的马痘病毒基因；他们将该基因植入感染了不同天花病毒的细胞中，使其开始感染马痘病毒。结果显示，

① Cheryl Pellerin, “DoD Officials Discuss Countering WMD, Threats Posed By Synthetic Biology,” March 23, 2017, https://www.defense.gov/News/Article/Article/1128356/dod-officials-discuss-countering-wmd-threats-posed-by-synthetic-biology/.

马痘病毒出现了预测的基因序列。[①] 这一研究工作引起了国际社会广泛质疑和争议，美国约翰·霍普金斯大学卫生安全中心主任汤姆·英格茨比（Tom Inglesby）认为，天花病毒合成变得更容易，这对全人类来说将是坏事。

（二）基因操控与基因编辑技术

基因操控与基因编辑技术发展突飞猛进。利用 CRISPR 技术（成簇的规律间隔的短回文重复序列），科学家几乎可以对任何感兴趣的 DNA 序列进行剪切（基因组切割）、修改新序列（基因组编辑）或与调控蛋白相结合（基因激活或抑制）。此外，该技术快速高效，以前需要数月或数年的基因工程，现在仅需几天或几周就可以完成。在原有技术基础上，2017 年崭露头角的单碱基编辑（base editing）技术，以其更加精确高效、大大降低脱靶率而受到科学界高度关注。[②][③] 美国食品及药物管理局（FDA）在 2017 年 1 月发布了 3 份基因编辑指导性文件，将监管范围扩大到所有基因编辑技术，如涵盖了 CRISPR 基因编辑动物和基因编辑蚊子，将原先的转基因作物扩大到基因编辑作物。此外，如果把基因编辑蚊子当作减少野生蚊子的农药，环境保护局也将按照联邦法律进行管理。[④] 2017 年 2 月 14 日，美国国家科学院发布题为《人类基因编辑：科学、伦理和监管》（Human Genome Editing: Science, Ethics, and Governance）的报告。报告由人类基因

---

① Kai Kupferschmidt, "How Canadian researchers reconstituted an extinct poxvirus for ＄100, 000 using mail-order DNA," July 6, 2017, http://www.sciencemag.org/news/2017/07/how-canadian-researchers-reconstituted-extinct-poxvirus-100000-using-mail-order-dna.

② Kim D., et al. "Genome-wide target specificities of CRISPR RNA-guided programmable deaminases," *Nature Biotechnology*, No. 35, May 2017, pp. 475-480.

③ Hess GT, et al. "Methods and Applications of CRISPR-Mediated Base Editing in Eukaryotic Genomes," *Mol Cell*, No. 68 (1) October 5, 2017, pp. 26-43.

④ Robert M. Califf, Ritu Nalubola, "FDA's Science-based Approach to Genome Edited Products," January 18, 2017, https://blogs.fda.gov/fdavoice/index.php/2017/01/fdas-science-based-approach-to-genome-edited-products/.

编辑研究委员会经过 14 个月研究完成。该报告分析了基因编辑基础研究、体细胞基因编辑研究、生殖细胞基因编辑研究、基因编辑人体增强研究等相关伦理与监管问题。[①] 2017 年 7 月 19 日，美国国防高级研究计划局（DARPA）宣布启动“安全基因”（Safe Genes）项目，投入 6500 万美元研究基因编辑技术，重点研究基因驱动。[②] 美国情报高级研究计划局（IARPA）也计划资助监测包含基因驱动等人为改造的生物体等相关研究。2017 年 3 月，欧洲科学院科学咨询理事会（European Academies' Science Advisory Council）发布了题为《基因组编辑：欧盟的科学机遇、公共利益和政策选择》报告（Genome editing：scientific opportunities，public interests and policy options in the European Union），该报告借鉴了欧洲各个院校以及其他国际学术合作机构的前期工作，对基因编辑技术的进展、应用、政策实施等方面提出了建议。报告认为，当前需要进行更多的基础研究，进一步研究能够弥补基因组编辑知识的不足，对基因组编辑工具的继续完善将提高其效率和特异性，减小脱靶效应。此外，理事会预计基因组编辑技术的研究和创新还将快速发展，将在适当的时候对其评估，重新进行审查。政策考虑应该集中在基因组编辑的应用前景上，而不是基因组编辑技术本身。[③] 据美国媒体 2017 年 12 月 4 日报道，美军高度关注基因驱动技术的风险和效益。报道指出，美国国防部咨询机构杰森小组（JASON）2017 年 6 月在加州圣地亚哥举行秘密会议，对基因驱动技术的威胁进行了评估，认为该技术可以迅速地在整个种群中传播人为改造的基因，目前已经被用于

---

① National Academies of Sciences，Engineering，and Medicine，*Human Genome Editing*：*Science，Ethics，and Governance*，Washington，D. C.：The National Academies Press. 2017，https：//doi. org/10. 17226/24623.

② https：//www. darpa. mil/program/safe-genes.

③ European Academies' Science Advisory Council，“Genome Editing：Scientific Opportunities，Public Interests and Policy Options in the European Union，” March 2017，http：//www. easac. eu/fileadmin/PDF_s/reports_statements/Genome_Editing/EASAC_Report_31_on_Genome_Editing. pdf.

消灭传播疟疾的蚊子。基因驱动技术引发了国家安全的忧虑，有可能导致物种灭绝，改变整个地球生态系统①。

三、自然发生传染病疫情威胁依然严峻

世界仍然面临自然发生的传染病威胁。在过去十年中，全球范围内自然发生的传染病不断涌现，例如：SARS、H1N1 流感、中东呼吸综合征(MERS)、埃博拉出血热、寨卡热等。这些疫情暴发往往反映了宿主和环境的变化，如城市化、人员流动、气候变暖、土地利用变化以及病原体的不断进化。应对新发、再发传染病的自然爆发与防御蓄意生物袭击，具有一些共同的关键特征，包括生物监测（都需要检测和监测生物体意外传播）、医学防护产品需求（都可能缺乏有效的疫苗和药物，需要提高研发速度）、卫生物资保障（疫情严重性超出医学防护产品发放能力）、公共卫生资源快速动员与应急反应能力、大规模卫生危机对基础设施的破坏等。

2017 年 2 月，世界卫生组织（WHO）更新“预防传染病研发蓝图行动”病原体清单，主要包括沙粒病毒（如拉沙热病毒）、克里米亚刚果出血热病毒、丝状病毒（如埃博拉病毒和马尔堡病毒）、中东呼吸综合征冠状病毒（MERS-CoV）、其他高致病性冠状病毒（如 SARS 病毒）、尼帕病毒和亨尼帕病毒、裂谷热病毒、引发重症发热伴血小板减少综合征的新型布尼亚病毒、寨卡病毒等 9 种病原体。在 2015 年基础上，主要增加了原来的两种需要密切关注的病原体或疾病，将基孔肯雅热病毒排除，同时加入了

① Gene Drive Files Show US Military as Top Funder of Genetic Extinction Technology, December 4, 2017, https://sustainablepulse.com/2017/12/04/gene-drive-files-show-us-military-as-top-funder-of-genetic-extinction-technology/.

亨尼帕病毒相关疾病，拓展了沙粒病毒出血热①。

四、生物军控多边进程取得进展

于 2016 年 11 月召开的《禁止生物武器公约》第八次审议大会未能就新一轮会间会安排达成一致。在 2017 年度公约缔约国会上，经艰苦谈判各方形成共识，为未来推进会间会进程奠定了基础。

（一）2017 年度缔约国会基本情况

《禁止生物武器公约》2017 年度缔约国会 12 月 4—8 日在联合国驻瑞士日内瓦总部召开，会议由印度大使阿曼迪普·辛格·吉尔（Amandeep Singh Gill）担任主席，来自 114 个缔约国、2 个签约国（叙利亚、坦桑尼亚）、9 个国际组织（阿盟、欧盟、联合国粮农组织、红十字国际委员会、国际科学技术中心、国际刑事警察组织、禁止化学武器组织、世界动物卫生组织和世界卫生组织）、33 个非政府组织和学术机构（英国布拉德福德大学、美国科学家联合会、英国伦敦大学、美国匹兹堡大学、美国约翰·霍普金斯大学、中国天津大学等）的代表参加了会议，以色列和纳米比亚以非缔约国身份列席会议。

本次会议是《公约》2016 年第八次审议会议（“八审会”）之后召开的第一次缔约国年会。因八审会就未来会间会工作机制未达成协议，根据八审会决议，授权本次缔约国会就未来 3 年（2018—2020）会间会进程安排做出决定。鉴于本次会议是推进九审会前会间会安排取得实质性进展的唯一机会，会议辩论异常激烈；在一般性辩论环节，共有 67 个缔约国、5 个国际组织和 19 个非政府组织发言，宣传自己的关切和主张，在数量上创

① http：//www. who. int/blueprint/priority-diseases/en/.

造了历史最高纪录。与会各方充分表达各自立场关切，经激烈磋商，最终通过总体平衡的大会报告，并确定了2021年前的会间会安排及会期。[①]

（二）2017年度缔约国会主要动向

本次会议交锋激烈，集中反映出国际社会对生物安全的关切，主要国家更加倚重公约多边平台，推行其生物安全战略目标，谋求全球生物安全治理主导权。经各方积极努力，在会议主席的大力斡旋下，会议在最后关头取得积极成果，就会间会安排及议题设置达成了协商一致的方案，即每年8月和12月，分别召开为期8天的专家组会和4天的缔约国会。其中，专家组会将分别就国际合作、科技进展、国家履约、支持响应与准备以及《公约》机构加强等五个方面的议题开展讨论。8月召开的专家组会讨论的成果将形成报告，提交当年12月召开的缔约国年度会议审议。就会间会议议程达成共识，表明国际社会普遍希望加强《公约》的强烈意愿，也说明只要有充分的政治意愿和谈判耐心，建立在协商一致基础上的《公约》多边机制仍是国际社会在禁止生物武器、发展生物安全方面发挥巨大作用的核心基石。在五年一届的《公约》审议会议之间，安排会间会制度有利于协调各缔约国之间的工作和关系，并就期间可能发生的履约紧急情况进行讨论。

会议共组织了18场边会活动，分别由禁止化学武器组织、欧盟等国际组织和美国约翰·霍普金斯大学、瑞士施皮兹实验室等研究机构和非政府组织主持举办，就联合国秘书长调查机制、后埃博拉时期的生物安全、美国和东南亚地区的生物安全合作、天花病毒储存及研究、全球生物威胁发展趋势、国家履约等议题进行专题报告和讨论交流，对国际生物军控履约

① https：//www. unog. ch/80256EE600585943/（httpPages）/9E2CF761A08A5E68C12581EE00318FA5？OpenDocument.

进程以及生物安全发展，起到了积极的引领和推动作用。中国天津大学“生物安全战略研究中心”在会上呼吁在《禁止生物武器公约》框架下推进制定生物科学家行为准则范本，促进生物科研人员及时评估生物科研风险，并采取可行措施对其自觉规避、妥善处置，避免误用谬用发生。

五、小结

当前，生物威胁已成为全人类面临的共同挑战，国际生物安全形势变得日益复杂，特别是生命科学技术日益展现出对人类社会的颠覆性影响，国际社会必须携起手来，将传统生物武器问题和新兴生物安全问题统筹考虑，共同防范和应对各类生物安全威胁。《禁止生物武器公约》是人类历史上第一个禁止一整类大规模杀伤性武器的国际公约，已走过 40 余年的风雨坎坷。历史证明，生物军控是国际安全的重要基石，只能加强不能削弱。目前新一轮会间会进程即将启动，必须在新形势下通过多边努力切实提升《禁止生物武器公约》的权威性、普遍性和有效性，推动公约发展、重振公约活力。

【网络安全】

2017 年网络空间安全形势与国际军备控制

许蔓舒

2017年网络空间安全形势与国际军备控制

许蔓舒

内容提要：2017年网络空间给国家安全、国际和平与稳定带来的威胁与挑战日益复杂。世界主要国家在网络安全战略筹划上强调关键基础设施保护、提前布局新技术研发，美网络安全政策更趋保守，美军继续引领网络空间军备竞赛，全面强化网络空间作战能力建设，加速发展人工智能技术的军事应用，人工智能或将成为未来网络军备竞赛的关键。为此，国际社会努力探索网络空间军备控制的有效途径。

关 键 词：网络安全　网络军备竞赛　网络军控

作者单位：国防大学国家安全学院

一、网络安全威胁与挑战日益复杂

2017年网络安全形势不容乐观。随着网络攻击破坏力明显加大、网络信息恶意传播影响国家政治稳定、跨域安全风险持续上升、高危漏洞接二连三曝光，网络空间给国家安全、国际和平与稳定带来的威胁与挑战日益复杂。

第一，国家关键基础设施面临的网络安全威胁持续增加

2017年勒索类病毒全球肆虐，影响到一些国家的关键基础设施，包括通信、金融、医院、交通等机构的网络系统。5月，“想哭”（WannaCry）勒索病毒波及全球150多个国家，病毒入侵电脑系统后实施加密并索要赎金。6月，NotPetya勒索病毒肆虐欧洲，其中乌克兰的情况最为严重，乌克兰中央银行、地铁以及基辅的鲍里斯皮尔机场受到破坏。10月，“坏兔子”（Bad Rabbit）勒索病毒从俄罗斯和乌克兰开始发动攻击，而后向东欧国家蔓延，土耳其和德国也发现了受感染的设备。有分析认为，虽然“坏兔子”使用手段与NotPetya类似，但攻击目的不再是索要赎金，而是旨在对系统数据造成永久性损坏。未来，出于政治目的或者金钱驱动，攻击者极有可能制作针对工业控制系统的勒索软件，国家关键基础设施的网络安全威胁还将继续扩大。

第二，网络政治干预成为国家政治斗争的新手段

美国大选“黑客门”在2017年持续发酵。奥巴马离任后美国国会、参议院军事委员会和情报委员会推动相关调查，并且将目标转移至特朗普的“通俄门”。对于美国的指控，俄罗斯予以否认，普京表示俄罗斯爱国主义黑客可能干扰他国选举，但与政府无关。从美国大选看，黑客攻击将目标瞄准“具有战略意义的信息，并通过维基解密和社交网络进行曝光和宣传，特别是根据大选进程的发展对特定候选人进行爆料”，形成了“网络安全技术、意识形态攻击和政治秩序干预”三位一体的国家政治斗争新手段。[①] 2017年的法国大选、马耳他选举继续遭到黑客攻击，一贯标榜网络民主与言论自由的西方国家开始意识到，防止恶意信息传播，维护政治稳定是信息时代政府面临的难题。未来，网络空间的信息管控或将普遍强化。

---

① 参见鲁传颖：《国际政治视角下的网络安全治理困境与机制构建：以美国大选“黑客门”为例》，《国际展望》2017年第4期。

第三，核领域的网络安全风险持续引发担忧

在核系统的更新换代中，信息通信技术发挥了重要作用，但同时也引入了网络脆弱性。随着数字组件嵌入核武器，包括摄像装备、压力控制器、计算机部件等，新的威胁载体也随之出现。首先，从供应链角度，众多的外包项目使核系统的安全性愈发受到质疑。其次，核指挥控制系统所依赖的卫星系统存在受到网络攻击的威胁。卫星系统使用无线电与地面基站进行通信，而黑客对此类拦截后有可能对加密数据进行解码，窃取信息、篡改信息甚至获得对卫星的控制权。此外，民用核设施的安全风险也受到关注。5 月，美联邦调查局发布报告称，黑客持续攻击并渗透至美国运营核电站和其他能源设备公司的计算机网络，包括美国伯灵顿附近的沃尔夫河（Wolf Creek）核电站。但由于工业管理内网和互联网隔绝独立运行，因此核设施运行暂未受到影响。事实上，隔离手段早已不能确保网络安全。如果发生针对核目标的黑客攻击，容易引起国家间的误判或引发灾难性的后果。

第四，高危漏洞凸显网络武器扩散的危险

2017 年高危漏洞接二连三被曝光。3 月，“维基解密”公布代号为“7 号保险库”的 8761 份文件，曝光美国中央情报局（CIA）利用恶意软件和零日漏洞攻击大量美国和欧洲公司的产品，秘密侵入手机、平板电脑、互联网电视，远程控制这些设备读取信息，通过内置麦克风实施监听等。4 月，影子经纪人（shadow Brokers）曝光美国家安全局使用的 Windows 系统高危漏洞，并推出“数据曝光月”服务，向会员提供曝光数据。11 月，宏碁、戴尔、富士通、惠普、联想和松下官方证实，其产品受到英特尔 CPU 的“崩溃”（Meltdown）和“幽灵”（Spectre）的漏洞影响，黑客可利用这两个漏洞控制设备。12 月，汇丰银行、Natwest 和 Co-op 银行使用的 App 应用程序被曝光存在严重漏洞，允许黑客窃取用户名和密码。漏洞和后门是实施网络渗透、监控和破坏的必要条件。一些国家为强化网络攻击能力而不断存储漏洞、预置后门，利用漏洞和后门开发恶意软件。由于网络空间技术门槛相对比较低，复制成本几乎为零，加上暗网交易，高危漏洞利用的全球扩散只是一个时间问题。如果武器级的网络工具落入黑客组织、恐怖主义组织手中，可能引发全球更为频繁更大规模网络攻击事件，国家和国际安全都将受到严重冲击和破坏。

二、主要国家网络安全战略筹划重点

综观2017年主要国家颁布的战略指导性文件，各方在网络安全战略筹划上仍然把提高国家关键基础设施的网络防御能力置于首位。较往年不同的是，一些国家更加重视先进技术的超前布局，而美国的网络安全政策制定更趋保守强硬。

第一，各方继续加强国家关键信息基础设施保护

2017年网络攻击事件愈演愈烈，从攻击手段、攻击目标和破坏程度上看，黑客攻击的危害性明显加大，关键基础设施应对大规模网络攻击的防护能力仍须提高和加强。5月，美国总统特朗普签署13800号行政令，要求联邦政府加强高风险的关键基础设施、核心通信基础设施和电力部门网络防护。6月，中国颁布《国家网络安全事件应急预案》，明确了相关部门的职责和义务，强调跨部门协调，对应对网络安全事件、预防和减少损失具有指导意义。7月，欧盟议会正式通过首批关于网络安全的管理规定，强制要求银行、能源机构、交通部门、医疗机构、数字内容运营商、网络服务运营商上报网络攻击。10月，俄罗斯联邦安全委员会成员指出应创建独立备份DNS系统以便在全球互联网出现故障时发挥作用，并计划将该系统提供给金砖五国。

第二，相关国家提前布局先进技术的研发和应用

2017 年，随着人工智能、区块链和量子信息等技术取得新进展，先进的网络信息技术成为一些国家的重点投资和发展方向。应美国情报高级研究计划局（IARPA）要求，美国哈佛大学肯尼迪政治学院发布《人工智能与国家安全》报告，分析了人工智能技术在军事、信息、经济等方面的变革潜力，并从国家安全角度对美国政府人工智能技术发展及管理提出 3 个目标和 11 点建议。① 12 月，白宫发布《联邦信息技术现代化报告》，列出 50 项以网络现代化和技术整合为中心目标的行动，并辅以切实可行的共享服务，以此促进信息技术对未来发展的适应性。3 月，英国出台《英国数字化战略》，制定了推进数字化业务、试用新技术、开展先进技术研究的路线图，以帮助英国在信息领域占据优势地位。7 月，中国发布《新一代人工智能发展规划》，争取到 2030 年使我国的人工智能技术和产业达到世界领先水平。党的十九大报告也明确提出，在未来发展方向上推动互联网、大数据、人工智能和实体经济深度融合。

第三，美国国家网络安全政策更趋保守强硬

特朗普上台后，虽然网络安全在新政府议程设置中整体靠后，但从其任内首份《国家安全战略报告》看，网络安全在美国国家安全的“四大支柱”中均有体现，足以说明特朗普政府对网络安全的重视。尤其是在“以实力促和平”中，新政府将网络空间视为美国安全能力建设的六大领域之一，要求美国要威慑、防御并在必要情况下击败那些针对美国的网络攻击行为。② 三大优先事项包括：提高溯源能力，以便对可能发生的网络威胁做

---

① 参见李向阳：《深刻影响国家安全的变革性技术：哈佛大学发布〈人工智能与国家安全〉报告》，中国国防科技信息中心“国防科技要闻”（ID：CDSTIC）。

② The White House, *National Security Strategy of the United States of America*, December 2017, p. 31.

出快速反应；开发能够覆盖冲突全频谱的网络工具，以保护美国政府和重要基础设施；加强政府各部门之间的协调，以便针对敌人的网络战行动能够按需实施。此外，2017 年 12 月，正式签署的《2018 财年国防授权法案》制定了各种网络安全举措。其中第 1634 节要求在联邦机构内禁用卡巴斯基实验室的产品并规定必须于 2018 年 10 月全面移除卡巴斯基实验室的产品。第 1603 节规定出于对网络风险的考虑，美国近期不会购买外国政府（尤其俄罗斯）的卫星技术。[①] 可以预见，即将出台的特朗普政府的网络安全战略将进一步体现"美国优先"原则，更趋强硬保守。

三、美军继续引领网络空间军备竞赛

网络空间已经成为国家间军事斗争的新兴领域，2017 年世界网络军事力量整体强化，网络空间军备竞赛不断加剧。

第一，美军全面强化网络空间作战能力

2017 年美军网络作战指挥体制实施重大改革。美军网络司令部与国家安全局进行拆分，旨在结束美国网络司令部和美国国安局（NSA）领导人"双帽"结构。而后，网络司令部由战略司令部下的二级司令部正式升级为与战略司令部平级的联合作战司令部。这两大举措标志着美军正加速实现网络作战与传统领域军事行动的融合。未来网络司令部的任务主要包括，一是 133 支网络任务部队计划在 2018 财年全部形成全面作战能力；二是解决遂行网络进攻作战行动时在组织和技术上面临的挑战；三是加强电子战、信号情报作战及网络战的融合。

① E 安全：《美〈2018 财年国防授权法案〉网络安全要点》，原文地址：https：//www. easyaq. com/news/838066137. shtml。

此外，从 2018 财年的国防预算中可以看到，美军对网络作战能力建设投入了前所未有的大规模资金。《2018 财年国防授权法案》全额批准了网络作战行动的预算要求，并增拨 17 亿美元（使总额达 80 亿美元），全面支持美军网络空间行动能力建设。

第二，多国组建和加强网络军事力量

2017 年，俄罗斯、法国、德国、澳大利亚等国家正式对外宣布组建网络部队。1 月，法国成立首支“网络部队”投入运作，计划到 2019 年建立起拥有 2600 名专业人员的队伍，同时强调必须具备进攻性网络能力，使得能够入侵敌方系统及网络并造成破坏、服务中断或者临时乃至永久性打击。2 月，俄罗斯国防部长谢尔盖·绍伊古表示，俄军已经建成信息作战部队。4 月，德国正式启动“网络与信息空间司令部”与陆军、海军、空军、医疗服务并列，共同构成德国联邦国防军体系。7 月，澳大利亚政府宣布澳国防部内将成立一个具备攻击性能力的网络作战部门，以确保国家网络安全。

韩国和日本加强网军建设。4 月，韩国国防部公布《2018—2022 年国防中期计划》，未来 5 年韩军将投入 2500 亿韩元（约合人民币 15 亿元）加强网络安全建设，保护国防内网不受朝鲜黑客威胁。7 月，日本防卫省拟大幅加强网络防卫队的规模和能力，从目前的约 110 人增加至约 1000 人，并新设自行开展网络攻击研究的负责部门。

第三，人工智能或将成为未来网络军备竞赛的关键

2017 年，美军运用人工智能技术提高网络空间攻防能力。一方面，美国国防部启动“Voltron”计划，利用 AI 挖掘军事软件漏洞。美国空军开发能探测、隔离恶意网络入侵并从中恢复的人工智能系统，旨在大幅增强网络防护能力。另一方面，美国斯坦福大学和美国 Infinite Key 初创公司联合研发了基于人工智能处理芯片的自主网络攻击系统，自主学习网络环境并自行生成特定恶意代码，实现对指定网络的攻击、信息窃取等操作，增强网络攻击能力。

同时，美军广泛应用人工智能技术研制新型武器装备。4 月，美国国防部启动“算法战”相关概念及技术应用研究。6 月，美空军研究实验室宣布将与 IBM 公司合作研发类脑超级计算机，主要任务是实现智能化的数据处理和分析，为作战人员提供数据支持和响应建议。值得注意的是，谷歌公司在 2017 年度创新大会（Google I/O 2017）上公布了数十项人工智能和机器学习领域的颠覆性研究成果。其中，“基于计算机视觉的定位服务”（VPS）能够在谷歌人工智能终端的帮助下，实现基本不依赖于 GPS 系统的厘米级定位，一经发布便引起美国空军的极大关注。[①] 这些颠覆性研究成果未来极有可能首先用于军事，产生新型作战能力。

7 月，俄罗斯《2018—2025 年国家武器装备计划》完成编制。对于保障前沿技术研发，新版武器装备计划要求“俄罗斯在缩小信息武器、无人机等新兴装备与西方国家差距的同时，抢占国外尚未开始或刚起步研究领域的技术优势，以提升安全威胁反击力和武器装备国际竞争力”。[②] 12 月，美国智库新美国安全中心（CNAS）发布题为《战场“奇点”：人工智能、军事变革和中国未来军力》报告，认为“鉴于中国在人工智能技术上有潜力赶上或超越美国，美军必须将解放军视为真正旗鼓相当的对手，重新评估美中军事和技术竞争的本质”。[③] 可以判断，人工智能已经成为大国军事竞争的新领域。

---

① 参见高原：《谷歌发布新型不依赖 GPS 的厘米级精准定位系统》，中国国防科技信息中心“国防科技要闻”（微信 ID：CDSTIC）。

② 参见孟光：《俄新版〈国家武器装备计划〉先行解读》，《军事文摘》2017 年第 10 期。

③ 参见李勇、齐洋、钱旭：《美智库献策：打赢与中国的智能化战争》，中国国防科技信息中心“国防科技要闻”（微信 ID：CDSTIC）。

四、网络空间国际军备控制的努力

2017 年，网络空间已经处于拓展攻击手段与增强防御能力的持续性军备竞赛中，且不断向外辐射。虽然阻止先进技术用于军事目的几乎不可能，但国际社会仍然努力探索网络空间军备控制的有效途径。

第一，联合国继续推动网络空间国际规则制定

虽然网络空间国际规则制定没有冠以军控之名，但所涉及的网络空间主权问题、武装冲突法在网络空间适用问题都与军控密切相关。2013 年第三届联合国政府专家组基本确立《联合国宪章》及国际法基本原则在网络空间的适用，2015 年第四届政府专家组在负责任国家规范和原则建议方面达成的 11 项共识都将成为未来网络国际军控的重要基础。

2017 年网络空间国际规则制定出现重大波折。7 月，第五届联合国信息安全政府专家组（UNGGE）谈判破裂，未能如期向联合国大会提交报告。矛盾焦点主要集中在 2015 年 UNGGE 报告中网络空间有关法律的三个附加问题，包括对国际不法行为做出应对措施的权利、自卫权和国际人道主义法，相关国家特别是对关于国际法如何适用于各国使用信通技术的详细说明有分歧。① 事实上，出现这一波折也表明网络空间规则制定逐渐从“原则性共识”深入到“具体条款适用”的实质操作层面。②

鉴于国际社会目前还不具备有效监督网络行为和强制执行的网络能力，加之各国网络实力不平衡，各方达成限制性网络空间国际规范存在技术和

① 参见郎平：《网络空间国际治理的新态势与新挑战》，载《全球政治与安全报告 2018》（“国际形势黄皮书”系列年度报告），北京：社会科学文献出版社 2018 年版。

② 参见李艳：《对当前网络空间国际治理态势的几点思考》，互联网研究前沿（微信号：CIS-SASS）。

法律障碍，国际社会或可努力推动建立倡议性国际规范。正如2017年4月七国集团部长会议联合发布的关于网络空间安全的国家责任声明，鼓励所有国家在使用信通技术时遵纪守法、互尊互助和建立相互信任的行为。这类倡议性规范侧重于各国的自我克制和自觉遵守而不是将规范作为限制他国发展的工具，以此带动更多国家自愿加入其中，用广泛遵守的国际共识来促进规则制定。

第二，国家之间继续保持网络安全接触与对话

美国视中俄为战略竞争对手。为防止网络冲突的不可控甚至意外升级，2017年大国在网络安全问题上继续保持接触与对话。7月，在G20峰会上，俄罗斯总统普京和美国总统特朗普同意商谈建立网络安全工作组问题，但由于特朗普受国内强大压力，迄今未能取得进展。[①] 10月，中美举行首轮的执法与网络安全高级别对话。在二轨交流中，美国智库和学者继续推动大国之间相互承诺互不攻击金融系统、互不攻击核指控系统、互不在信息技术产品中预置后门等国家行为规范，尤其希望中美率先达成双边的网络安全合作协议。

如果国家之间能够相互承诺克制某些网络军事行为，建立双边认可的网络空间军事行为准则，这将是具有实质意义的网络军控协议。2017年2月，北约出版非官方文件《塔林手册2.0》（《关于可适用于网络行动的国际法》）。与《塔林手册1.0》相比，该文件增加了和平时期网络行动的国际法适用条款，其编撰过程增加了白俄罗斯、泰国、日本和中国的各一名学者，听取了50多个国家的政府代表的意见。[②] 但是，《塔林手册2.0》依

① 参见项登：《全球网络空间军事化问题评析》，《信息安全与通信保密》2018年第1期，第29页。

② 参见黄志雄：《塔林手册2.0版与网络空间国际规则的新发展》，互联网研究前沿（微信号：CIS-SASS）。

然反映的是西方国家就网络空间国际规则而提出的全球性方案，许多条款充满争议，其适用性存疑。

鉴于非国家行为体的网络行为已多次引发国家间冲突，未来国家之间可以针对第三方的网络威胁，包括如何管理网络空间的非国家行为体、如何控制网络武器扩散、如何防止第三方行为引发误判与展开网络军控对话。

第三，科学家呼吁禁止研发致命性自主武器

2017 年 11 月，联合国特定常规武器公约专家组举行会议，会上多国科学家对致命性自主武器技术发出警告，呼吁联合国禁止致命性自主武器的研发和运用。致命性自主武器涉及微型集成电路、无人智能集群、战术信息网络、面部识别，快速定位等多项前沿技术，相关技术目前已经应用到无人机、无人战车，无人舰艇等攻防一体的智能化武器研发当中。一旦致命性自主武器失去人类控制或者落入不法分子手中，其危害将难以估量。

人工智能技术军民两用，拥有巨大的发展潜力。在战略竞争加剧的背景下，大国之间不太可能接受对未来军力至关重要的能力进行限制，尤其是包括人工智能和其他颠覆性技术的军事运用。但是为了防患于未然，避免国际社会重走“先发展后控制”的军控老路，智能化武器的风险管控和使用规则，应尽早纳入网络空间国际军控的研究和对话中。

第四，技术社群推动制定国际性解决方案

溯源能力和漏洞管理是网络安全的核心问题，也是建立网络空间负责任国家行为规范的重要基础。2017 年，网络安全公司、互联网企业从维护企业利益出发，主动制定国际性方案，推动国际社会解决溯源难题。2 月，微软总裁布拉德·史密斯在美国召开的 RSA 网络安全大会上，呼吁制定全球《数字日内瓦公约》，建立全球网络溯源联盟的“去政府化”，保障网民和公司不受政府在网络空间中行动的伤害。即便是“去政府化”倡议得以实现，网络实力超强的美国在网络空间国际规则制定中仍将游刃有余。

近年来，网络空间国际军控一直努力构建公正的国际溯源协查机制、漏洞通报机制、威胁情报共享机制。这些机制的建立不仅需要政治意愿，更需要技术支撑。虽然国际军控仍然是国家间的谈判，但网络空间拥有海量的非国家行为体，代表国家网络实力的互联网企业、网络安全公司等技术社群将不可避免在其中扮演重要角色。

结语

未来，以移动互联、物联网、云计算、大数据为代表的信息技术将继续加速人类社会的信息化进程，人工智能、量子通信、区块链等新的技术突破正逐步将人类带入智能化时代。新技术必将继续催生新的军事能力，同时也引入新的破坏途径。从技术角度看，网络空间始终处于拓展攻击手段与增强防御水平的竞争中；从军事角度看，网络攻防能力的国家间竞争最为激烈。网络大国以及国际社会需要共同关注信息技术发展带来的安全威胁和风险，共同开发和部署防范措施，共同维护网络空间的开放、共享、和平和稳定，让技术发展成果更好地造福人类。

【跨领域问题】

跨域威慑问题初探

崔茂东

跨域威慑问题初探

崔茂东

内容提要：跨域威慑是在外空、网络和常规全球快速打击等新兴军事能力不断取得进步、大国面临日趋多样化和复杂化安全威胁挑战的形势下，国际战略学界提出的一种新的威慑方式。本文主要介绍了跨域威慑的相关概念与跨域威慑提出的安全背景，分析了外空威慑和网络威慑的局限性，初步探讨了实施跨域威慑可能面临的升级风险。

关 键 词：跨域威慑　外空威慑　网络威慑　冲突升级

作者单位：中国工程物理研究院战略研究中心

2018年2月2日，美国特朗普政府正式发布新版《核态势评估》（NPR）报告。[①] 报告在论述美国核武器在国家安全战略中的作用时指出，核武器不仅要用于慑止敌人对美国及盟国和伙伴国的核攻击，而且还要慑止对其平民或基础设施的非核战略攻击。在阐述美国可能会使用核武器情形的宣示政策时，报告进一步指出，美国只有在保护美国、盟国和伙伴国的至关重要利益的极端情况下才会考虑使用核武器，而极端情况可能包括重大非核战略攻击。而报告界定的重大非核战略攻击包括，但不仅限于，对美国、盟国或者伙伴国的平民人口或民用基础设施的攻击，对美国或盟

① 参见《中俄批驳美新版核战略》，《环球时报》2018年2月5日，第1、16版。

国的核力量、核力量的指挥与控制系统或者预警和攻击评估能力的攻击。[1] 2017年12月18日，特朗普政府发布的新版《美国国家安全战略》（NSS）报告也提出，美国要建立起包括在陆地、海上、空中、外空和网络空间在内的所有域的威慑能力，以应对出现在各个域的战略攻击。在具体谈及保护美国外空资产时，该报告提出，美国将选择时机、地点、方式和领域，回应针对美国外空体系关键部件的有害干扰或攻击。[2] 早在2011年7月15日，美国国防部副部长林恩（William Lynn）在美国国防大学演讲中谈到前一天刚刚发布的《国防部网络空间行动战略》（*Department of Defense Strategy for Operating in Cyberspace*）时说，"美国拥有对严重网络攻击进行军事打击的权利，必要时不仅进行网络反击，也将使用常规武力进行报复"。[3] 就在美国国防部这份文件正式公布之前，提前获悉其内容的美国军事官员就曾经非常形象地说，"如果你关掉我们的电网，我们也许会向你的烟囱里扔枚导弹"。[4] 特朗普政府的两份重要报告和美国国防部前官员的谈话，涉及一个共同的问题，那就是用核武器或其他常规军事力量作为手段，威慑对手攻击美国的外空资产、攻击美国的网络空间或通过网络空间攻击美国。这就是本文要讨论的跨域威慑问题。

一、跨域威慑的概念

首先简要介绍一下"威慑"和"域"这两个基本概念，然后再对跨域

① U. S. Department of Defense, *Nuclear Posture Review* (Washington, D. C.: DOD, January 2018), pp. 11-12.

② The White House, *National Security Strategy of the United States of America* (Washington, D. C.: The White House, December 2017), pp. 27, 31.

③ 参见杨帆、王晓雄：《五角大楼称2.4万份资料被盗》，《环球时报》2011年7月16日，第3版。

④ 参见纪双城等：《互联网战争能避免吗》，《环球时报》2011年6月1日，第1版。

威慑概念进行讨论。需要说明的是，现在国际安全领域广泛使用的“威慑”和“域”这两个基本术语分别译自英文单词“deterrence”和“domain”，所以，对于它们含义的理解必须以其英文单词本义为准，而不能按照中文意思理解。

（一）威慑

看到“威慑”一词，一般首先想到的是孙子的名言“不战而屈人之兵”（《孙子兵法·谋攻篇》）。“威慑”一词在中国古代文献中早已有之。例如，东汉张衡《西京赋》中首次出现了“威慑”一词，“威慑兕虎，莫之敢伉（抗）”（《文选·卷第二》）；之后，三国时代曹植的《七启》中也有“威慑万乘，华夏称雄”的诗句（《文选·卷第三十四》）。“不战而屈人之兵”是以大兵压境的阵势迫使敌人屈服，张衡和曹植使用的“威慑”则是通过炫耀武力而使人屈服，都含有使用武力让对方感到恐惧从而屈服的意思。

现在国际安全领域普遍使用的威慑概念，并非来自中文原本就有的“威慑”一词，而是译自英文单词“deterrence”。而且，中文原本就有的“威慑”与由英文翻译而来的“威慑”两者的含义并不完全一致。后者是指扬言要惩罚对手的行动或采取措施降低对手行动的效果，从而打消对手行动的企图。[①] 正是由于这种差异，在中国很长一段时间里对“威慑”的含义产生了误解。由于受到中文原本就有“威慑”一词的影响，加之20世纪50年代中国多次受到来自美国的核讹诈和核威胁，认为威慑含有威胁的意思，是一个负面、甚至带有贬义色彩的概念。随着中外交流的不断深入，逐渐认识到威慑其实是一个中性的概念。这从中国政府公开发表的声明、国防白皮书或军控白皮书中，就可以非常清楚地看到这一点。中国政府早

① 参见李彬：《中国核战略辨析》，《世界经济与政治》2006年第9期，第17页。

年一直批评核大国的核威慑政策，后来不再笼统地批评核威慑政策，而是批评以首先使用核武器为基础的核威慑政策。[①] 本文下面讨论的有关威慑的概念，均是指由英文翻译而来的“威慑”。

威慑作为一种非常古老的理念，它的历史几乎与战争一样久远。但是，威慑成为一个精确的理论概念和国家安全政策的重要组成部分，却是在核武器出现之后。由于核武器巨大的毁伤能力和难以防御的特点，战略学家们开始思考核威慑的逻辑。冷战期间，美国研究核威慑理论的文献浩如烟海，关于威慑的定义也非常之多。实际上，威慑的基本概念非常简单：如果敌人知道自己的攻击能够被防御方挫败或者自己的攻击招致防御方在报复时造成不可承受的损失，那它就不会发动攻击了。[②] 所以，作为一种心理活动，威慑是通过改变敌人对潜在攻击的代价—获益权衡（cost-benefit calculus）来改变其行动的。美国新版《美国国家安全战略》提出，经验表明，竞争对手终止或放弃侵略的意愿，取决于它们对美国实力和盟国活力的看法。[③] 这就是一种威慑思想。

由威慑的基本概念可知，威慑方要成功威慑敌人潜在的侵略行动，要

---

① 中国政府在早年一些文件中批评核威慑政策。例如，1995 年《中国的军备控制与裁军》白皮书中说“中国政府历来反对核讹诈和核威慑政策”；1996 年中国进行最后一次核试验后发表的政府声明中提出，“核大国放弃它们的核威慑政策”。后来，中国政府不再是笼统地批评核威慑政策，而是批评以首先使用核武器为基础的核威慑政策。例如，2005 年《中国的军控、裁军与防扩散努力》白皮书中，就呼吁“核武器国家应放弃以首先使用核武器为基础的核威慑政策”；《2010 年中国的国防》白皮书中主张，“所有核武器国家应放弃以首先使用核武器为基础的核威慑政策”。（中华人民共和国国务院新闻办公室：《中国的军备控制与裁军（一九九五年十一月）》，《人民日报》1995 年 11 月 17 日，第 2 版；《中华人民共和国政府声明（一九九六年七月二十九日）》，《人民日报》1996 年 7 月 30 日，第 1 版；中华人民共和国国务院新闻办公室：《2010 年中国的国防（2011 年 3 月）》，《人民日报》2011 年 4 月 1 日，第 12 版。

② Richard K. Betts, “The Lost Logic of Deterrence: What the Strategy That Won the Cold War Can—and Can't—Do Now,” *Foreign Affairs*, March/April 2013, p. 88.

③ The White House, *National Security Strategy of the United States of America* (Washington, D. C.: The White House, December 2017), p. 26.

么能够使用可靠的能力中止敌人既定的侵略行动，防止其获益；要么将超过敌人获益的代价强加给它，使其得不偿失。根据这两种不同的威慑实现方式，可以将威慑分为两大类型，即拒止型威慑（deterrence by denial）和惩罚型威慑（deterrence by punishment）。前者立足于防御能力，让敌人相信即使继续它的侵略行动也无法实现既定的目标；后者则立足于报复能力，设法让敌人知道如果继续它的侵略行动将会付出巨大的代价、得不偿失，从而使得行动失去意义。①

（二）域

域（domain）的基本含义是领域、范围。例如，比较熟悉的疆域概念，数学上常用的定义域和值域的概念，还有互联网的域名，等等。美国国防部 2011 年 7 月发布的《国防部网络空间行动战略》提出，把网络空间作为与陆地、海上、空中和外空等同的独立行动域。② 这五种“域”即五种空间，其中前四种空间是客观存在的真实物理空间，网络空间则是一种人造的虚拟空间。如今，在国际安全界讨论有关多域威慑或多域作战问题时，使用的“域”的概念更加广泛一些，既可以指这五种空间中的任一空间，也可以指作为一种强制的途径或手段（pathway or means for coercion），这种手段在某些重要方面与其他手段不同。例如，核武器、先进常规武器等军事手段，也被视为一种域。③

（三）跨域与跨域威慑

一般地，“跨域”（cross domain）定义为调动一个域的某些能力对付

① Glenn H. Snyder, *Deterrence and Defense*: *Toward a Theory of National Security* (Princeton: Princeton University Press, 1961), pp. 3-16.

② U. S. Department of Defense, *Department of Defense Strategy for Operating in Cyberspace* (Washington, D. C.: DOD, July 2011), p. 5.

③ Erik Gartzke, Jon Lindsay, “Cross-Domain Deterrence: Strategy in an Era of Complexity,” July 15, 2014, pp. 2-3, https://quote.ucsd.edu/deterrence/files/2014/12/EGLindsay_CDDOverview_20140715.pdf.

(counter) 另外一个域的某些能力。① 尽管跨域可以这样定义，但是在实际运用中它并不是一个非常明确的概念。如果按照行为者发动攻击的平台及目标所在的平台是否属于同一个域来定义跨域，那么利用地面发射的反卫星（ASAT）导弹摧毁卫星属于跨域攻击，而利用像机动卫星等共轨反卫星武器摧毁卫星则不是跨域攻击。同样，利用常规空射巡航导弹（ALCM）打击水面舰艇属于跨域攻击，而利用常规海射巡航导弹（SLCM）打击水面舰艇则不是跨域攻击。可见，根据平台定义跨域表明跨域行动并不是现代社会才出现的现象。空中力量攻击海上力量、海上力量攻击空中力量，以及空中和海上力量攻击地面力量在现代战争中都是普遍存在的现象。但是，这样的定义方式过于简单。现代很多位于陆地、海上或空中的军事力量也都在利用网络和外空资产，并且复杂的军事任务往往需要集成分布在多个域的资源。像常规精确打击如果利用了卫星和网络，则无论其发起攻击的平台和目标是否在同一个域内都是跨域攻击；如果按照攻击行动的后果来定义跨域，当攻击预计的结果涉及与目标不同的域时，则攻击行动就是跨域攻击。例如，常规精确打击行动需要涉及多个域，在不能直接攻击对手的飞机或潜艇时，可以通过攻击对手的外空和网络资产达到与直接攻击飞机和潜艇同样的效果。在这种情况下，通常是利用自己的优势力量攻击对手的脆弱之处。一般情况下，被攻击方使用的平台，报复的目标和攻击的效应可能分别处于不同的域，而且可能与攻击方开始攻击时利用或影响的域也不相同。本文讨论的跨域行动，则主要指外空、网络空间、核武器和先进常规武器这四个域之间的行动。

跨域威慑（cross domain deterrence，CDD）就是为了防止不可承受的攻

---

① Erik Gartzke, Jon Lindsay, "Cross-Domain Deterrence: Strategy in an Era of Complexity," July 15, 2014, p. 3, https://quote.ucsd.edu/deterrence/files/2014/12/EGLindsay_CDDOveriew_20140715.pdf.

击而使用一种类型的能力对付其他类型的威胁或威胁组合。① 比如，美国决策者曾警告对于破坏性网络攻击的回应不再局限于网络空间这一个域内，而是也可能使用常规军事手段甚至核武器，这就是典型的跨域威慑情形。需要强调的一点是，美国扬言使用常规军事力量甚至核武器等网络空间以外的手段回应网络攻击的威胁是跨域威慑，但它与陆海空之间的跨域威慑的性质并不完全一样。这就如同“周幽王烽火戏诸侯”中的烽火这种古老的光通信形式与以激光和光纤为基础的现代光通信的概念有着本质上的区别一样。

二、跨域威慑出现的原因

跨域威慑的提出源于国家安全威胁的多样化和复杂化，而传统的威慑理论又难以运用到新的领域。例如，面对外空和网络空间存在的安全挑战，要在这两个领域建立起像核威慑那样有效而可靠的威慑能力以慑止潜在敌人针对己方外空资产的攻击、慑止潜在敌人针对己方网络空间的攻击和通过网络空间发动攻击并不容易，而是存在这样或那样的局限。也就是说，通过外空威慑和网络威慑维持外空和网络空间的安全是非常困难的，这也正是美国为什么会试图使用核武器回应外空攻击和网络攻击的原因。

（一）国家安全威胁日趋多样化和复杂化

随着科学技术的不断进步并应用到军事领域，国际社会面临的各种安全威胁和挑战也日益多样化和复杂化。像网络、反卫星、人工智能、信息战等技术的发展具有颠覆性，尽管它们都是低强度甚至非致命性的效应，

① Erik Gartzke, Jon Lindsay, “Cross-Domain Deterrence: Strategy in an Era of Complexity,” July 15, 2014, p. 3, https://quote.ucsd.edu/deterrence/files/2014/12/EGLindsay_CDDOverview_20140715.pdf.

但是其巨大的破坏性效应堪比大规模杀伤性武器（WMD）。大范围的政治行为体已经有能力或动机利用这些新兴的技术。这些新兴的能力具有很强的不确定性，由此而产生的威胁可能会削弱常规军事力量的优势，甚至会影响到一个国家的核威慑。

（二）经典核威慑理论的局限性

核威慑是冷战时期美国和苏联军事战略的重要组成部分。尽管不能威慑诸如间谍、影响西方政治的计划和代理人战争等低水平的冲突，但核武器还是被认为成功地威慑了美苏之间可能的大规模军事冲突，即实践证明核威慑对于威慑大规模的战争是有效的。美国国防部 2006 年 12 月发布的一份文件《威慑行动联合作战概念》（*Deterrence Operations Joint Operating Concept*）认为，冷战时代的威慑理论可以适用于后冷战时代的各种威胁。① 美国军方这里提到的各种威胁，包括恐怖主义、外空攻击和网络攻击等。

冷战期间，核威慑对于维护美苏国家安全和保持国际战略稳定发挥了重要作用。但是，核威慑战略在冷战时代之所以能够被广泛接受，是因为核武器的附带损伤在某种程度上是比较确定的、容易预测的。而网络攻击、外空攻击引发的后果则非常难以估计。比如一次网络攻击到底能够造成多大的损失几乎无法估量，对外空资产的攻击也很难计算其损失。这种附带损伤的不确定性，限制了政治领导人授权对网络攻击和外空攻击的反击意愿，从而削弱了威慑威胁的可信性。

三、外空威慑的局限性

某些大国对外空系统的高度依赖性和外空资产面对攻击的天生脆弱性，

① U. S. Department of Defense, *Deterrence Operations Joint Operating Concept* (Washington, D. C.: Department of Defense, December 2006), p. 7.

刺激了潜在对手在未来军事危机或冲突中会考虑率先对外空资产发动攻击的冲动。潜在敌人试图通过这种不对称攻击来削弱大国的外空军事优势地位，从而实现在战争中“扳平”两者之间巨大的军事能力差距、弥补己方的军事劣势的目的。对于这样的趋势，美国也非常清楚。特朗普政府新版《美国国家安全战略》报告指出：“其他国家认为，攻击外空资产的能力提供了一种不对称的优势，从而使得它们寻求一系列反卫星（ASAT）武器。”①

鉴于外空资产防御存在的许多困难，许多战略学家认为应该通过外空威慑战略实现外空安全的目的。要想成功慑止潜在敌人攻击自己的外空资产，就要设法使其相信这种攻击需要付出的代价将远远大于其所能获取的利益，或者使其知道这种攻击不可能获得预期收益，从而让它慎重考虑攻击所需要付出的代价。这就是前面讨论过的惩罚性威慑和拒止型威慑。从理论上讲，两种威慑实现方式都是可行的，但在外空领域中却会遇到许多具体的问题。

（一）惩罚型外空威慑的局限性

鉴于防御外空资产的困难，通过建立可靠的惩罚能力威慑潜在敌人对外空资产的攻击是一种比较理想的威慑途径。但是，对敌人实施惩罚性报复，要么选择它的外空资产、要么选择它的地面目标作为报复对象。下面的讨论表明无论选择哪种报复对象都会面临一些问题。

第一，选择敌人外空资产作为报复对象。率先向对手外空资产发动攻击的一方即受慑方，一般情况下是对外空依赖程度较低的一方。也就是说它的外空资产比较少或根本就没有外空资产，不需要利用外空资产支持其

① The White House, *National Security Strategy of the United States of America* (Washington, D. C.: The White House, December 2017), p. 31.

军事行动的指挥与控制。那么，即使威慑方报复受慑方的外空资产，受慑方所获得的收益也大于遭受的损失。在这样的情况下，威慑方无法做到把远远大于受慑方获益的代价强加给受慑方、使其得不偿失，威慑是无效的。

此外，如果威慑方报复受慑方的外空资产致使冲突升级，引发外空战，就会产生大量外空碎片。在这样的情况下，威慑方无论军事方面还是民事方面利用外空的战略目标，都将会受到极大的影响。

第二，选择敌人地面目标作为报复对象。既然以外空目标作为报复对象难以达到预想的威慑效果，那么选择以常规军事力量打击敌人地面目标如何呢？其实，这种报复方式的威慑效果同样是值得怀疑的。这是因为，如果受慑方知道对威慑方外空资产的攻击将不再限制在外空领域、不可避免地爆发全面冲突的情况下，那么受慑方就会认为既然如此倒不如全力攻击威慑方的外空资产，这样的话还能进一步降低威慑方进行报复性军事行动的能力。所以，如果选择地面目标作为报复对象，有可能会使威慑方的外空资产遭受更大的破坏。

此外，受慑方攻击威慑方的外空资产，可能会给威慑方带来巨大的经济损失，但是一般不会引起人员伤亡，而威慑方选择地面目标作为报复对象则会不可避免地造成大量人员，尤其是无辜平民的伤亡以及面临国际舆论的指责，从而使得常规军事力量报复地面目标的可信度大打折扣。

（二）拒止型外空威慑的局限性

既然惩罚型外空威慑难以达到理想的威慑效果，那么采取拒止型威慑的威慑效果如何呢？前面已经讨论过，拒止型威慑就是让受慑方明白即使继续它的侵略行动，也无法达到既定的目的，从而放弃侵略行动。一般说来，实现防御性的拒止型威慑一般有两种途径，即对卫星采取主动防御措施和被动防御措施。

第一，对卫星采取主动防御措施。主动防御能力一般是增强卫星的机动能力，这就需要让卫星携带大量燃料，而卫星发射对于载荷质量是很敏感的。也就是说，如果发射卫星时因同时携带大量燃料而使发射质量增加，就会给火箭的推进系统提出很高的要求，面临技术上的困难。此外，卫星每机动一次需要消耗大量燃料，卫星寿命也会受到严重影响。

第二，对卫星采取被动防御措施。被动防御措施一般是增加卫星的各种抗干扰能力，这些加固措施一般不容易观察到，因而起不到威慑的作用。就像基辛格曾经说的那样，藏在袖口里的刀是无法威慑到对手的。

此外，如果威慑方在未来提升新部署外空系统的防御能力，势必会促使潜在对手改进攻击手段以确保能够摧毁的能力。这样就会在相关国家之间展开新一轮的外空军备竞赛。由此可见，拒止型威慑同样难以达到理想的威慑效果。

四、网络威慑的局限性

2011 年 7 月，美国国防部认定网络空间是继陆地、海上、空中和外空之后的第五个行动域（作战域）。但是，作为一种人造的虚拟空间，网络空间与此前真实的物理空间有许多不同之处。这也为在这一空间实施威慑战略带来了新的挑战。要威慑潜在敌人攻击自己的网络空间或通过网络空间向自己的利益发动攻击，就需要建立可靠的惩罚能力、拒止能力或者同时兼具这两种能力。但是，正如前面讨论的外空域一样，在网络空间实施威慑同样也有局限性。

网络威慑的局限性主要体现在对网络攻击的溯源、行为体非对称性的风险承受能力和相称原则问题。第一，网络攻击的溯源。惩罚型威慑的一个首要问题就是溯源问题，也就是说必须知道攻击是由谁发起的。在现实物理空间，利用现有的技术手段确定哪个行为体对目标实施了攻击，根本就不是一个问题。但是在网络空间情况就完全不同了，因为目前虚拟的网络空间处于所谓的“霍布斯”状态下，各行为体在网络空间匿名从事各种网络活动，拥有先进技术的行为体可以从第三方攻击另外一个行为体的网络，甚至完全可以从隐藏的IP地址发起攻击。所以，确定哪个行为体在何处、何时发起了网络攻击，是有一定难度的。目前的技术还不能完全确定网络攻击的来源。此外，溯源的障碍还在于跨越司法管辖权的网络攻击问题。一个国家就网络攻击问题到另外一个国家（发起网络攻击的国家或第三国）进行调查取证，还涉及国家主权问题。如果无法确定是哪个行为体实施了网络攻击，就没有了惩罚对象。不能惩罚网络攻击者，威慑就会失败。同时，如果溯源出现错误，不仅弱化了威慑的效力，而且还会产生新的敌人。第二，行为体非对称性的风险承受能力。一些国家或非国家行为体网络基础设施很少，对网络空间的依赖程度也非常低，甚至没有什么网络基础设施。这样的情况下在网络空间实施威慑，就难以向它们施加适当、可靠的威胁，因而也就侵蚀了网络威慑的效果。第三，相称原则问题。对网络攻击造成损失后果的估计是非常困难的，很难界定何种程度的网络行为构成网络攻击。网络犯罪和网络间谍无法证明使用传统军事力量进行回击是合法的。

五、实施跨域威慑战略的升级风险

按照美国前国务卿基辛格的威慑三要素理论，威慑能够起作用除了威慑方的实力和使用实力的意愿之外，还必须让对手相信这两点。[①] 也就是

① Henry A. Kissinger, *The Necessity for Choice: Prospects of American Foreign Policy* (New York: Harper & Brothers, January 1961), p. 12.

说，威慑威胁可信是威慑成功的必要条件。如果做不到这一点，威慑就不会起作用。那么，怎样的威慑威胁才是可信的呢？美国著名政治经济学家、战略学家谢林（Thomas C. Schelling）认为，如果威慑威胁与其要威慑的侵略行动相称且关联，那么威慑威胁让对手越容易理解就越可信。所谓“相称”，就是在范围和强度上报复打击和最初的侵略之间符合惩罚措施适合于犯罪行为的原则；“关联”则是后续的反应与最初的行为之间具有某种联系和因果关系。只有这样，才能形成有效而稳定的威慑。①

冷战期间，有一种被普遍接受的升级阶梯，即从常规战争到生物和化学战争再到核战争。在常规冲突范围内，扩大作战的地理范围、扩大攻击的目标（如由单纯的军事目标扩大到社会目标）以及增大冲突的暴力强度（如使用更多的炸弹或更多的常规杀伤武器）往往被认为是冲突升级。在每次常规冲突中升级门槛也不尽相同。但是，现在国际上尚缺乏关于反外空和网络攻击如何适用于一个升级阶梯的共同认识。相对于陆海空而言，外空和网络空间的竞争和脆弱性是全新的，国际上还很少有外空和网络空间作为战场一部分的战争经验。与常规武器和核武器不同，人们现在还很难确切知道在这两个域内实施攻击的精确效应。正是基于这样的原因，目前还不存在一个被广泛接受的共同框架用于判断外空攻击和网络攻击与其他域之间的攻击和报复是否合适。更广泛地说，还不存在被广泛接受的共同框架用于判断和平期间、危机期间及战争期间潜在对手之间的相互回应是否合适。在缺乏这样共同框架的情况下，决策者就很难区分跨域的回应是相称的还是跨越了从传统战略域到新兴域之间的升级性攻击和报复。所以，如果发生战争，它将会是一个不完全预见的过程、不完全可推测的反应和

① Thomas C. Schelling, *Arms and Influence* (New Haven: Yale University Press, 1966), pp. 146-151.

不完全可控的事件。①

结论

许多武器系统和大多数军事行动需要进入多个域（陆地、海洋、空中、外空和网络空间），行为者可能会利用跨域之间联系生成的脆弱性来发动跨域攻击。一些大国可能会寻求通过跨域反应来威慑这样的攻击。然而，大国和潜在的对手都没有共同的框架来用于分析涉及外空和网络空间的诸如相称性、升级、可信性和威慑之类的概念，建立并向潜在对手传达这一框架将会有助于形成有效威慑，也有助于危机管理。

① Vincent Manzo, "Deterrence and Escalation in Cross-domain Operations: Where Do Space and Cyberspace Fit?" *Strategic Forum*, No. 272 (National Defense University, December 2011), p. 4–7.

【附件】

2017 年中国军控与裁军文件摘编

一、领导人讲话

共同构建人类命运共同体
习近平主席在联合国日内瓦总部的演讲[①]

（2017年1月18日，日内瓦）

尊敬的联合国大会主席汤姆森先生，

尊敬的联合国秘书长古特雷斯先生，

尊敬的联合国日内瓦总部总干事穆勒先生，

女士们，先生们，朋友们：

一元复始，万象更新。很高兴在新年伊始就来到联合国日内瓦总部，同大家一起探讨构建人类命运共同体这一时代命题。

我刚刚出席了世界经济论坛年会。在达沃斯，各方在发言中普遍谈到，当今世界充满不确定性，人们对未来既寄予期待又感到困惑。世界怎么了、我们怎么办？这是整个世界都在思考的问题，也是我一直在思考的问题。

我认为，回答这个问题，首先要弄清楚一个最基本的问题，就是我们从哪里来、现在在哪里、将到哪里去？

回首最近100多年的历史，人类经历了血腥的热战、冰冷的冷战，也

① http：//www. xinhuanet. com/world/2017-01/19/c_1120340081. htm.

取得了惊人的发展、巨大的进步。20 世纪上半叶以前，人类遭受了两次世界大战的劫难，那一代人最迫切的愿望，就是免于战争、缔造和平。20 世纪五六十年代，殖民地人民普遍觉醒，他们最强劲的呼声，就是摆脱枷锁、争取独立。冷战结束后，各方最殷切的诉求，就是扩大合作、共同发展。

这 100 多年全人类的共同愿望，就是和平与发展。然而，这项任务至今远远没有完成。我们要顺应人民呼声，接过历史接力棒，继续在和平与发展的马拉松跑道上奋勇向前。

人类正处在大发展大变革大调整时期。世界多极化、经济全球化深入发展，社会信息化、文化多样化持续推进，新一轮科技革命和产业革命正在孕育成长，各国相互联系、相互依存，全球命运与共、休戚相关，和平力量的上升远远超过战争因素的增长，和平、发展、合作、共赢的时代潮流更加强劲。

同时，人类也正处在一个挑战层出不穷、风险日益增多的时代。世界经济增长乏力，金融危机阴云不散，发展鸿沟日益突出，兵戎相见时有发生，冷战思维和强权政治阴魂不散，恐怖主义、难民危机、重大传染性疾病、气候变化等非传统安全威胁持续蔓延。

宇宙只有一个地球，人类共有一个家园。霍金先生提出关于“平行宇宙”的猜想，希望在地球之外找到第二个人类得以安身立命的星球。这个愿望什么时候才能实现还是个未知数。到目前为止，地球是人类唯一赖以生存的家园，珍爱和呵护地球是人类的唯一选择。瑞士联邦大厦穹顶上刻着拉丁文铭文“人人为我，我为人人”。我们要为当代人着想，还要为子孙后代负责。

女士们、先生们、朋友们!

让和平的薪火代代相传，让发展的动力源源不断，让文明的光芒熠熠生辉，是各国人民的期待，也是我们这一代政治家应有的担当。中国方案是：构建人类命运共同体，实现共赢共享。

理念引领行动，方向决定出路。纵观近代以来的历史，建立公正合理的国际秩序是人类孜孜以求的目标。从360多年前《威斯特伐利亚和约》确立的平等和主权原则，到150多年前日内瓦公约确立的国际人道主义精神；从70多年前《联合国宪章》明确的四大宗旨和七项原则，到60多年前万隆会议倡导的和平共处五项原则，国际关系演变积累了一系列公认的原则。这些原则应该成为构建人类命运共同体的基本遵循。

主权平等，是数百年来国与国规范彼此关系最重要的准则，也是联合国及所有机构、组织共同遵循的首要原则。主权平等，真谛在于国家不分大小、强弱、贫富，主权和尊严必须得到尊重，内政不容干涉，都有权自主选择社会制度和发展道路。在联合国、世界贸易组织、世界卫生组织、世界知识产权组织、世界气象组织、国际电信联盟、万国邮政联盟、国际移民组织、国际劳工组织等机构，各国平等参与决策，构成了完善全球治理的重要力量。新形势下，我们要坚持主权平等，推动各国权利平等、机会平等、规则平等。

日内瓦见证了印度支那和平问题最后宣言的通过，见证了冷战期间两大对峙阵营国家领导人首次和解会议，见证了伊朗核、叙利亚等热点问题对话和谈判。历史和现实给我们的启迪是：沟通协商是化解分歧的有效之策，政治谈判是解决冲突的根本之道。只要怀有真诚愿望，秉持足够善意，展现政治智慧，再大的冲突都能化解，再厚的坚冰都能打破。

"法者，治之端也。"在日内瓦，各国以《联合国宪章》为基础，就政治安全、贸易发展、社会人权、科技卫生、劳工产权、文化体育等领域达成了一系列国际公约和法律文书。法律的生命在于付诸实施，各国有责任维护国际法治权威，依法行使权利，善意履行义务。法律的生命也在于公平正义，各国和国际司法机构应该确保国际法平等统一适用，不能搞双重标准，不能“合则用、不合则弃”，真正做到“无偏无党，王道荡荡”。

“海纳百川，有容乃大。”开放包容，筑就了日内瓦多边外交大舞台。我们要推进国际关系民主化，不能搞“一国独霸”或“几方共治”。世界命运应该由各国共同掌握，国际规则应该由各国共同书写，全球事务应该由各国共同治理，发展成果应该由各国共同分享。

1862 年，亨利·杜楠先生在《沙斐利洛的回忆》中追问：能否成立人道主义组织？能否制定人道主义公约？“杜楠之问”很快有了答案，次年，红十字国际委员会应运而生。经过 150 多年发展，红十字成为一种精神、一面旗帜。面对频发的人道主义危机，我们应该弘扬人道、博爱、奉献的精神，为身陷困境的无辜百姓送去关爱，送去希望；应该秉承中立、公正、独立的基本原则，避免人道主义问题政治化，坚持人道主义援助非军事化。

女士们、先生们、朋友们！

大道至简，实干为要。构建人类命运共同体，关键在行动。我认为，国际社会要从伙伴关系、安全格局、经济发展、文明交流、生态建设等方面做出努力。

——坚持对话协商，建设一个持久和平的世界。国家和，则世界安；国家斗，则世界乱。从公元前的伯罗奔尼撒战争到两次世界大战，再到延续 40 余年的冷战，教训惨痛而深刻。“前事不忘，后事之师。”我们的先辈建立了联合国，为世界赢得 70 余年相对和平。我们要完善机制和手段，更好化解纷争和矛盾、消弭战乱和冲突。

瑞士作家、诺贝尔文学奖获得者黑塞说：“不应为战争和毁灭效劳，而应为和平与谅解服务。”国家之间要构建对话不对抗、结伴不结盟的伙伴关系。大国要尊重彼此核心利益和重大关切，管控矛盾分歧，努力构建不冲突不对抗、相互尊重、合作共赢的新型关系。只要坚持沟通、真诚相处，“修昔底德陷阱”就可以避免。大国对小国要平等相待，不搞唯我独尊、强买强卖的霸道。任何国家都不能随意发动战争，不能破坏国际法治，不能打开潘多拉的盒子。核武器是悬在人类头上的“达摩克利斯之剑”，应该全面禁止并最终彻底销毁，实现无核世界。要秉持和平、主权、普惠、共治原则，把深海、极地、外空、互联网等领域打造成各方合作的新疆域，而不是相互博弈的竞技场。

——坚持共建共享，建设一个普遍安全的世界。世上没有绝对安全的世外桃源，一国的安全不能建立在别国的动荡之上，他国的威胁也可能成为本国的挑战。邻居出了问题，不能光想着扎好自家篱笆，而应该去帮一把。“单则易折，众则难摧。”各方应该树立共同、综合、合作、可持续的安全观。

近年来，在欧洲、北非、中东发生的恐怖袭击事件再次表明，恐怖主义是人类公敌。反恐是各国共同义务，既要治标，更要治本。要加强协调，建立全球反恐统一战线，为各国人民撑起安全伞。当前，难民数量已经创下第二次世界大战结束以来的历史纪录。危机需要应对，根源值得深思。如果不是有家难归，谁会颠沛流离？联合国难民署、国际移民组织等要发挥统筹协调作用，动员全球力量有效应对。中国决定提供2亿元人民币新的人道援助，用于帮助叙利亚难民和流离失所者。恐怖主义、难民危机等问题都同地缘冲突密切相关，化解冲突是根本之策。当事各方要通过协商谈判，其他各方应该积极劝和促谈，尊重联合国发挥斡旋主渠道作用。禽流感、埃博拉、寨卡等疫情不断给国际卫生安全敲响警钟。世界卫生组织要发挥引领作用，加强疫情监测、信息沟通、经验交流、技术分享。国际社会应该加大对非洲等发展中国家卫生事业的支持和援助。

——坚持合作共赢，建设一个共同繁荣的世界。发展是第一要务，适用于各国。各国要同舟共济，而不是以邻为壑。各国特别是主要经济体要加强宏观政策协调，兼顾当前和长远，着力解决深层次问题。要抓住新一轮科技革命和产业变革的历史性机遇，转变经济发展方式，坚持创新驱动，进一步发展社会生产力、释放社会创造力。要维护世界贸易组织规则，支持开放、透明、包容、非歧视性的多边贸易体制，构建开放型世界经济。如果搞贸易保护主义、画地为牢，损人不利己。

经济全球化是历史大势，促成了贸易大繁荣、投资大便利、人员大流动、技术大发展。21世纪初以来，在联合国主导下，借助经济全球化，国际社会制定和实施了千年发展目标和2030年可持续发展议程，推动11亿人口脱贫，19亿人口获得安全饮用水，35亿人口用上互联网等，还将在2030年实现零贫困。这充分说明，经济全球化的大方向是正确的。当然，发展失衡、治理困境、数字鸿沟、公平赤字等问题也客观存在。这些是前进中的问题，我们要正视并设法解决，但不能因噎废食。

我们要从历史中汲取智慧。历史学家早就断言，经济快速发展使社会变革成为必需，经济发展易获支持，而社会变革常遭抵制。我们不能因此踟蹰不前，而要砥砺前行。我们也要从现实中寻找答案。2008年爆发的国际金融危机启示我们，引导经济全球化健康发展，需要加强协调、完善治理，推动建设一个开放、包容、普惠、平衡、共赢的经济全球化，既要做大蛋糕，更要分好蛋糕，着力解决公平公正问题。

去年9月，二十国集团领导人杭州峰会聚焦全球经济治理等重大问题，通过《创新增长蓝图》，首次将发展问题纳入全球宏观政策框架，并制定了行动计划。

——坚持交流互鉴，建设一个开放包容的世界。“和羹之美，在于合异。”人类文明多样性是世界的基本特征，也是人类进步的源泉。世界上有200多个国家和地区、2500多个民族、多种宗教。不同历史和国情，不同民族和习俗，孕育了不同文明，使世界更加丰富多彩。文明没有高下、优劣之分，只有特色、地域之别。文明差异不应该成为世界冲突的根源，而应该成为人类文明进步的动力。

每种文明都有其独特魅力和深厚底蕴，都是人类的精神瑰宝。不同文明要取长补短、共同进步，文明交流互鉴成为推动人类社会进步的动力、维护世界和平的纽带。

——坚持绿色低碳，建设一个清洁美丽的世界。人与自然共生共存，伤害自然最终将伤及人类。空气、水、土壤、蓝天等自然资源用之不觉、失之难续。工业化创造了前所未有的物质财富，也产生了难以弥补的生态创伤。我们不能吃祖宗饭、断子孙路，用破坏性方式搞发展。绿水青山就是金山银山。我们应该遵循天人合一、道法自然的理念，寻求永续发展之路。

我们要倡导绿色、低碳、循环、可持续的生产生活方式，平衡推进 2030 年可持续发展议程，不断开拓生产发展、生活富裕、生态良好的文明发展道路。《巴黎协定》的达成是全球气候治理史上的里程碑。我们不能让这一成果付诸东流。各方要共同推动协定实施。中国将继续采取行动应对气候变化，百分之百承担自己的义务。

瑞士军刀是瑞士"工匠精神"的产物。我第一次得到一把瑞士军刀时，我就很佩服人们能赋予它那么多功能。我想，如果我们能为我们这个世界打造一把精巧的瑞士军刀就好了，人类遇到了什么问题，就用其中一个工具来解决它。我相信，只要国际社会不懈努力，这样一把瑞士军刀是可以打造出来的。

女士们、先生们、朋友们！

中国人始终认为，世界好，中国才能好；中国好，世界才更好。面向未来，很多人关心中国的政策走向，国际社会也有很多议论。在这里，我给大家一个明确的回答。

第一，中国维护世界和平的决心不会改变。中华文明历来崇尚"以和邦国”“和而不同”“以和为贵”。中国《孙子兵法》是一部著名兵书，但其第一句话就讲“兵者，国之大事，死生之地，存亡之道，不可不察也”，其要义是慎战、不战。几千年来，和平融入了中华民族的血脉中，刻进了中国人民的基因里。

数百年前，即使中国强盛到国内生产总值占世界30%的时候，也从未对外侵略扩张。1840年鸦片战争后的100多年里，中国频遭侵略和蹂躏之害，饱受战祸和动乱之苦。孔子说：“己所不欲，勿施于人。”中国人民深信，只有和平安宁才能繁荣发展。

中国从一个积贫积弱的国家发展成为世界第二大经济体，靠的不是对外军事扩张和殖民掠夺，而是人民勤劳、维护和平。中国将始终不渝走和平发展道路。无论中国发展到哪一步，中国永不称霸、永不扩张、永不谋求势力范围。历史已经并将继续证明这一点。

第二，中国促进共同发展的决心不会改变。中国有句古语叫“落其实思其树，饮其流怀其源”。中国发展得益于国际社会，中国也为全球发展做出了贡献。中国将继续奉行互利共赢的开放战略，将自身发展机遇同世界各国分享，欢迎各国搭乘中国发展的“顺风车”。

1950年至2016年，中国累计对外提供援款4000多亿元人民币，今后将继续在力所能及的范围内加大对外帮扶。国际金融危机爆发以来，中国经济增长对世界经济增长的贡献率年均在30%以上。未来5年，中国将进口8万亿美元的商品，吸收6000亿美元的外来投资，中国对外投资总额将达到7500亿美元，出境旅游将达到7亿人次。这将为世界各国发展带来更多机遇。

中国坚持走符合本国国情的发展道路，始终把人民权利放在首位，不断促进和保护人权。中国解决了13亿多人口的温饱问题，让7亿多人口摆脱贫困，这是对世界人权事业的重大贡献。

我提出“一带一路”倡议，就是要实现共赢共享发展。目前，已经有100 多个国家和国际组织积极响应支持，一大批早期收获项目落地开花。中国支持建设好亚洲基础设施投资银行等新型多边金融机构，为国际社会提供更多公共产品。

第三，中国打造伙伴关系的决心不会改变。中国坚持独立自主的和平外交政策，在和平共处五项原则基础上同所有国家发展友好合作。中国率先把建立伙伴关系确定为国家间交往的指导原则，同 90 多个国家和区域组织建立了不同形式的伙伴关系。中国将进一步联结遍布全球的“朋友圈”。

中国将努力构建总体稳定、均衡发展的大国关系框架，积极同美国发展新型大国关系，同俄罗斯发展全面战略协作伙伴关系，同欧洲发展和平、增长、改革、文明伙伴关系，同金砖国家发展团结合作的伙伴关系。中国将继续坚持正确义利观，深化同发展中国家务实合作，实现同呼吸、共命运、齐发展。中国将按照亲诚惠容理念同周边国家深化互利合作，秉持真实亲诚对非政策理念同非洲国家共谋发展，推动中拉全面合作伙伴关系实现新发展。

第四，中国支持多边主义的决心不会改变。多边主义是维护和平、促进发展的有效路径。长期以来，联合国等国际机构做了大量工作，为维护世界总体和平、持续发展的态势做出了有目共睹的贡献。

中国是联合国创始成员国，是第一个在《联合国宪章》上签字的国家。中国将坚定维护以联合国为核心的国际体系，坚定维护以《联合国宪章》宗旨和原则为基石的国际关系基本准则，坚定维护联合国权威和地位，坚定维护联合国在国际事务中的核心作用。

中国—联合国和平与发展基金已经正式投入运营，中国将把资金优先用于联合国及日内瓦相关国际机构提出的和平与发展项目。随着中国持续发展，中国支持多边主义的力度也将越来越大。

女士们、先生们、朋友们！

对中国来讲，日内瓦具有一份特殊的记忆和情感。1954 年，周恩来总理率团出席日内瓦会议，同苏联、美国、英国、法国等共同讨论政治解决朝鲜问题和印度支那停战问题，展现和平精神，为世界和平贡献了中国智慧。1971 年，中国恢复在联合国的合法席位、重返日内瓦国际机构后，逐步参与裁军、经贸、人权、社会等各领域事务，为重大问题解决和重要规则制定提供了中国方案。近年来，中国积极参与伊朗核、叙利亚等热点问题的对话和谈判，为推动政治解决做出了中国贡献。中国先后成功向国际奥委会申办夏季和冬季两届奥运会和残奥会，中国 10 多项世界自然遗产和文化自然双重遗产申请得到世界自然保护联盟支持，呈现了中国精彩。

女士们、先生们、朋友们！

中国古人说："善学者尽其理，善行者究其难。"构建人类命运共同体是一个美好的目标，也是一个需要一代又一代人接力跑才能实现的目标。中国愿同广大成员国、国际组织和机构一道，共同推进构建人类命运共同体的伟大进程。

1 月 28 日，中国人民将迎来农历丁酉新年，也就是鸡年春节。鸡年寓意光明和吉祥。"金鸡一唱千门晓。"我祝大家新春快乐、万事如意！

谢谢大家。

坚持实现无核化目标　维护半岛和平与稳定[①]

——在朝鲜半岛核问题安理会部长级公开会上的发言

（2017年4月28日，纽约）

中华人民共和国外交部长　王　毅

主席先生，

朝鲜半岛局势近来持续紧张升级，引发国际社会普遍关注和忧虑。如果半岛问题得不到有效管控，如果发生擦枪走火，局势很可能急转直下，不可收拾。历史上不乏这样的惨痛教训，我们必须对此发出警示。鉴此，中方认为今天在安理会专门召开这一会议是必要的。希望各方能就更加严格和完整执行安理会涉朝决议，更加加大劝和促谈力度，使半岛核问题重回谈判解决轨道形成共识。

对于半岛核问题，中方的立场十分明确，不管形势如何变化，都应始终坚持两个基本方向：

第一是坚持无核化的既定目标。半岛实现无核化，是半岛得以长治久安的基本前提，也是捍卫国际核不扩散体系的应有之义。不管发生什么情况，这一既定目标都绝不能动摇。鉴此，中方坚决反对朝鲜研发和拥有核武器，坚定执行安理会各项涉朝决议。我们敦促朝鲜停止核导开发活动，重回无核化承诺，履行无核化义务。同时，我们呼吁其他有关各方发挥政

① http：//www. fmprc. gov. cn/web/wjbz_673089/zyjh_673099/t1457787. shtml.

治智慧，做出政治决断，共同为实现半岛无核化做出建设性努力。

第二是坚持对话谈判的解决道路。武力解决不了分歧，反而会造成更大灾难，对话谈判是唯一出路，也是各方明智选择。回顾解决半岛核问题的历程，只要对话谈判仍在进行，半岛局势就能保持基本稳定，无核化的努力就有望取得进展。2003 年到 2007 年 5 年对话谈判期间，各方相继达成三份共同文件，特别是 2005 年的《9・19 共同声明》，制定了朝鲜全面弃核以及实现半岛和平的路线图，至今仍具有重大积极意义，也被历次安理会涉朝决议所重申肯定。而在 2008 年对话谈判中断之后，半岛形势逐渐失控，朝鲜不断加快核导开发进程，连续进行了 4 次核试验和数十次导弹试射。因此，我们希望各方都根据安理会决议的要求，切实加大对政治解决与对话协商的投入。

主席先生，

中国不是半岛问题的直接矛盾方，解决半岛核问题的钥匙也不在中国手里。但是多年来，中国作为半岛近邻，本着对半岛和平和地区稳定负责任的态度，为推动谈判解决半岛核问题做出了不懈努力，发挥了独特作用。正是在中国推动和各方支持下，半岛核问题从三方会谈发展为六方会谈。面对当前局势，中国仍愿同各方一道，继续为解决半岛核问题做出新的贡献。

最近，中方根据半岛形势的发展，在此前提出“双轨并行”思路以外，又提出了“双暂停”倡议。“双轨并行”旨在按照同步对等原则，并行推进实现半岛无核化和建立半岛和平机制两条轨道，最终予以一并解决。“双暂停”倡议则是通过朝鲜暂停核导活动，美韩暂停大规模军演，推动双方回到谈判桌前，启动“双轨并行”的第一步。中方提出的上述方案使短期目标与长期目标相互结合，相辅相成，既侧重解决各方最紧迫的关切，又借此铺设通往无核化的道路。这符合安理会决议的要求，符合包括美朝在内各方的根本利益，客观公正，合情合理，务实可行，正在得到越来越多国家的理解和支持。同时我们知道，仍有一些国家对此存有这样那样的疑虑。我在此要说明的是，当前最要紧的是把朝鲜核导开发的进程停下来。为此，我们有必要放下谁先谁后的较量，搁置谁对谁错的争论，从低垂的果实摘起，为半岛和平排雷止爆，为地区稳定创造条件。

我还想强调的是，半岛问题发展到今天，不是哪一方单独造成的，也不能总想把解决问题的责任单独压给哪一方。正像习近平主席所说，只有有关各方都负起该负的责任，相向而行，才能尽快解决半岛核问题。我们呼吁各方，尤其是半岛核问题的直接当事方，也就是朝鲜和美国展现对话诚意，重启对话进程。我们也期待安理会为此形成进一步共识，发出更一致声音。同时，中方也愿以开放态度，听取各方的有益建议。只要有利于重启对话谈判，有利于实现无核化目标，有利于维护半岛和平稳定，我们都可以坐下来一起讨论和商量。

各位同事，值此安理会专题会议召开之际，中方认为有两件事是当务之急，需要各方相向而行，共同努力。

一是尽快使半岛局势降温。目前半岛局势已十分严峻。中方强烈敦促各方保持冷静克制，避免再采取相互刺激、导致误判的言行。我想强调的是，在这个问题上没有也不应当存在双重标准。我们要求朝鲜遵守联合国安理会决议，不得继续推进核导开发；同时我们也要求美韩等方面避免继续实施甚至扩大针对朝鲜的军事演习和军力部署。

二是各方应全面理解和完整执行安理会涉朝决议。迄今各项决议除了规定一系列对朝制裁措施外，也明确要求恢复六方会谈，避免紧张升级，坚持对话解决方向。也就是说，落实制裁是执行安理会决议，推动复谈同样是执行安理会决议。二者不可偏废，不能相互替代，不能只取所需。针对朝鲜加快推进核导开发，国际社会有必要加大防扩散力度。同时，针对半岛局势轮番升级，各方也有必要加大促和谈力度。通过“双加强”推进半岛核问题和平解决。中文的“危机”一词包含“危急和机遇”两方面内容，危中有机，危而生机。中方认为，现在是到了认真考虑恢复对话的时候了。

最后，我要再次强调中方坚决反对美国在韩国部署“萨德”反导系统。这一举措严重损害中国和本地区其他国家的战略安全，同时也冲击了各方在半岛问题上的信任与合作。既无助于推进半岛无核化，也不利于维护半岛长远稳定。中方再次敦促有关方面立即停止部署进程。让我们在相互尊重、相互信任的基础上，为实现半岛无核化、维护半岛和平、加强合作共同努力。

谢谢主席先生。

加强国际防扩散努力　增进世界和平与安全①

——王毅部长在安理会防扩散问题部长级会议上的发言

（2017 年 9 月 21 日，纽约）

中华人民共和国外交部长　王　毅

主席先生，

大规模杀伤性武器及其运载工具的扩散，是对国际和平与安全的现实威胁，也是国际社会面临的共同挑战。安理会专门召开此次会议，探讨应对防扩散挑战、凝聚国际共识、加强能力建设、深化协调合作，非常必要和及时。

在国际社会不懈努力下，国际防扩散机制日趋完善。伊朗核问题全面协议的达成，为外交解决防扩散热点问题提供了有益经验。安理会 1540 号决议执行不断深入，应对非国家行为体扩散行为的国际努力得到有效增强。

同时要看到，当前国际安全形势正经历深刻复杂变化，扩散风险和挑战依然严峻。个别国家罔顾国际社会共识，多次进行核试验。非国家行为体、特别是恐怖分子获取和使用大规模杀伤性武器风险上升。国际防扩散机制权威性、普遍性和有效性亟待增强。

主席先生，

防扩散事关国际和平与安全，是构筑人类命运共同体的重要方面，需

① http://www.fmprc.gov.cn/web/wjbzhd/t1496233.shtml.

要国际社会精诚合作，从多方面协调推进：

一是要坚持标本兼治目标。防扩散本质上是安全问题，安全关切是驱动扩散活动的最强动因。各国应树立共同、综合、合作、可持续的安全观，构建以互利共赢为核心的新型国际关系。摒弃一国绝对安全、实现各国普遍安全，是从根本上解决扩散问题的有效途径。

二是要坚持外交解决方向。对于违反防扩散国际规则的国家，有必要施加制裁和压力，但制裁不是万灵药，对话谈判才是根本出路。对抗和一味制裁很可能导致冲突升级和外溢。动辄依据国内法对别国实施“长臂管辖”损人不利己，应予摒弃。

三是要坚持维护国际防扩散机制。《不扩散核武器条约》是防扩散领域的习惯国际法，以此为基石的国际防扩散体系是“二战”后国际安全秩序至关重要的组成部分，防止了更多国家拥有大规模杀伤性武器，维护了全球战略平衡与稳定。在防扩散问题上，不能“合则用、不合则弃”，不能采取双重标准和选择性做法，否则将导致国际防扩散机制的大坝溃于蚁穴。

四是要坚持提升各国防扩散能力。防扩散的首要责任应由各国政府承担。要尊重和支持各国根据本国国情制定防扩散政策，要推动各国不断健全防扩散法律法规，加强防扩散执法能力建设，开展防扩散领域交流互鉴与务实合作，共同提升防扩散能力和水平。

主席先生，

中国坚决反对大规模杀伤性武器及其运载工具的扩散，建立了完善的防扩散和出口控制体系，并确保相关法规得到有效执行。同时，中国积极参与国际防扩散进程，全面完整执行安理会相关决议，并致力于推动防扩散热点问题的政治解决。中国建设性参与了伊核全面协议的谈判，贡献了中国方案。中国为推动谈判解决朝鲜半岛核问题做出了不懈努力，提出的“双暂停”倡议和“双轨并行”思路是解决半岛问题的现实可行出路。中方认为，应全面执行安理会涉朝决议，在加大制裁的同时，设法重启和谈，把制裁的压力转化为谈判的动力。中国支持禁化武组织、联合国有关机构对叙利亚境内发生的使用化武事件进行全面、客观、公正调查。

主席先生，

国际防扩散努力离不开各国的政策和措施，各国国内机制的建设也离不开国际防扩散规范的建设。中国愿与各方一道，继续为维护和加强国际防扩散机制、推进防扩散领域全球治理、共同构建人类命运共同体做出更大贡献。

谢谢主席先生。

二、第七十二届联合国大会发言及立场文件

巩固禁核试共识、维护国际和平安全①

——中国代表团团长、外交部军控司司长王群在第十届促进《全面禁止核试验条约》生效大会上的发言

（2017 年 9 月 20 日，纽约联合国总部）

主席先生，

请允许我代表中国代表团，祝贺伊拉克和比利时当选为本届大会共同主席。我也愿借此机会，对上届会议共同主席哈萨克斯坦和日本、对条约组织筹委会临时技秘处、并对所有为促进条约生效做出不懈努力的组织和个人表示感谢。

主席先生，

《全面禁止核试验条约》达成 21 年，已成为国际核裁军与核不扩散体系的支柱之一，为遏制核军备竞赛、降低核战争风险、维护世界和平与安全做出不可磨灭的贡献。中方高兴地注意到，自上届促生效大会以来，条约普遍性有所提高，履约筹备取得长足进展，支持条约国际共识进一步凝聚，反对核试验已成为国际普遍共识和共同行动。

---

① http：//www.fmprc.gov.cn/web/wjb_673085/zzjg_673183/jks_674633/fywj_ 674643/t1496514.shtml.

同时也要看到，当前国际战略安全形势更趋复杂，全球战略稳定受到挑战，个别国家依然在条约达成后多次核试验，还有国家在考虑削减对条约机制的资金支持。这些消极事态凸显了促进条约早日生效的紧迫性。

国际社会为推动条约生效不懈努力，尽管条约尚未生效，但我们不应对条约前景失去信心，而应积极、理性、辩证地看待条约进程。要看到，我们的不懈努力对全球安全的改善正发挥潜移默化的作用，为国际军控和防扩散机制的进一步发展奠定了坚实基础。同时，要推动禁核试条约早日生效，更要切实维护和增进《不扩散核武器条约》的权威性、普遍性和有效性。因为《不扩散核武器条约》实现无限期延长是谈判达成禁核试条约的一个重要前提，两者间关系密不可分。对《不扩散核武器条约》采取实用主义或多重标准做法不可取，这反过来也将严重损害国际社会实现全面禁核试目标的努力。

主席先生，

中国国家主席习近平今年1月在联合国日内瓦总部演讲时，提出“构建人类命运共同体，实现共赢共享”的中国方案，倡导通过坚持对话协商、共建共享、合作共赢等原则，来建设和平、安全、繁荣的世界。促进条约生效、推动实现无核武器世界，也是构建人类命运共同体的重要措施。中方愿就此提出以下主张：

第一，寻求普遍安全，消除核武器存在和扩散根源，为条约生效营造良好国际安全环境。第二，巩固机制建设，避免双重标准，共同维护当前国际核不扩散体系的权威性和有效性。第三，增强政治动力，五核国要在条约生效前继续恪守暂停核试验承诺，各国要完整、全面地支持条约。第四，夯实能力基础，稳步推进履约筹备建设，不断巩固条约生效的技术保障。

主席先生，

中国坚持走和平发展道路。从拥有核武器第一天起，中国就郑重声明，在任何时候和任何情况下都不首先使用核武器，无条件不对无核武器国家和无核武器地区使用或威胁使用核武器。

中国是核试验次数最少的核武器国家。从 1996 年宣布暂停核试验起，中国政府始终恪守“暂停试”承诺，从未动摇过对条约的政治支持。中国以自身方式，为推动条约履约筹备、促进条约国际合作、推动生效进程等做出了应有贡献。中国政府将继续推动条约早日得以批准。

中国努力推动国内履约筹备工作。在中方同临时技秘处共同努力下，中国境内多座禁核试监测台站已进入核证验收关键阶段，并于去年 12 月完成兰州放射性核素台站验收，实现了中方台站核证验收“零突破”。上周，广州放射性核素台站核证验收也已完成。同时，中方不断深化同筹委会及临时技秘处合作，近年来多次在华合办培训班与研讨会，为加强地区国家能力建设做出了积极贡献。

主席先生，

巩固禁核试共识、促进条约生效是我们对未来所承担的共同责任。中方将继续同各方一道，为实现最终全面禁止和彻底销毁核武器的崇高目标而不懈努力。

谢谢主席先生。

外交部军控司司长王群
在第72届联大一委一般性辩论中的发言[①]

（2017年10月6日）

主席先生，

今天的世界正处在大发展大变革大调整时期。在全球化的历史大势下，各国在安全上相互依存，在发展上休戚相关，人类社会日益成为利益交融的命运共同体。和平力量的上升远远超过战争因素的增长，和平、发展、合作、共赢的时代潮流更加强劲。

与此同时，全球安全也面临着新的挑战。

一是全球战略稳定遭受侵蚀。有的大国追求自身绝对安全，军费开支不断高企，持续采取破坏全球战略稳定的消极举措；网络、外空等新兴疆域的规则相对缺失带来复杂影响，总体安全格局失衡。

二是国际防扩散机制面临严峻挑战。个别国家罔顾国际社会共识继续进行核试验；《禁止核武器条约》在裁谈会外强行表决达成。这些都使得以《不扩散核武器条约》为基石的现行国际核不扩散机制在饱受实用主义和双重标准之害的同时，又遭到新的冲击。

三是地缘政治强势回归，与非传统安全问题联动叠加。地区热点问题不断升温，地缘冲突等传统安全威胁日益成为恐怖主义、难民危机等非传统安全威胁的直接动因，极端思潮、大规模杀伤性武器扩散又加剧了冲突

① http：//www.fmprc.gov.cn/ce/ceun/chn/hyyfy/t1500218.htm.

烈度。

四是技术革命对国际安全带来新的冲击。网络空间军事化风险日益上升，人工智能、高超音速等新技术武器化进一步刺激军备竞赛，非国家行为体获取先进武器的门槛不断降低。

主席先生，

新的安全挑战，新的安全形势，呼唤新的安全治理。我们需要为加强全球安全治理、维护世界和平与安全探索可行路径。中国国家主席习近平倡议，各国应秉承共同、综合、合作、可持续的安全观，树立人类命运共同体意识，共同构建合作共赢的新型国际关系。这些重要理念为加强全球安全治理指明了方向，为维护世界和平与安全提供了现实和可行的路径，是全方位增进世界和平和安全的解决方案，是可复制、可推广的国际安全方略。我愿在此以下四个方面进一步阐述中方的主张。

首先，在目标上，打造人类命运共同体，就是要建设持久和平、普遍安全和共同繁荣的世界，营造公道正义、共建共享的安全格局。要坚持多边主义、不搞单边主义。要奉行双赢、多赢、共赢的新思维，摒弃我赢你输、赢者通吃的旧思维。要倡导以协商化解分歧，以对话解决争端。

其次，在理念上，要秉持共同、综合、合作和可持续的安全观。共同，就是要坚持“各国安全不受减损”的基本原则，每个国家的合理安全关切都应得到尊重和保障。综合，就是要以统筹兼顾的方式，处理好传统议题和新兴议题的关系，协调推进国际安全、裁军和防扩散进程。合作，就是要通过加强国际合作来解决分歧和问题。“长臂管辖”、动辄制裁甚至威胁使用武力的做法，必然损害国家间的互信。可持续，就是要最大程度凝聚各方共识，既积极有为，又理性务实、循序渐进地推进国际军控和裁军进程。只有这样，国际军控与裁军事业才能行稳致远。

再次，在原则上，要讲规则，讲规矩。我们必须切实履行《不扩散核武器条约》《禁止化学武器公约》《禁止生物武器公约》等国际法律。《不扩散核武器条约》是军控和防扩散领域的习惯国际法，我们必须维护以《不扩散核武器条约》为基石的现有国际军控和防扩散体系的权威性和有效性。在国际安全不稳定不确定因素增多的形势下，守住这条底线尤为重要。各国在规则面前一律平等，不能“合则用、不合则弃”。我们要因应网络、外空、人工智能等新疆域出现的新形势新要求，与时俱进地制定新规则，有效应对新挑战。

最后，在机制上，要秉持多边主义，完善多层次的全球安全治理架构。一是要稳定大国合作框架。在“不冲突、不对抗、相互尊重、合作共赢”的基础上建立新型大国关系，维护战略稳定，加强沟通协作，主动管控分歧，实现共同安全。二是要支持联合国在多边裁军机制中发挥核心作用。三是要加强区域安全合作。不断建立和完善区域安全合作机制，构建具有各自区域特色的安全治理模式。总之，多边主义没有过时，关键是各方要充分显示政治意愿，相向而行，而不是走单边道路，或者搞孤立主义。多边裁军机制也没有过时，关键是要激发其活力，而不是另起炉灶。

主席先生，

中方始终致力于维护世界和平与安全，积极推进军控与防扩散进程，为加强全球安全治理做出了重要贡献。

首先，为全球安全治理贡献中国理念。中方高度重视全球安全治理规则制定。习近平主席在核安全峰会上首倡中国“核安全观”，主张构建公平、合作、共赢的国际核安全体系，提出推进国际核安全合作五大倡议，对全球核安全事业发展具有里程碑意义。中方提出了构建网络空间命运共同体，建立和平、安全、开放、合作、有序的网络空间，以及多边、民主、透明的互联网治理体系。为进一步加强《禁止生物武器公约》的有效性，中方还提出了有关倡议。这些理念丰富了全球安全治理的内容，体现出中国的独特作用。

其次，为解决热点难点问题贡献中国方案。在伊朗核问题和叙利亚化武问题上，中方为解决相关问题做出积极贡献。在朝鲜半岛核问题上，中方为推动谈判解决做出了不懈努力，提出的“双暂停”倡议和“双轨并行”思路是解决半岛问题的现实可行出路。中方认为，应全面执行安理会涉朝决议，在加大制裁的同时，设法重启和谈，把制裁的压力转化为谈判的动力。

再次，为安全新疆域治理贡献中国智慧。中方发布《网络空间国际合作战略》，倡导在和平、主权、共治、普惠原则下，推进网络空间国际合作，贡献中国方案。中方积极参与和平利用外空、维护外空安全的国际努力和相关进程。今年联大一委期间，中国还将与俄罗斯就成立联合国“防止外空军备竞赛”政府专家组提交决议草案。这一举措顺应了国际社会呼声，旨在进一步推进落实国际社会反对外空武器化、防止外空军备竞赛的共识，同时促进裁谈会早日打破僵局，发挥裁谈会作为唯一多边裁军谈判机构的应有作用。

然后，为维护世界和平展现中国担当。中方坚持走和平发展道路，在国际事务中坚持做主和派、促和派、维和派。2015 年以来，中国深化国防和军队改革，宣布裁军 30 万，体现了坚定不移走和平发展道路的决心。中国积极参与国际维和行动，是联合国安理会常任理事国中派出维和人员最多的国家，是联合国维和行动预算第二大出资国。

最后，中方认真履行国际条约义务，为解决人道主义危机贡献中国力量。中国迄今已向亚、非、拉地区 40 余国提供人道主义扫雷援助。

主席先生，

当前，中国人民正为实现“两个一百年”奋斗目标和中华民族伟大复兴的中国梦而努力奋斗。在这个伟大进程中，中国始终将自身发展与世界发展联系起来，将中国安全与世界和平联系起来，与各国同心打造人类命运共同体。中国愿切实承担自己应尽的国际责任，积极深入参与全球安全治理，与国际社会一道，建设一个更加安全繁荣的世界。

谢谢主席先生。

中国代表团团长、外交部军控司王群司长在第72届联大一委关于核裁军问题的专题发言[①]

（2017年10月13日）

主席女士，

中国国家主席习近平今年1月在日内瓦演讲时指出，核武器是悬在人类头上的“达摩克利斯之剑”，应该最终全面禁止并彻底销毁，实现无核武器世界。

习近平主席在此次演讲中还提出“构建人类命运共同体，实现共赢共享”的中国理念，倡导通过坚持对话协商、共建共享、合作共赢等原则，来建设和平、安全、繁荣的世界。当前，国际安全形势复杂严峻，核领域矛盾对抗激烈。完善核领域全球治理、推进国际核裁军进程，不仅是实现无核武器世界目标的必由之路，更是构建人类命运共同体的重要措施。为此，中方主张：

—积极倡导和奉行共同、综合、合作、可持续的安全观，为推进核裁军创造有利国际环境。

—坚定维护《不扩散核武器条约》（NPT）审议进程和裁谈会等现有国际军控和裁军机制。NPT是国际军控与防扩散领域的习惯国际法，为此，必须切实维护以NPT为基石的国际军控与防扩散体系的权威性和有效性。对NPT采取实用主义或双重标准的做法不可取，应予摒弃。

① http：//www. fmprc. gov. cn/ce/ceun/chn/hyyfy/t1502068. htm.

—坚持循序渐进的核裁军路线，拥有最大核武库的国家对核裁军负有特殊、优先责任，应继续以可核查、不可逆的方式，进一步大幅度实质性削减其核武库，为最终全面彻底核裁军创造条件。

—核武器国家都应采取切实举措，降低核武器在国家安全政策中的作用，放弃以首先使用核武器为基础的核威慑政策，不在国外部署核武器，放弃发展和部署破坏全球战略稳定的导弹防御系统，不在外空部署武器，切实防止外空武器化和军备竞赛。

主席女士，

最近，《禁止核武器条约》达成并开放签署，中国对此表示严重关切。在核裁军问题上，就最终目标而言，中国的立场与《禁止核武器条约》并无二致。但中国认为，实现核裁军目标，必须遵循“维护全球战略稳定”和“各国安全不受减损”原则，循序渐进加以推进；相关进程必须坚持协商一致原则、在现有国际核裁军和防扩散机制下处理，确保主要各方均参加。为此，中方严重关切《禁止核武器条约》在没有五核国参与的情况下在裁谈会外强行表决达成这种做法。

中方认为，《禁止核武器条约》与 NPT 直接冲突，损害以 NPT 为基石的国际防扩散机制的权威性和有效性。《禁止核武器条约》不反映、也不构成新的习惯国际法，不能凌驾于任何现有国际法律文书之上，因此对未加入国不具任何法律约束力。中国未参加《禁止核武器条约》谈判，也不会签署该条约。尽管如此，中国支持核裁军的立场不会改变。

主席女士，

中国坚持走和平发展道路，始终坚持自卫防御的核战略。从拥有核武器的第一天起，中国积极主张和倡导最终全面禁止并彻底销毁核武器，始终恪守在任何时候和任何情况下都不首先使用核武器、无条件不对无核武器国家和无核武器区使用或威胁使用核武器；从未在国外部署核武器；从未参加任何形式的核军备竞赛；始终将核力量维持在国家安全需要的最低水平。中国已签署和批准了所有开放签署的无核武器区条约议定书，并一直恪守自身义务。

中国始终积极支持国际核裁军努力，认真履行核裁军义务，以实际行动推进核裁军进程。

中国积极参与 NPT 审议进程，致力于维护和增进条约的权威性、普遍性和有效性。中国支持《全面禁止核试验条约》宗旨和目标，始终恪守暂停核试验承诺，稳步推进国内履约筹备。在中方同条约组织临时技秘处共同努力下，中国境内多座禁核试监测台站已进入核证验收关键阶段，并于去年 12 月完成兰州放射性核素台站验收，实现了中方台站验收“零突破”。

中国一贯对“禁产条约”持积极态度，主张裁谈会是谈判条约的唯一适当场所，应根据香农报告所载授权，在达成全面平衡工作计划的基础上启动相关谈判。中方专家建设性参与联合国高级别专家筹备组，要求筹备组严格按决议授权开展工作，最终取得有助于加强裁谈会权威的成果。

中国重视核裁军核查问题，积极开展核查措施和技术手段研究，已于今年 7 月向联合国提交了核裁军核查问题立场文件。

总之，中国将同国际社会一道，为最终全面禁止和彻底销毁核武器而不懈努力。

谢谢主席女士。

常驻联合国代表团临时代办吴海涛大使在第 72 届联大“国际原子能机构的报告”议题下的专题发言①

（2017 年 11 月 10 日）

主席先生，

中国代表团欢迎国际原子能机构总干事天野之弥就机构工作所作的报告。

过去一年来，机构切实根据《规约》职责，促进核能与技术应用、加强核安全与核能安全、维护核不扩散，相关工作取得积极进展。中方对此表示赞赏。

当前，世界核能事业保持发展势头。随着联合国 2030 年可持续发展议程启动，气候变化《巴黎协定》正式生效，核能在确保能源安全、应对气候变化、促进可持续发展方面发挥日益重要的作用，核科技在促进经济发展、服务人类健康等方面应用更为广泛。但同时，核不扩散形势日趋严峻，核能安全有待加强，核安全风险有增无减，核领域全球治理依然任重道远。中方希望机构今后重点做好以下工作：

一是提高保障监督体系的普遍性、有效性和公正性。当前国际核不扩散形势依然严峻。少数国家依然游离于《不扩散核武器条约》体系之外，建立中东无大规模杀伤性武器区问题延宕难决。机构应继续在确保客观公正的前提下，在与成员国充分协商基础上，加强保障监督普遍性和有效性。

① http：//www. fmprc. gov. cn/ce/ceun/chn/hyyfy/t1509695. htm.

希望秘书处继续就“国家级保障监督”与成员国开展对话沟通。

二是促进核电与核技术应用，加大对发展中国家支持。中方鼓励机构加大资源投入，充分考虑发展中国家需求，协调推动核技术交流合作，支持成员国实现可持续发展目标，确保共享和平利用核能红利。

三是继续发挥核心作用，加强全球核能安全与核安全。中方支持机构继续推动落实核能安全标准与核安全导则，加强同行评审服务，协助成员国加强能力建设，切实提升全球核能安全与核安全水平。机构应继续跟踪评估福岛核事故后续处理，及时向成员国通报。

四是秉持客观公正立场，继续为解决热点核问题做出贡献。中方赞赏机构在伊核全面协议执行过程中所做工作，支持机构履行好监督核查职责。中方也支持机构根据授权在对朝保持监督方面发挥应有作用。

中国在核能事业发展过程中，始终秉持习近平主席提出的理性、协调、并进的核安全观，目前正推动落实习主席在核安全峰会上提出的务实倡议。中国刚刚颁布《核安全法》，这将为中国核能安全可持续发展提供有力保障。今年 4 月，中国与国际原子能机构签署低浓铀银行过境运输协定，将为银行顺利运行发挥重要作用。今年 8 月底，中国与机构、加纳、美国等合作顺利完成加纳微堆低浓化改造项目，愿参考“加纳模式”，协助尼日利亚等国进行改造。中国愿以核安全示范中心、海关辐射探测培训中心为平台，与各方开展交流培训，提供更多公共产品。

“原子能为和平与发展服务”是机构的宗旨。中国也愿以此为目标，继续与机构保持全方位密切合作，为核能促进世界和平、繁荣和发展做出不懈努力。

谢谢主席先生。

第72届联合国大会中方立场文件[①]

（2017年8月29日）

一、联合国作用

当前，国际形势正在发生深刻复杂变化，世界多极化和国际关系民主化深入人心，经济全球化、社会信息化深刻改变着世界，国与国相互依存更加紧密。与此同时，国际社会仍面临诸多挑战。各种传统安全威胁和非传统安全威胁相互交织。南北发展差距依然突出，全球治理机制有待完善。

联合国是最具普遍性、代表性和权威性的政府间国际组织。《联合国宪章》的宗旨和原则构成当代国际关系的基石。作为各国维护世界和平、促进共同发展、共谋互利合作的重要平台，联合国承载了世界人民共商、共建、共享合作共赢新型国际关系，打造人类命运共同体的殷切期盼。解决全球性难题和挑战，需要联合国广大会员国携手努力。当前形势下，联合国应继续在国际事务中发挥核心作用，顺应时代潮流，倾听各国人民声音，团结并引领世界各国实现持久和平与发展繁荣。

二、联合国改革

中方支持联合国不断与时俱进，通过改革进一步增强协调各国应对全球性挑战的能力，更好地回应国际社会期待，并提升发展中国家在国际事

① http：//www. fmprc. gov. cn/web/ziliao_674904/tytj_674911/zcwj_674915/t 1488207. shtml.

务中的发言权。改革应是全方位的，应在安全、发展、人权三大领域均衡推进，特别是推动在涉及广大发展中国家切身利益的发展领域取得积极成果。

中方支持安理会改革，以更好地履行《联合国宪章》赋予的职责。改革应优先增加发展中国家在安理会的代表性和发言权，让中小国家有更多机会进入安理会并参与决策。安理会改革涉及联合国未来和全体会员国切身利益，应继续通过充分民主协商，寻求兼顾各方关切和利益的“一揽子”解决方案。中方愿同各方一道，推动改革朝有利于维护联合国长远利益和会员国团结的方向发展。

三、反对恐怖主义和暴力极端主义

当前，国际反恐斗争取得积极进展，但全球恐怖活动多发频发态势并未根本扭转，国际反恐形势依然复杂脆弱。应对恐怖主义威胁仍是全球安全治理的突出难题。

中方反对一切形式的恐怖主义。反恐应综合治理，标本兼治。国际社会应按照《联合国宪章》的宗旨和原则，继续加强反恐合作，全面落实安理会相关决议及联合国《全球反恐战略》。中方反对在反恐问题上采取双重标准，认为不应将恐怖主义与特定的国家、民族或宗教相联系。联合国及其安理会应在国际反恐合作中发挥中心协调作用，不断凝聚共识，加强统筹协调，推动国际反恐形成更大合力。中方支持国际社会加强协调合作，切断恐怖组织获取资金等外部支持的渠道。

恐怖主义意识形态和极端思想通过网络和社交媒体在全球扩散，致使各国内生性恐怖威胁急剧上升，严重影响国际社会安全与稳定。各方当务之急是要坚决遏制恐怖主义这一发展势头，制定行业标准和行动指南，加强国际合作，严厉打击网络恐怖主义。

四、联合国维和行动

联合国维和行动是联合国维护国际和平与安全的重要手段。中方支持联合国维和行动在坚持“当事方同意、中立和非自卫或履行授权不能使用武力”维和行动指导原则基础上，充分履行职责。同时，我们支持联合国维和行动与时俱进，在会员国广泛共识基础上进行合理必要改革，不断发展创新，欢迎联合国秘书长古特雷斯及有关各方为此所做努力。中方认为，改革的重点应是使维和行动更好地维护当事国稳定，协助当事国推进政治进程，并保护好维和人员人身安全。中方愿同会员国等有关各方深入探讨，在兼顾各方关切基础上寻求改革方案。

五、信息和网络安全

网络空间是人类共同的活动空间，网络空间前途命运应由各国共同掌握。各国应加强沟通、扩大共识、深化合作，共同构建网络空间命运共同体。各方应遵守以《联合国宪章》宗旨和原则为基础的国际法和国际关系基本准则，尊重他国主权，反对网络战和网络军备竞赛，反对利用网络干涉他国内政、侵犯公民隐私、损害他国利益，确保网络空间用于促进社会经济发展、国际和平稳定和人类福祉。当务之急是在联合国框架下，坚持和平、主权、共治、普惠原则，制定各方普遍接受的网络空间国际行为准则，以及打击网络犯罪和网络恐怖主义国际法律文书，共同构建和平、安全、开放、合作、有序的网络空间，建立多边、民主、透明的互联网国际治理体系。

中方高度重视联合国在网络安全领域的重要作用，以建设性态度深入参与联合国框架下网络相关进程。中方将继续支持联合国在维护国际网络安全、构建网络空间秩序、制定网络空间国际规则等方面发挥主渠道作用。

六、难民和移民问题

导致难民问题产生的原因错综复杂，其根源是地区不稳定和发展不平衡。中方一贯主张解决难民问题要综合施策、标本兼治。国际社会要加强合作，既要保障难民的生存、安全和基本尊严，缓解人道主义危机，更要加大力度治本，坚持和平解决争端，避免引发新的动荡和冲突，拿出切实举措，帮助冲突和战乱地区恢复和平稳定，促进经济发展，为难民返乡创造良好条件。

中方愿积极参与《难民问题全球契约》谈判，主张契约谈判应充分发挥成员国主导作用，坚持联合国主渠道地位，本着国际合作、友好协商原则，循序渐进加以推进。关于责任分担问题，应充分考虑难民问题的历史经纬及各国国情、承受能力等因素。

中方主张本着发展的眼光看待移民，肯定移民对发展的推动作用，加强移民来源国、过境国和目的地国之间的务实合作，共享全球移民带来的发展红利。应拓展合法移民渠道，帮助移民融入当地社会，消除对移民的歧视和排外，携手打击人口贩运、偷渡等有组织犯罪行为，同时帮助发展中国家实现经济发展，减少被动移民的产生。

中方愿与各方一道，积极参与《移民问题全球契约》谈判，继续为促进全球人口有序流动、实现各国共同发展与繁荣贡献力量。

七、地区热点问题

（一）朝鲜半岛局势

中方坚持实现朝鲜半岛无核化，坚持维护半岛和平稳定，坚持通过对话协商解决问题。对话协商是解决朝鲜半岛有关问题的唯一有效途径，六方会谈是平衡解决各方关切、实现半岛无核化的现实有效平台。中方坚决反对半岛生战生乱，强烈呼吁有关各方避免任何可能导致局势紧张升级和加剧矛盾的言行，共同为缓和局势、重启对话做出积极努力，争取早日重启六方会谈。中方主张安理会有关决议应得到全面、完整执行。同时，我们反对在安理会决议之外实施单边制裁，特别是根据国内法对他国个人和实体进行“长臂管辖”的做法。

半岛有关问题最终解决，要综合施策，对症下药。中方在综合考虑各方关切和半岛现实情况基础上，提出朝鲜暂停核导活动和美韩暂停大规模联合军演“双暂停”倡议、实现半岛无核化和建立半岛和平机制“双轨并行”思路。中方希望通过推进上述倡议，为解决半岛问题开辟现实途径。

中方反对域外势力以应对朝鲜核导计划为借口，在本地区加强军事部署和存在。在半岛部署“萨德”系统严重损害包括中国在内的域内国家战略安全利益，无助于实现朝鲜半岛无核化目标和地区和平稳定。中方对此表示反对，敦促有关国家立即停止并取消相关部署。

（二）阿富汗问题

中国坚定支持阿富汗和平重建与发展，鼓励阿富汗在促进地区经济融合和互联互通方面发挥更大作用，愿在“一带一路”框架下扩大同阿富汗的务实合作。中方一贯坚定支持“阿人主导、阿人所有”的和解进程，认为实现广泛包容的政治和解是解决阿富汗问题的唯一出路，呼吁阿富汗塔利班早日参与和解进程。中方希望有关涉阿富汗问题国际机制加强协调与配合，共同帮助阿富汗早日实现和平、稳定与发展。

（三）中东和平进程

巴勒斯坦问题是中东问题的核心。中方支持巴勒斯坦人民建立以 1967 年边界为基础、以东耶路撒冷为首都、拥有完全主权的、独立的巴勒斯坦国，支持巴勒斯坦以国家身份更多参与国际事务。中东问题有关各方应在联合国有关决议、“土地换和平”原则、“阿拉伯和平倡议”、中东和平“路线图”计划等基础上，通过政治和外交途径妥善解决彼此争端。中方支持联合国及其安理会在中东问题上发挥更大作用。

中方同包括巴勒斯坦和以色列在内的各方保持着沟通。近期，中国国家主席习近平提出解决巴勒斯坦问题的四点主张：坚定推进以“两国方案”为基础的政治解决；坚持共同、综合、合作、可持续的安全观；进一步协调国际社会的努力，壮大促和合力；综合施策，以发展促进和平。中方会继续为推动解决巴勒斯坦问题做出不懈努力。

叙以、黎以两线是中东和平进程的重要组成部分，同样应予重视和推进。

（四）叙利亚问题

叙利亚问题只能通过政治和外交途径解决，军事手段没有出路。中方欢迎日内瓦和谈和阿斯塔纳对话会“双轮”驱动模式，推进叙利亚问题在政治进程和停火止暴方面取得积极进展。国际社会应支持联合国发挥斡旋主渠道作用，坚持由叙利亚人民自行决定国家未来。叙利亚冲突各方应切实根据安理会第2254号决议要求，通过联合国斡旋的对话谈判，相向而行，达成兼顾各方合理关切的政治解决方案。停火止暴是推进叙利亚问题政治解决的重要保障，有关各方均应采取实际行动，改善地面形势，为对话和谈营造有利外部条件。叙利亚有关各方应支持和配合联合国及其人道救援机构的行动，为缓解叙利亚人道局势提供帮助。国际社会还应坚持统一标准，加强协调，共同打击叙利亚境内所有被安理会列名的恐怖组织。

中方一贯反对任何国家、任何组织、任何人出于任何目的，在任何情况下使用化学武器。中方主张对叙利亚境内化学武器袭击事件进行公正、全面调查，基于确凿证据得出结论。

（五）伊拉克问题

中方支持伊拉克的主权、独立和领土完整，支持伊拉克政府为维护国家稳定和打击恐怖主义所做努力。希望伊拉克各派以解放摩苏尔为契机，继续开展包容性政治对话，推进政治和解。中方将一如既往地参与伊拉克经济重建，并提供力所能及的帮助。

（六）也门问题

中方支持也门各方在联合国安理会有关决议、海合会倡议及其实施机制、全国对话会议成果文件基础上，政治解决也门问题。希望也门各派通过对话谈判尽早达成兼顾各方关切的政治解决方案，早日实现国家的稳定和发展。

（七）利比亚问题

中方支持联合国主导的斡旋利比亚问题的努力。国际社会要尊重和维护利比亚的主权、独立和领土完整，坚持政治解决的大方向。利比亚的未来必须由利比亚人民自己决定，关键是继续敦促利比亚各派通过对话谈判化解分歧，通过政治途径找到兼顾各方利益的解决方案。国际社会应继续加大反恐力度，加强国际和地区反恐合作，防止利比亚成为国际恐怖主义新的策源地。国际社会也应加强同地区国家的协调配合，共同寻求持久解决利比亚问题的方案。

（八）伊朗核问题

伊朗核问题全面协议有利于维护国际核不扩散体系，促进中东和平稳定，符合国际社会的共同利益。协议是中国、美国、俄罗斯、英国、法国、德国六国与伊朗共同达成的国际协定，并经过联合国安理会正式核可。各方应继续坚定政治意愿，忠实履行义务，妥善处理分歧，确保协议得到持续、全面、有效执行。中方愿继续本着客观、公正和负责任态度，与各方共同维护和执行好协议。

（九）苏丹达尔富尔问题

中方欢迎苏丹政府为维护达尔富尔地区和平稳定、推进政治进程，促进达区发展所做努力。今年以来，达尔富尔地区形势有所好转，联合国安理会也相应缩减了联非达团的规模。国际社会应坚持和充分发挥联合国、非盟、苏丹政府“三方机制”的主渠道作用，敦促达区其他派别尽快加入政治对话进程，寻求达问题全面政治解决。国际社会也应帮助苏丹政府实现达区发展，改善民生，解决诱发达区冲突的根源问题。

（十）南苏丹问题

南苏丹问题只能通过政治途径解决，当务之急是各派立即停火止暴，通过包容性对话实现和解。中方始终支持非洲人民以非洲方式解决非洲问题，支持伊加特在南问题上发挥主渠道作用，支持联合国南苏丹特派团的工作。国际社会应继续支持地区国家和组织的斡旋努力，合力劝和促谈，推动南苏丹恢复和平稳定。

（十一）索马里问题

在各方共同努力下，索马里顺利举行总统和议会选举，政权实现平稳过渡，索马里和平重建进程再次向前迈出重要一步。同时，索马里实现国家稳定与发展仍面临诸多严峻挑战。中方主张国际社会应协助索马里政府维护国家稳定，加强能力建设，开展国家重建。中方支持联合国、非盟在索的维和及援助行动，也支持地区国家对索加大援助。中方愿同国际社会共同努力，为索马里实现和平与发展继续发挥建设性作用。

（十二）马里问题

中方高度关注马里局势，坚定支持马里政府和人民维护国家主权统一和领土完整，欢迎《和平与和解协议》落实取得进展，希望马里各方继续加强对话，加快推进和平和解进程。中方赞赏和支持非洲国家和地区组织为维护马里统一和地区和平稳定所做努力，呼吁国际社会加大对马里关注和投入。

（十三）刚果（金）问题

中方支持刚果（金）有关各方从国家和民族的根本利益出发，通过对话解决分歧，共同维护来之不易的和平局面。中方主张，国际社会及联合国应继续支持刚果（金）有关各方落实政治协议，维护国内安全稳定，支持非盟及非洲次区域组织继续发挥优势，协调区域国家加强合作，共同应对挑战。中方愿同国际社会一道，继续为推动刚果（金）实现持久稳定和发展发挥建设性作用。

（十四）塞浦路斯问题

中方在塞浦路斯问题上始终秉持客观、公正立场，认为该问题应在联合国有关决议基础上，通过希、土两族对话谈判，尽早达成经得起历史考验、符合两族人民利益、全面、公正、合理的解决方案。中方支持联合国和国际社会通过谈判解决塞浦路斯问题的努力，愿继续支持有关谈判进程，为早日解决塞浦路斯问题发挥积极作用。

八、发展问题

（一）2030 年可持续发展议程

落实 2030 年可持续发展议程是当前全球发展领域的核心任务，是国际社会的共同责任。各国应将落实可持续发展议程与执行本国发展战略有效对接，平衡推进经济、社会、环境三大领域工作，强化全球发展伙伴关系，推动形成以联合国为核心、南北合作为主渠道、南南合作为补充的合作格局，有效调动全球发展资源，不懈推进全球落实进程，实现公平、开放、全面、创新发展。

中国全面落实可持续发展议程取得重要进展，发布了《中国落实 2030 年可持续发展议程国别方案》，启动了可持续发展议程创新示范区建设，在经济、社会、环境等领域取得了多项“早期收获”。同时，推动二十国集团制定并积极落实《二十国集团落实2030年可持续发展议程行动计划》。

今年5月，中国成功主办“一带一路”国际合作高峰论坛，同有关国家和国际组织就加强“一带一路”合作达成重要共识，提出一系列支持沿线国家可持续发展的务实举措。“一带一路”倡议与可持续发展议程高度契合，两者均以合作为目标，以可持续发展为己任，完全能够加强对接、相互促进。中方愿与各方在联合国、二十国集团、“一带一路”等框架下共同努力，为推动全球落实可持续发展议程做出积极贡献。

（二）气候变化

气候变化是全人类面临的共同挑战。中国政府把应对气候变化视作自身可持续发展的内在要求和构建人类命运共同体的责任担当。《巴黎协定》所倡导的全球绿色、低碳、可持续发展的大趋势与中国生态文明建设理念相符。

中方将继续贯彻创新、协调、绿色、开放、共享的发展理念，坚持“共同但有区别的责任”原则、公平原则和各自能力原则，与各方保持密切沟通和协作，推进《巴黎协定》后续谈判，推动《巴黎协定》有效实施，促进国际应对气候变化进程向前发展。

（三）粮食安全

粮食安全事关人类生存之本。国际社会应大力推进农业现代化，加强农业合作，减少贸易保护，建立公平合理、持续稳定的农业贸易秩序，共同落实好粮农领域可持续发展目标。发达国家应帮助发展中国家提升农业生产水平和保障粮食安全。发展中国家要将解决好粮农问题作为本国核心任务。中国重视保障粮食安全，粮食再获丰收，生态友好型农业继续发展。同时积极开展农业国际合作，为遭遇饥荒的非洲国家提供紧急粮食援助。

（四）发展筹资

发展筹资是落实 2030 年可持续发展议程的关键。国际社会应构建开放型世界经济，促进全球贸易投资自由化便利化，促进经济增长，为更好调动全球发展资源提供坚实保障。各国应切实落实《蒙特雷共识》和《亚的斯亚贝巴行动议程》。发达国家应承担发展筹资首要责任，兑现官方发展援助承诺，从资金、技术、能力建设、减免债务、开放市场等方面为发展中国家提供帮助。中国将继续利用中国—联合国和平与发展基金、南南合作援助基金等机制，为推动各国共同发展做出力所能及的贡献。

九、军控、裁军和防扩散

（一）核问题

中方一贯主张并积极倡导最终全面禁止和彻底销毁核武器，坚定奉行自卫防御的核战略，始终恪守在任何时候、任何情况下不首先使用核武器，无条件不对无核武器国家和无核武器区使用或威胁使用核武器的承诺。

中方主张以实现普遍安全为根本目标，维护日内瓦裁军谈判会议（简称裁谈会）等现有多边机制的权威性和有效性，坚持协商一致原则，并确保各国的平等、广泛参与。

《不扩散核武器条约》是战后国际安全体系的重要组成部分，是国际军控与防扩散体系的基石，对维护世界和平与安全发挥了重要作用。中方希望各方共同维护和加强条约的权威性、普遍性和有效性，平衡推进核不扩散、核裁军与和平利用核能，从而进一步将核领域全球治理推向深入。中方呼吁尚未加入条约的国家应尽快以无核武器国家身份加入。

中方是最早签署《全面禁止核试验条约》的国家之一，一贯支持《全面禁止核试验条约》的宗旨和目标，恪守暂停核试验的承诺，并以建设性和务实态度，全面参与条约组织筹委会各项工作，稳步推进国内履约准备。中方愿与各方一道努力，继续推进条约机制建设，为条约早日生效做出贡献。

中方坚定主张，裁谈会是谈判“禁产条约”的唯一适当场所。中方支持裁谈会协商一致达成全面、平衡的工作计划，以便据此开展实质性工作，包括根据“香农报告”（CD/1299）及其所载授权，谈判一项非歧视的、多边的、可国际有效核查的“禁产条约”。

中方一贯尊重和支持有关国家根据本地区实际情况，在自行协商、自愿协议的基础上建立无核武器区或无大规模杀伤性武器区的努力，已签署并批准所有开放签署的无核武器区条约议定书。

中方重视核安全问题，支持国际原子能机构在国际核安全体系中发挥核心作用，并积极参与了全部四届核安全峰会。习近平主席在 2014 年第三届核安全峰会上提出理性、协调、并进的核安全观，倡导构建公平、合作、共赢的国际核安全体系，并在 2016 年第四届核安全峰会上就加强国际核安全体系、促进国际核安全合作提出系列主张和倡议。中方将以此为指引，与国际社会一道，为加强全球核安全做出贡献。

核能的开发利用必须以安全为前提。中方支持国际社会采取切实措施加强核能安全，积极推进相关国际合作，促进核能事业安全、健康、可持续发展。

（二）生化武器问题

中方支持不断加强《禁止化学武器公约》和《禁止生物武器公约》的有效性、权威性和普遍性。中方对有关化武拥有国和遗弃国未能按《禁止化学武器公约》规定的时限完成化武销毁表示遗憾，敦促有关国家根据缔约国大会和执理会决议要求，加大投入，在确定的时限内尽早完成销毁；禁化武组织应对包括遗弃化武在内的化武销毁进程进行有效监督。中方愿本着开放、务实的精神，与《禁止生物武器公约》缔约国共同推动今年缔约国会取得积极成果，为维护生物军控多边进程做出努力，继续推动公约在消除生物武器威胁、防止生物武器扩散、促进生物科技和平利用等方面发挥重要作用。

（三）防扩散问题

中方坚决反对大规模杀伤性武器及其运载工具的扩散。为实现防扩散目标，各国应致力于营造互信、合作的国际和地区安全环境，消除大规模杀伤性武器扩散的动因；坚持通过政治外交手段解决防扩散问题；切实维护和加强国际防扩散机制；平衡处理防扩散与和平利用科学技术的关系，摒弃双重标准。中方愿同有关各方加强交流合作，共同推动国际防扩散进程。

（四）外空安全问题

中国政府一贯主张和平利用外空，反对外空武器化和外空军备竞赛。中国与俄罗斯于2008年共同向裁谈会提交了“防止在外空放置武器、对外空物体使用或威胁使用武力条约”草案，并于2014年6月提交了更新案文。结合外空形势发展，中俄于2015年9月向裁谈会提交工作文件，对一些国家提出的问题做出反馈。中方呼吁裁谈会尽早以中俄草案为基础谈判达成多边外空军控条约，切实维护外空和平安全和长期可持续发展。为推动相关讨论，中俄建议今年联大授权成立“防止外空军备竞赛”政府专家组，重点就有关国际法律文书进行深入讨论。中方主张坚持“兼收并蓄、相辅相成”的原则，推进防止外空军备竞赛和外空透明与建立信任措施进程。适当、可行的外空透明与建立信任措施对增进互信、减少误判、规范外空活动具有积极意义，一定程度上有助于维护外空安全，可以成为防止外空武器化和外空军备竞赛进程的补充，但不能取代外空军控进程。

十、人权问题

实现人民充分享有人权是人类社会的共同奋斗目标。人权事业作为一国经济社会发展重要组成部分，必须根据本国国情和人民需求加以推进。

世界上没有放之四海皆准的发展道路和人权模式，各国有权根据实际情况做出自己的选择，外界应予充分尊重。

和平与发展是最大的人权，民主和民生是人权的两个面。国际社会应同等重视公民、政治权利与经济、社会和文化权利及发展权，照顾发展中国家关切，优先帮助其消除饥饿和贫困，实现生存权和发展权。

人权没有最好，只有更好。各国应在平等和相互尊重基础上开展建设性对话与合作，加强交流互鉴，妥善处理分歧，摒弃将人权政治化做法。人权理事会等联合国人权机构应恪守《联合国宪章》宗旨和原则，秉持公正、客观和非选择性原则，平衡推进两类人权，为推动国际人权事业健康发展做出贡献。

十一、联合国财政问题

所有会员国应切实履行联合国宪章规定的财政义务，根据联合国大会决议确定的支付能力原则，及时、足额、无条件地缴纳联合国会费和维和摊款，支持联合国有效履行职能。联合国资源的利用应根据资源与方案相结合的原则，努力提高资源管理水平和利用效率，加强问责，充分考虑和照顾发展中国家的合理关切和要求。

十二、国内和国际两级法治

实现国内和国际两级法治是各国和国际社会普遍追求的目标。在加强国内法方面，各国有权自主选择符合本国国情的法治模式，不同法治国家之间应相互尊重、相互包容、相互借鉴、共同发展。中国政府以“建设法治中国”为目标，全面推进依法治国，做到科学立法、严格执法、公正司法、全民守法。

在加强国际法治方面，必须维护《联合国宪章》权威，严格遵守国家主权平等、不干涉内政等公认的国际法原则，促进国际关系民主化和法治化。各国有责任维护国际法治权威，依法行使权力，善意履行国际义务。各国和国际司法机构应该确保国际法平等统一适用，依法尊重各国自主选择争端解决方式的权利，避免双重标准，避免滥用程序和权利。

十三、国际刑事法院

中国支持国际社会惩治严重国际罪行、促进实现世界和平和司法正义的努力。国际刑事法院的工作应秉承促进国际和平与安全、维护全人类福祉的宗旨，与其他国际机制协调合作，避免干扰有关和平进程。中方希望法院严格遵循补充管辖原则，切实尊重国家司法主权，依法审慎行使职权，以客观、公正的表现赢得国际社会的广泛信任和尊重。

三、《不扩散核武器条约》审议进程

中国代表团团长、中国裁军大使傅聪
在《不扩散核武器条约》第十次审议大会第一次筹备会
一般性辩论中的发言[①]

（2017 年 5 月 2 日，维也纳）

主席先生，

首先，请允许我代表中国代表团，祝贺你当选本次筹备会主席。我相信，你的丰富经验和智慧定能引领此次会议取得成功。中国代表团将全力支持你的工作。

本次会议正式开启《不扩散核武器条约》第十轮审议进程。回顾过去，条约从 1970 年生效，到 1995 年无限期延长，历经近半个世纪风雨沧桑，已成为最具普遍性的国际法律文书之一，对遏制核武器扩散、减少核战争风险、促进和平利用核能起到了至关重要的作用。

今天我们站在新的历史起点上，世界格局正经历深刻变化，复杂与不确定性成为国际安全新现实。在肯定条约历史贡献的同时，我们也要清醒地看到，维护条约的国际共识正面临考验，许多新的挑战摆在面前。

---

① http：//www. fmprc. gov. cn/web/ziliao_674904/zyjh_674906/t1465511. shtml.

首先，国际安全形势令人担忧。热点问题交替升温，冲突甚至战争时有发生，非传统安全威胁持续蔓延。冷战思维和强权政治仍存，个别国家追求自身绝对安全，持续推进全球反导系统，破坏战略平衡与稳定。在此背景下，如何有效推动核裁军，是本轮审议必须认真对待的紧要问题。

第二，核不扩散形势依然严峻。少数国家长期游离于条约体系之外，建立中东无大规模杀伤性武器区问题延宕难决，地区热点核问题依然突出，个别国家敏感核材料供需依然严重失衡。一些国家采取双重标准和实用主义做法，损害条约权威性，削弱国际核不扩散体系。

第三，和平利用核能面临多重挑战。核电发展方兴未艾，福岛核泄漏事故余波未平，核恐怖威胁不容忽视，全球核安全与核能安全水平有待提高。"重防核扩散、轻和平利用" 倾向仍存，发展中国家和平利用核能活动面临技术、资金、人才等多方面制约。

主席先生，

条约是现行国际军控与防扩散机制的基石，是核裁军、核不扩散与和平利用核能的根本遵循，其地位不容置疑，作用不可取代。当前形势下，本轮审议进程应认真总结条约执行成败得失，着力推动各方弥合分歧，加强团结，坚定信心，并付诸行动，平衡推进条约三大支柱，维护条约普遍性、权威性和有效性。

第一，树立共同、综合、合作、可持续的安全观。中国国家主席习近平今年 1 月在联合国日内瓦总部演讲时，提出"构建人类命运共同体，实现共赢共享"的中国方案，倡导通过坚持对话协商、共建共享、合作共赢等原则，建设和平、安全、繁荣的世界。为此，我们呼吁各方继续努力消除冲突和动荡的根源，充分尊重和照顾各国合理安全关切，摒弃冷战思维，培育相互理解和信任的国家关系，为实现条约目标创造有利的战略安全环境。

第二，理性务实推进核裁军进程。最终全面禁止并彻底销毁核武器，符合全人类共同利益。我们理解无核武器国家的愿望和期待，支持最终实现全面和彻底核裁军。当前关键是找到一条现实可行的核裁军路线。基于现实战略安全环境，一是要振兴现有机制。充分利用日内瓦裁军谈判会议等平台，遵循协商一致原则，确保各方平等充分参与，寻求尽可能广泛的国际共识。二是要坚持循序渐进。拥有最大核武库国家应担负起特殊、优先责任。在全面禁止和彻底销毁核武器之前，核武器国家可以采取现实可行的中间步骤，包括承诺不首先使用核武器、无条件不对无核武器国家和无核武器区使用或威胁使用核武器等，并就此缔结国际法律文书。

第三，标本兼治，加强核不扩散体系。核扩散热点问题持续发酵，其根源之一是各国安全关切没有得到同等重视。国际社会应摒弃双重标准，坚持通过政治外交手段解决问题。为降低朝鲜半岛紧张局势，推动朝鲜半岛核问题早日回到谈判解决的轨道，中方提出“双轨并行”思路和“双暂停”倡议，敦促有关方认真考虑。伊朗核问题全面协议是六国和伊朗经过长期艰苦谈判共同达成的国际协定，并经安理会核可，各方都应继续忠实履行义务，共同维护和执行好协议。建立中东无大规模杀伤性武器区有利于中东地区和平稳定，条约相关决议有明确要求，相关国家应采取灵活务实举措，争取打破僵局，推动相关国际会议早日召开。尚未加入条约的国家应尽快以无核武器国家身份加入。

第四，以公平高效原则促进和平利用核能。如果说核武器是悬在人类头上的“达摩克利斯之剑”，核能则如同普罗米修斯带给人间的火种，是保障能源安全和应对气候变化的重要途径。防止核扩散不应损害发展中国家和平利用核能的正当权利。我们应继续支持国际原子能机构发挥核心作用，加大对发展中国家的援助和支持。应汲取福岛核泄漏事故的深刻教训，持续提升全球核能安全水平。应切实加强国际核安全能力建设，共同打击核恐怖主义。

主席先生，

中国始终支持核裁军进程，坚定维护核不扩散体系，积极发展核能事业。中国积极参与五核国共同落实条约审议成果的努力，将继续牵头五核国核术语工作组。中国稳步推进全面禁核试条约履约筹备建设，去年 12 月完成了境内首座监测台站的核证验收。中国坚决反对任何形式的核武器扩散，以负责任态度参与伊核、朝核等地区热点核问题政治解决进程。中国大力推动地区及全球核安全合作，将积极落实习近平主席在第四届核安全峰会上提出的建设“核安全能力建设网络”等五项倡议。

主席先生，

良好的开始是成功的一半。我们希望本次会议为本轮审议进程开个好头，制定现实可行的组织安排路线图，为各方以建设性态度开展审议工作奠定基础。中方愿同各方一道为此做出努力。

谢谢主席先生。

中国代表团在《不扩散核武器条约》第十次审议大会第一次筹备会上关于核裁军问题的发言①

（2017年5月9日）

主席先生，

全面禁止和彻底销毁核武器，消除核战争威胁，符合全人类的共同利益，是世界各国的共同夙愿。中方高兴地看到，自中国20世纪60年代倡导全面彻底核裁军以来，无核世界理念得到越来越广泛的响应和支持。

核裁军是《不扩散核武器条约》的重要目标之一。当前国际形势下，坚持现有国际军控与裁军机制，坚持维护和促进《条约》权威性、普遍性和有效性，坚持各方普遍平等参与的多边主义，是推进核裁军进程的根本保障和有效途径。

中方认为，国际社会应继续做出以下努力：

——以共筑人类命运共同体的高度责任感，积极倡导和奉行共同、综合、合作、可持续的安全观，塑造和平稳定的国际安全环境，为推动核裁军营造良好氛围。

——采取公正合理、逐步削减、向下平衡的核裁军步骤，相关措施应符合"维护全球战略稳定"与"各国安全不受减损"原则。

——拥有最大核武库的国家对核裁军负有特殊优先责任，应认真履行已达成的削减核武器条约，并以可核查、不可逆方式，进一步大幅度实质

① http：//www. fmprc. gov. cn/ce/cgvienna/chn/cjyjk/t1459922. htm.

性削减其核武库，为最终全面彻底核裁军创造条件。

——在实现全面禁止和彻底销毁核武器之前，最现实可行的核裁军措施是：所有核武器国家承诺在任何时候和任何情况下都不首先使用核武器，承诺无条件不对无核武器国家和无核武器区使用或威胁使用核武器，并就此缔结国际法律文书。

——降低核武器在国家安全政策中的作用，放弃以首先使用核武器为基础的核威慑政策，遵守不把自己的核武器瞄准任何国家的承诺。在国外部署核武器的国家将其核武器全部撤回本国，废除核保护伞及核共享的政策和做法。

——2010 年《条约》审议大会达成的《行动计划》，包括了推进国际核裁军进程的详细路线图，是各方经过反复谈判达成的宝贵共识，应全面平衡地继续落实。

主席先生，

作为全面普遍裁军的重要组成部分，核裁军不仅与核不扩散相辅相成，也与新型军备发展趋势密不可分。近年来，科技发展突飞猛进，外空、网络和人工智能等领域军事化、武器化趋势凸显，对战略安全环境产生复杂深远影响。无视双重标准对核不扩散体系的侵蚀和高科技领域军事竞赛苗头，孤立地谈核裁军，无异于缘木求鱼。为确保核裁军进程在有利的安全环境下持续推进，国际社会尤其应关注以下几方面问题：

（一）《条约》生效以来，推进核裁军、防止核武器扩散逐渐成为国际社会普遍接受的国际准则。无论是退出《条约》，还是拒不加入《条约》，都意味着相关国家可以不受《条约》宗旨和原则的约束。在这方面，国际社会应彻底摒弃双重标准，更不应该出于地缘私利，自毁《条约》基石地位，联合国安理会有关防扩散的决议应得到全面、平等执行。

（二）发展和部署破坏全球战略平衡与稳定的导弹防御系统，必然恶化国际和地区安全环境，对核裁军进程产生消极影响。有关国家应立即停止并及早放弃此种政策和做法。

（三）防止外空军备竞赛与核裁军努力相辅相成。日内瓦裁谈会等机构在防止外空军备竞赛方面取得实质进展，既有利于维护外空安全，又有助于提高各国战略互信水平，还将为核裁军创造良好条件。

主席先生，

多年来，中国积极支持国际核裁军努力，认真履行核裁军义务，以实际行动为推进核裁军进程做出了重要贡献。

——中国坚持走和平发展道路，始终坚持自卫防御的核战略，一贯奉行公开、透明、负责任的核政策。

——中国从未在国外部署核武器，从未参加任何形式的核军备竞赛，始终将核力量维持在国家安全需要的最低水平。

——中国始终恪守在任何时候、任何情况下都不首先使用核武器的政策，承诺无条件不对无核武器国家和无核武器区使用或威胁使用核武器，并推动核武器国家就此缔结多边条约。

——中国支持《全面禁止核试验条约》尽早生效，稳步推进国内履约筹备工作。去年 12 月中国兰州放射性核素台站完成核证验收，实现了中国境内禁核试监测台站核证验收“零突破”。中方支持裁谈会在达成全面、平衡工作计划的基础上，根据“香农报告”及其所载授权，尽早启动“禁产条约”谈判，坚决反对另起炉灶。

——在透明与建立信任措施方面，中国多次通过发布相关白皮书阐述中国的核战略、核武器使用政策等，还与其他四个核武器国家就建立信任措施和落实《条约》审议成果等问题保持对话与磋商。中国牵头五核国核术语工作组于 2015 年取得首阶段成果，将继续牵头工作组下阶段工作。

主席先生，

中国在核裁军问题上的原则立场，与《禁止核武器条约》谈判宗旨在根本上是一致的。与此同时，中方认为实现核裁军目标，须遵循“维护全球战略稳定”和“各国安全不受减损”原则，循序渐进加以推进；相关进程必须在现有国际裁军和防扩散机制下处理。尽管未参与《禁核武条约》谈判，中方坚定支持最终全面禁止和彻底销毁核武器的立场没有改变，愿与有关各方继续保持沟通。

主席先生，

中国将一如既往，为推进核裁军进程、摆脱核战争威胁，与国际社会一道做出不懈努力。中国代表团已提交关于核裁军及降低核战争威胁问题的工作文件，全面阐述了中方有关立场，希望其内容能反映到筹委会报告中。

谢谢主席先生。

中国代表团在《不扩散核武器条约》第十次审议大会第一次筹备会上关于无核安保问题的发言[①]

（2017年5月9日）

主席先生，

无核武器国家安全保证问题是核裁军和核不扩散领域的重要问题。妥善解决该问题，对于推进核裁军进程、防止核武器扩散具有重要意义。

无核武器国家获得安全保证，将有助于增强其安全感，减少谋求核武器的动因。无核武器国家要求不受核武器威胁，并把这种安全保证以具有法律约束力的形式确定下来，是完全正当、合理的。无核安保不是核武器国家给予无核武器国家单方面的恩惠，相反，应被视为防止核武器扩散、维护以《不扩散核武器条约》为基石的国际核不扩散机制的重要举措。

解决无核安保问题的根本途径，是核武器国家全面禁止和彻底销毁核武器。在最终实现这一目标前，核武器国家应明确承诺在任何时候、任何情况下不首先使用核武器，无条件不对无核武器国家和无核武器地区使用或威胁使用核武器，并尽快就此缔结国际法律文书。此外，核武器国家应降低核武器在国家安全政策中的作用，放弃以首先使用核武器为基础的核威慑政策，不把任何国家列为核打击目标，不把自身控制的核武器瞄准任何国家。

---

① http：//www.fmprc.gov.cn/ce/cgvienna/chn/cjyjk/t1459927.htm.

主席先生，

中国一贯承诺在任何时候和任何情况下都不首先使用核武器，无条件不对无核武器国家和无核武器地区使用或威胁使用核武器。多年来，中国一直呼吁其他核武器国家像中国一样做出类似承诺，并就此缔结国际法律文书。

中方支持日内瓦裁军谈判会议尽早就达成一项无核武器国家安全保证问题的国际法律文书开展实质性工作。对其他任何有助于推进无核安保问题取得进展的建议或举措，中国均持开放态度，愿予积极考虑。核武器国家应支持无核武器国家建立无核武器区的努力，并以具有法律约束力的形式承担相应的义务。

针对美国代表上午所谈，我愿强调，中国始终将自身核力量发展维持在国家安全需要的最低水平。作为拥有最大、最先进核武库的国家，美国应放弃以首先使用核武器为基础的核威慑政策，取消核保护伞和核共享政策与做法，不发展和部署破坏全球战略稳定的反导系统，切实防止外空武器化和外空军备竞赛，为核裁军创造有利环境。

获得无条件、具有法律约束力的安全保证是无核武器国家的普遍愿望，中方期盼这一愿望早日实现，也愿与国际社会一道，继续为此做出不懈努力。

主席先生，

中国代表团已提交关于无核安保问题的工作文件，全面阐述了中方有关立场，希望其内容能够反映到筹委会报告中。

谢谢主席先生。

中国代表团在《不扩散核武器条约》第十次审议大会第一次筹备会上关于核不扩散问题的发言[1]

（2017年5月10日）

主席先生，

核武器扩散影响全球和地区的和平与稳定及各国人民的福祉。加强国际核不扩散体系，消除核武器扩散风险，是维护《不扩散核武器条约》的应有之义，符合国际社会共同利益，也是各国面临的共同挑战。

中方认为，核武器扩散有其复杂的根源，应坚持标本兼治、综合治理，在核领域全球治理框架下加强核不扩散努力：

首先，要营造和平稳定的国际安全环境。各国应秉持共同、综合、合作、可持续的安全观，树立人类命运共同体意识，摒弃零和理念、冷战思维，充分尊重和照顾各国合理安全关切，实现普遍安全，消除核武器扩散根源。

其次，坚持通过政治和外交手段和平解决扩散问题。各国要在现有国际法框架内，通过对话与合作解决有关关切。不应动辄制裁施压或威胁诉诸武力，或以防扩散为借口谋求其他目的。

再次，加强公正、合理的国际核不扩散体系的权威性、有效性。应摒弃双重标准和实用主义，全面、忠实、平衡履行《条约》各项义务，不以国家间亲疏好恶来判定防扩散标准。要坚持多边主义，在各国普遍参与、

① http：//www. fmprc. gov. cn/ce/cgvienna/chn/cjyjk/t1460300. htm.

民主决策基础上加强国际核不扩散体系的公正性、合理性和非歧视性。

然后，巩固和加强《条约》作为国际核不扩散体系基石的地位，提升《条约》普遍性。尚未加入《条约》的国家应尽快以无核武器国家身份加入《条约》，并将全部核设施置于国际原子能机构的保障监督之下。要充分发挥联合国等相关国际组织和机制作用，努力提升国际原子能机构全面保障监督协定和附加议定书的普遍性，支持桑戈委员会、核供应国集团在此方面的努力。

最后，公正、平衡处理核不扩散与和平利用核能的关系。防止核武器扩散、推进和平利用核能，两者相辅相成，相互促进。任何防止核扩散的措施都不应妨碍各国和平利用核能的合法权利；同时，各国也应严格履行《条约》义务和规定，不以和平利用核能为借口从事扩散活动。

主席先生，

中方致力于维护并促进《条约》权威性、普遍性和有效性，坚决反对任何形式的核武器扩散，认真、全面履行相关国际义务，切实执行安理会相关防扩散决议。近年来，中方从机制建设、法律体系、执法能力等方面开展工作，不断加强和完善国家核不扩散机制，确保防扩散政策有效实施。

主席先生，

作为安理会常任理事国和负责任的大国，中方积极参与相关国际合作，为推动以政治外交手段解决核扩散热点问题做出不懈努力。

中方欢迎 2015 年 7 月达成的伊朗核问题全面协议，赞赏协议执行一年多来取得的进展。作为六国机制成员，中方本着客观、公正和负责任的态度积极参与相关谈判，为协议达成贡献了“中国方案”和“中国思路”。全面协议是六国和伊朗经过长期艰苦谈判共同达成的国际协定，并经安理会核可，各方都应强化政治意愿，忠实履行义务，共同维护和执行好协议。经过繁杂的前期谈判，4 月 23 日，中伊企业在维也纳签署了伊朗阿拉克重水堆改造项目首份商业合同，这标志着全面协议规定的阿拉克重水堆改造进入实施阶段，体现了中方执行全面协议的负责任态度和对协议的坚定支持。

对于朝鲜半岛核问题，中国坚持实现半岛无核化，坚持维护半岛和平稳定，坚持通过对话协商解决问题。相关各方应继续反对在朝鲜半岛发展或部署核武器，忠实、全面执行安理会有关决议，并本着对地区负责的态度，保持克制，努力缓和紧张局势。为推动有关问题早日回到谈判解决的轨道，中方提出“双轨并行”思路和“双暂停”倡议，建议有关方认真考虑。

主席先生，

中国代表团已提交关于防止核武器扩散问题的工作文件，全面阐述了中方有关立场，希望其内容能反映到筹委会报告中。

谢谢主席先生。

中国代表团在《不扩散核武器条约》第十次审议大会第一次筹备会上关于无核武器区、中东核问题的发言①

（2017年5月10日）

主席先生，

建立无核武器区是实现无核武器世界目标的重要步骤，也是核领域全球治理的重要内容，对推进核裁军和防止核武器扩散目标、促进国际和地区和平与安全具有重要意义。

当前，《不扩散核武器条约》（NPT）面临诸多挑战，核不扩散形势依然严峻。在此背景下，推进建立无核武器区尤为必要。国际社会应切实尊重和大力支持无核武器国家根据本地区实际情况，在自行协商和自愿协议基础上建立无核武器区的有关努力。

NPT第七条及联合国裁军审议委员会1999年通过的建立无核武器区的指导原则，仍对当前建立无核武器区的努力具有不可替代的重要意义。有关各方在建立无核武器区的过程中应严格遵循、切实贯彻。

主席先生，

中国一贯致力于推进核领域全球治理，支持建立无核武器区的国际努力。中国是唯一明确承诺无条件不对无核武器国家或无核武器区使用或威胁使用核武器的核武器国家。

中国已签署并批准了拉美、南太、非洲和中亚等四个无核武器区条约

① http：//www.fmprc.gov.cn/ce/cgvienna/chn/cjyjk/t1460302.htm.

的相关议定书。四十余年来，中国一直恪守承诺，严格履行相关义务。中方祝贺《特拉特洛尔科条约》达成50周年，赞赏条约在推动建立无核武器区、增进世界和平与安全方面的巨大贡献。

中方支持《中亚无核武器区条约》议定书，呼吁有关核武器国家切实承担应有责任，尊重无核武器区法律地位，尽早批准该议定书。

中国尊重蒙古的无核武器地位，并于2012年与其他四核国一道再次发表声明，重申对该地位的支持及对蒙古的安全保证。

中方已与东盟解决《东南亚无核武器区条约》议定书所有遗留问题，当前关键是根据2011年五核国与东盟商定的方案，由东盟首先签署共同声明认可议定书，并尽早与中方签署相关谅解备忘录。在此基础上，如东盟方一致决定与五核国分别签订议定书，中方愿积极考虑率先签署。

中国将一如既往地支持建立无核武器区的努力，为实现无核武器世界目标做出贡献。

主席先生，

核扩散热点问题持续发酵，其根源之一是各国安全关切没有得到同等重视。国际社会应摒弃双重标准，坚持通过政治外交手段解决问题。为降低朝鲜半岛紧张局势，推动朝鲜半岛核问题早日回到谈判解决的轨道，中方提出“双轨并行”思路和“双暂停”倡议，敦促有关方认真考虑。

中东核问题是NPT审议进程中亟须妥善处理的一项重要敏感议题，攸关NPT审议进程未来前景。该问题与中东地区安全息息相关。各方应本着和解与合作的精神，推动中东和平进程，增进中东安全与稳定。

建立中东无核及其他大规模杀伤性武器区，有利于缓和中东地区紧张局势，增进地区及世界和平与稳定。根据NPT第八次审议大会行动计划，中东无核及其他大规模杀伤性武器区问题国际会议本应于2012年举行。中方对会议迄今未能举行、并导致NPT第九次审议大会无果而终表示遗憾。

有关国际会议不能无限期拖延下去。相关各方应采取灵活务实举措，争取打破僵局，推动相关国际会议早日召开。中方愿积极参与相关进程，并提供一切必要协助。

中方同时呼吁，中东地区有关国家应尽快签署和批准国际原子能机构全面保障监督协定。以色列应尽快以无核武器国家身份加入 NPT，并切实履行相关义务。国际社会还应继续鼓励相关国家签署和批准机构保障监督协定附加议定书。

主席先生，

中国代表团提出了关于无核武器区问题和中东核问题的工作文件，全面阐述了中方有关立场，希望其内容能反映到筹委会报告中。

谢谢主席先生。

中国代表团在《不扩散核武器条约》第十次审议大会第一次筹备会上关于和平利用核能问题的发言[①]

（2017年5月10日）

主席先生，

和平利用核能是《不扩散核武器条约》三大支柱之一，是条约赋予各国不可剥夺的权利，和平利用核能有利于全世界的和平、健康和繁荣，也有助于全面实现条约各项目标，助力核裁军和核不扩散进程。

和平利用核能与防止核武器扩散相辅相成。防止核武器扩散的努力不应损害各国、特别是发展中国家和平利用核能的正当权利。同时，在发展和平利用核能的同时，要积极采取措施防止核武器扩散。

主席先生，

促进和平利用核能及相关国际合作，是条约和《国际原子能机构规约》确定的重要目标之一。国际原子能机构在此方面发挥了中心作用，通过技术合作和其他援助形式，为成员国提供了大量的帮助，得到了各成员国的充分肯定，中国对机构相关努力表示赞赏。同时，机构和平利用核能相关活动应有相应的资源保障。所有成员国应足额和及时缴纳技术合作基金。我们呼吁成员国尤其是发达国家考虑发展中国家的实际需要，继续加强对发展中国家和平利用核能项目的援助。

中国为和平利用核能国际合作贡献了自己的力量。中国与机构合作成

① http：//www. fmprc. gov. cn/ce/cgvienna/chn/cjyjk/t1460305. htm.

立核电安全建设国际培训中心，2012 年至今，已经为 36 个国家近 200 名学员提供了核电基础设施建设培训服务。中国积极支持机构核应用实验室改造项目，除捐赠一套价值 250 万美元的新型辐照系统外，还捐款 200 万欧元用于实验室基础设施。2016 年，中国承办了第 20 届太平洋地区核能大会和第 9 届国际青年核能大会等国际会议，为核领域同行提供了合作与交流的平台。

主席先生，

当前，世界格局在发生深刻变化，全球治理体制变革正处于历史转折点，全球面临经济增长放缓、能源需求持续疲软、反恐和安全局势严峻、环境污染、气候变化等多重风险和挑战。中国高度重视可持续发展和气候变化问题，将发展核能作为促进节能减排和污染防治、稳定经济增长、优化能源结构、实现绿色、可持续发展的重要举措。目前，中国大陆在运核电机组 36 台，在建核电机组 20 台，在建核电站数量排世界首位。根据中国调整后的核电中长期发展规划，到 2020 年，中国在运核电机组的装机容量将达到 5800 万千瓦，在建 3000 万千瓦。在加快核电建设的同时，我们也高度注重创新发展。中国自主研发的三代核电技术“华龙一号”的国内首堆和国外首堆已经开工建设，标志着该技术的安全性、经济性等已得到广泛认同。大型先进压水堆 CAP1400 和小型多功能反应堆 ACP100 也完成了国际原子能机构的通用安全审评，具备工程实施条件。

今年 2 月，中国还发布了《“十三五”核工业发展规划》，将据此实施一批重大工程，进一步推动核技术的应用与核工业的全面发展。

中国的核科学技术广泛用于食品辐照、辐射化工、工业检测等领域，积累了许多经验。中国愿利用自身现有资源，为机构支持发展中国家获取低碳清洁能源技术提供帮助，包括在核专业人力资源培训、农业病虫害防治与食品安全、卫生医疗基础设施建设和公众健康、水资源与环境治理等，促进实现2030年可持续发展目标。

主席先生，

中国重视在核不扩散前提下与其他国家开展和平利用核能合作，一直致力于经验共享。中国尤其重视与发展中国家的合作，并一直努力向其他有意和平利用核能的国家包括核电新兴国家提供力所能及的帮助。这些合作都接受机构的保障监督或在机构技术合作项目下开展。伊核问题全面协议已经进入执行阶段。中国对全面协议执行秉持负责任态度，与美国、伊朗等开展了卓有成效的合作，推动阿拉克重水堆改造项目不断取得进展。

主席先生，

核安全与核能安全是和平利用核能事业健康、可持续发展的重要前提，中国始终高度重视相关问题。中国核能发展始终秉持“安全第一，质量第一”的方针，建立了一套严格的核能安全监管体系，保持了良好安全记录。福岛核事故以来，中国充分研究汲取福岛核事故经验教训，开展全面安全检查，逐项排查风险，制定整改方案，完善核领域法规体系和组织管理体系，充实安全监管和核应急人员队伍。中国正在推动《原子能法》《核安全法》和《核安保条例》立法进程。目前，中国大陆所有核电机组均保持着良好安全运行记录。

主席先生，

构建全球核安全体系是国际社会的共同责任。国际社会应坚持理性、协调、并进的核安全观，同时强化政治投入、强化国家责任、强化国际合作以及强化核安全文化，完善法规标准体系，加强能力建设，建立教育培训网络，努力构建公平、合作、共赢的国际核安全体系。

中国核安全示范中心自2016年3月投入运行以来，多次与机构联合举办培训活动。中国愿利用这一平台加强国际合作，构建核安全能力建设网络，为亚太地区和其他发展中国家开展人员培训、核安保技术演练和交流等活动。近期，中国承担的加纳高浓铀微堆低浓化改造工作取得阶段性进展，我们愿在“加纳模式”基础上，协助其他国家改造从中国进口的高浓铀微堆。

主席先生，

中国代表团已提交关于和平利用核能问题的工作文件，全面阐述了中方有关立场，希望其内容能反映到筹委会报告中。

谢谢主席先生。

四、防扩散热点问题

常驻联合国代表刘结一大使
在安理会表决叙利亚化武问题决议草案后的
解释性发言①

（2017 年 5 月 28 日）

主席先生，

在国际社会共同努力下，近期叙利亚境内停火总体维持，新一轮日内瓦和谈正在进行，叙利亚问题政治解决迎来难得有利契机。当前局势下，国际社会应坚持政治解决的大方向，通过团结协作巩固积极势头，鼓励叙利亚各方维持停火、保持对话，尽快找到各方均可接受的出路。安理会就叙利亚问题采取的行动，应着眼于维持停火、政治解决、合作反恐和人道救援等多方面工作，推动叙利亚局势尽快稳定下来。任何真正关心叙利亚和中东人民根本利益的国家，都不应做影响上述目标的事。无论言辞多么漂亮，只要做与叙利亚人民根本利益背道而驰的事情，都不应被安理会所允许。

中国在化学武器问题上的立场是明确、一贯的。我们坚决反对任何国家、任何组织、任何人在任何情况下使用化武，坚决主张惩处任何使用化

① http：//www. fmprc. gov. cn/ce/ceun/chn/hyyfy/t1442258. htm.

武的行为。中国本身就曾是别国使用化武的受害者，中国比任何国家都有权表达对使用化武的谴责。中方对叙利亚境内发生使用化学材料作为武器事件深表关注并予强烈谴责。

在叙利亚化武问题上，安理会在合作销毁化武库存方面曾取得重要成果。当前，对在叙利亚境内使用化学材料作为武器问题的调查仍在进行之中，得出最终结论为时尚早。安理会应保持团结，继续支持禁止化学武器组织—联合国联合调查机制（JIM）根据安理会第 2319 号决议授权，秉持客观、公正立场，以专业方式进行调查。有关调查结论必须基于准确、翔实和确凿证据，真正经得起历史检验。

我们都记得，某些国家曾以所谓“拥有大规模杀伤性武器”为借口发动战争，给中东国家造成巨大灾难，直到今天这些中东国家仍受战争后遗症影响。历史的经验教训必须汲取，否则难免重蹈覆辙。

安理会刚刚表决的决议草案基于各方仍存分歧的调查结论，且在安理会成员严重分歧情况下强行付诸表决，此举无助于解决叙利亚化武问题，无助于推进日内瓦和谈和叙利亚问题的政治解决进程。

中方一直为推动解决叙利亚问题做出不懈努力，支持联合国发挥斡旋主渠道作用，推动叙利亚各方根据“叙人所有、叙人主导”的原则，通过和平谈判寻求各方均可接受的方案。中方将继续为政治解决叙问题发挥建设性作用，推动叙问题早日得到全面、公正和妥善解决。

我还要指出，安理会是集体安全机制的核心。安理会成员都肩负着维护国际和平与安全的神圣职责，也都应该按照《联合国宪章》宗旨和原则、根据事情本身的是非曲直行使这一职责。无端歪曲、攻击其他成员国庄严立场的做法，是极不负责任和荒谬的。这恰恰表明有关国家理屈词穷、别有用心。

有关国家应当深刻反思，中东和叙利亚是怎样走到今天的局面的？不同国家又扮演了什么角色？哪些是光彩的、哪些是不光彩的？只把“人民”挂在口头上，是极其虚伪的。

史忠俊大使在国际原子能机构6月理事会上就伊朗核问题阐述立场①

（2017年6月23日）

近日，史忠俊大使在国际原子能机构6月理事会上就伊朗核问题阐述中方立场。

史大使表示，中方注意到总干事提交的“根据联合国安理会第2231号决议在伊朗实施监督与核查”报告再次确认伊执行了伊核全面协议规定的核领域措施，并核实伊已申报的核材料未被转用。

全面协议对维护国际核不扩散体系和中东和平稳定具有重要意义，符合各方根本利益。中方希望各方坚定政治意愿，忠实履行义务，妥善处理分歧，共同推动协议得到持续、全面、有效执行，并通过执行协议逐渐积累互信。相信相关各方都能展现应有的政治智慧和历史担当，做出正确决断。

史大使指出，落实好核领域措施是全面协议成功的关键。协议执行周期长，内容复杂敏感，出现技术性分歧在所难免。中方满意地注意到，各方迄今保持着沟通对话，浓缩铀和重水库存、离心机研发等问题都得到妥善解决。相信机构会秉持客观、公正和专业立场，履行好自身职责。希望伊方继续本着合作精神，积极配合机构工作，也希望其他各方给予大力支持，确保以技术的方式解决相关问题。

---

① http：//www. fmprc. gov. cn/ce/cgvienna/chn/hplyhnyfks/t1472822. htm.

史大使最后表示，中方坚定支持全面协议，愿继续同机构及其他各方一道，维护和执行好协议。作为阿拉克重水堆改造六国工作组双组长之一，中方积极推进改造进程。4 月 23 日，中伊企业在维也纳签署了阿堆改造首份商业合同，目前合同执行进展顺利。中方将继续与各方紧密合作，根据全面协议和各方共识，推动改造项目不断取得新进展。

史忠俊大使在国际原子能机构
6月理事会上就朝鲜半岛核问题阐述立场[①]

（2017年6月23日）

近日，史忠俊大使在国际原子能机构6月理事会上就朝鲜半岛核问题阐述中方立场。

史大使指出，中方支持机构在对朝实施保障监督方面发挥应有作用。当前朝鲜半岛形势持续紧张，下步走向存在不确定性。朝与美韩针锋相对的态势没有根本改变，但也释放了愿意接触的信号。当前半岛正处于由制裁施压转向接触对话的关键期。中方希望各当事方避免互相刺激和加剧矛盾的言行，共同为缓和局势做出积极努力，同时及时抓住一切有利于恢复对话谈判的机会，展现灵活、释放诚意，尽快把半岛核问题重新纳入对话协商的正确轨道。国际社会应同时加大防扩散与劝和促谈的力度，推动半岛问题的和平解决。

史大使表示，中方始终坚持实现半岛无核化、坚持维护半岛和平稳定、坚持通过对话协商解决问题。作为半岛近邻和负责任的大国，中方坚决反对朝核导活动，支持联合国安理会就朝核导活动做出必要、适度的反应。中方一直通过双边渠道做朝劝阻工作，并严格执行安理会涉朝决议。同时中方也坚决反对半岛生战生乱，为推动以政治外交方式解决问题做出了不懈努力。

---

① http：//www. fmprc. gov. cn/ce/cgvienna/chn/hplyhnyfks/t1472823. htm.

半岛核问题产生的根源是冷战残余和有关方之间严重缺乏互信。要从根本上解决问题，必须坚持标本兼治、综合施策，平衡解决各方合理关切。鉴此，中方提出实现半岛无核化和建立半岛和平机制“双轨并行”思路，以及朝鲜暂停核导活动和美韩暂停大规模联合军演“双暂停”倡议。中方提议旨在缓和半岛紧张局势，为重启对话找到突破口，最终实现半岛和本地区长治久安。希望各方予以积极呼应，同时中方对有助于破解半岛困局的建设性方案均持开放态度。

常驻联合国代表刘结一大使在安理会通过朝鲜射导问题决议后的发言[①]

（2017 年 8 月 5 日）

主席先生，

安理会决议对朝鲜民主主义人民共和国利用弹道导弹技术进行发射活动有明确规定。中方反对朝鲜违背安理会决议和国际社会普遍意愿进行发射活动。

中国始终坚持实现朝鲜半岛无核化目标，坚持维护半岛和平稳定，坚持通过对话协商解决问题，反对半岛生乱生战。中方认为，这些是安理会第 2371 号决议的根本目的。安理会协商一致通过这个决议，表明了国际社会对半岛核问题的一致立场。决议包括三方面主要内容：一是针对朝核导计划采取进一步制裁措施；二是无意对经济活动与合作、粮食和人道主义援助等决议未禁止活动产生不利影响；三是呼吁恢复六方会谈，承诺以和平、外交和政治方式解决问题，强调有关各方降低半岛紧张局势的重要性。这些内容构成了安理会决议的整体。各方都应切实全面、严格履行安理会决议规定的各项义务。

中方一直为推动实现半岛无核化、维护半岛和平稳定做出不懈努力。今年 7 月 4 日，中国与俄罗斯就朝鲜半岛问题发表联合声明。双方以中方提出的并行推进半岛无核化和建立半岛和平机制“双轨并行”思路、朝鲜

① http：//www. fmprc. gov. cn/ce/ceun/chn/hyyfy/t1482752. htm.

暂停核导活动、美韩暂停大规模军演的“双暂停”倡议和俄方提出的分步走设想为基础，制定了解决朝鲜半岛问题的“路线图”。中俄共同倡议现实可行，旨在标本兼治，综合施策解决问题，希望得到有关各方的响应和支持。中方注意到，美方最近再次表示美不寻求朝体制更迭，不寻求朝政权垮台，不急于推进半岛统一，不将军队推过“三八线”。我们希望美方能把这“四不”落到具体对朝政策。

在半岛加强军事部署无助于实现半岛无核化目标和地区和平稳定。部署“萨德”系统不能解决朝核试和射导问题，严重破坏地区战略平衡，损害包括中国在内的本地区国家的战略安全利益。中方强烈敦促有关方面停止部署进程，撤除相关设备。

实现朝鲜半岛无核化和长治久安符合各方利益。中方敦促朝方遵守安理会相关决议，停止采取可能导致半岛形势进一步紧张升级的行动。希望有关方立即采取切实措施，防止紧张局势轮番升级，为恢复对话创造条件，推动半岛核问题早日回到通过对话协商和平解决的正确轨道。

谢谢主席先生。

史忠俊大使在全面禁核试条约组织筹委会上关于朝鲜核试验问题的发言[①]

（2017年9月5日）

9月4日，全面禁核试条约组织筹委会就朝鲜核试验举行会议，史忠俊大使出席会议并发言。史大使重申了中国外交部9月3日就朝鲜再次核试验发布的声明，表示，朝鲜不顾国际社会普遍反对，再次进行核试验，中国政府对此坚决反对并予强烈谴责。实现朝鲜半岛无核化、维护核不扩散体系、维护东北亚地区和平稳定，是中方坚定立场，也是国际社会普遍意愿。我们强烈敦促朝方正视国际社会在半岛无核化问题上的坚定意志，切实遵守安理会相关决议，停止采取恶化局势、同时不符合自身利益的错误行动，切实回到对话解决问题的轨道。中方将同国际社会一道，全面、完整执行安理会有关涉朝决议，坚定不移地推进半岛无核化目标，坚定不移地维护半岛和平稳定。

史大使表示，中方感谢执秘泽博和技秘处所作的通报，感谢技秘处所做的工作。同时，中方也将与各方继续合作，推进全面禁核试条约筹备进程，共同推动条约早日生效。

史大使强调，为了解决朝核问题，中方支持联合国安理会通过了一系列决议，严肃认真地执行了安理会决议，为解决朝核问题做出了重要努力。同时，为了从根本上解决朝核问题，中方提出了“双暂停”倡议和“双轨

---

① http：//www. fmprc. gov. cn/ce/cgvienna/chn/hyyfy/t1490107. htm.

并行”思路，这是客观公正、合情合理、现实可行的方案，旨在标本兼治，综合施策解决问题，以打破对话进程停滞不前的局面。我们呼吁有关国家认真考虑这一倡议，也呼吁国际社会支持这一倡议，为解决半岛问题开辟现实途径。同时，希望有关方面不要采取损害域内国家战略安全利益，无助于实现半岛无核化目标和地区和平稳定的行动。

史大使表示，朝核问题涉及所有相关当事方和整个国际社会，各方都应为此做出建设性努力。实现半岛无核化和长治久安符合各方的利益。希望有关各方与中方一道，发挥应有作用，承担起应有的责任，早日把半岛问题纳入和平对话的正确轨道。

常驻联合国代表刘结一大使在安理会通过朝鲜核试验问题决议后的发言[①]

（2017年9月11日）

主席先生，

今年9月3日，朝鲜民主主义人民共和国不顾国际社会普遍反对，再次进行核试验，中国政府对此表示坚决反对并予强烈谴责。中方一贯坚持实现朝鲜半岛无核化，坚持维护半岛和平稳定，坚持通过对话协商解决问题。今天安理会通过的决议体现了上述“三个坚持”原则，表明了国际社会反对朝鲜发展核和弹道导弹能力、维护国际核不扩散体系的一致立场。中方敦促朝方正视国际社会要求朝方停止核导开发的愿望和意志，切实遵守和执行安理会决议，不再进行核导试验，切实回到无核化轨道。

决议同时重申维护半岛和东北亚和平与稳定，承诺以和平、外交和政治方式解决问题，支持恢复六方会谈和《9·19共同声明》承诺，强调有关各方降低半岛紧张局势的重要性。各方都要切实全面执行安理会决议的有关规定。

朝鲜半岛核问题必须和平解决，必须综合施策，平衡处理各方的合理安全关切。中方一直为推动实现半岛无核化、维护半岛和平稳定做出不懈努力。今年7月4日，中俄就朝鲜半岛问题发表联合声明。双方以中方提出的并行推进半岛无核化和建立半岛和平机制“双轨并行”思路、朝鲜暂

① http：//www.fmprc.gov.cn/ce/ceun/chn/hyyfy/t1492095.htm.

停核导活动、美韩暂停大规模军演的“双暂停”倡议和俄方提出的分步走设想为基础，制定了解决朝鲜半岛问题的“路线图”。中俄共同倡议现实可行，旨在标本兼治，推动实现和平解决朝鲜半岛核问题、维护半岛和平稳定，希望得到有关各方的响应和支持。我们希望美方把不寻求朝体制更迭，不寻求朝政权垮台，不急于推进半岛统一，不将军队推过“三八线”的“四不”主张落到具体对朝政策。

中国是朝鲜半岛近邻，我们始终坚持实现朝鲜半岛无核化，反对半岛生战生乱。在朝鲜半岛加强军事部署与实现半岛无核化目标和地区和平稳定背道而驰。部署“萨德”系统严重破坏地区战略平衡，损害包括中国在内的本地区国家的战略安全利益。中方强烈敦促有关方面停止部署、撤除相关设备。

当前，半岛局势敏感复杂严峻，有关各方都要保持冷静，避免采取任何加剧局势紧张的言论和行动。当务之急是全面、严格执行安理会决议，有关各方尽快恢复对话谈判，共同为推动半岛无核化进程，实现半岛和平稳定做出努力。安理会应为此承担起历史性责任。中方将坚持推动对话协商，与有关各方一道，为推动半岛核问题的妥善解决，早日实现半岛无核化和长治久安继续发挥积极和建设性作用。

谢谢主席先生。

常驻联合国代表团临时代办吴海涛大使在安理会表决美国提交的叙利亚化武问题决议草案后的发言[①]

（2017 年 11 月 16 日）

主席先生，

中方高度关注叙利亚境内发生的使用化武事件，我们对叙利亚人民因此而遭受的苦难深表同情。

中方坚决反对任何国家、任何组织、任何人出于任何目的，在任何情况下使用化学武器。我们一贯主张，禁化武组织—联合国联合调查机制应当对叙利亚境内发生的化武袭击事件进行全面、客观、公正的调查，基于确凿的证据，得出经得起历史与事实检验的调查结果。只有这样，叙利亚化武袭击的肇事者和责任方才能被绳之以法，叙利亚人民才能免遭化武袭击的苦难。

中方注意到调查机制在近期提交的调查中表示，由于事发时间过久和安全原因，决定不赴罕谢昆和乌姆胡什进行实地调查。也注意到一些安理会成员对调查机制的调查方法和结论提出了不同意见。中方支持调查机制继续开展工作，同时也希望调查机制能够通过改进工作方法和程序，解决实地调查等工作面临的问题和困难，采用更加科学、合理的调查和取证方式，进一步提高工作水平，确保调查结论的可靠性和可信度，解决各方面

① http：//www. fmprc. gov. cn/ce/ceun/chn/hyyfy/t1511506. htm.

的关切。

安理会刚刚表决的决议草案决定将调查机制授权延长一年，包含了谴责叙利亚化武袭击事件，要求对有关事件进行调查，呼吁各方协助调查机制进行实地调查，关切非国家行为体、特别是恐怖组织使用化武行为等积极内容。但在改进调查机制工作方法的具体措施方面没有充分考虑一些安理会成员的合理关切。鉴于上述，中方对决议草案投了弃权票。

主席先生，

在各方共同努力下，阿斯塔纳对话会取得积极成果，新一轮日内瓦和谈即将举行，叙利亚问题政治解决进入关键时期。安理会应从政治解决叙利亚问题的大局出发，在叙利亚化武问题上保持团结，为叙利亚政治进程创造良好条件。国际社会应该共同努力，推动叙各方在联合国斡旋下，通过“叙人所有、叙人主导”的政治进程寻求各方均可接受的解决方案。中方也将继续为政治解决叙利亚问题发挥建设性作用，努力推动叙问题早日得到全面、公正和妥善解决。

谢谢主席先生。

常驻联合国代表团临时代办吴海涛大使在安理会朝鲜半岛核问题会议上的发言[①]

（2017 年 12 月 15 日）

主席先生，

中方感谢古特雷斯秘书长所作通报。

中方坚决反对朝鲜违反安理会决议发展核导计划，敦促朝方遵守安理会相关决议。今年以来，朝鲜半岛局势不断呈现紧张。一方面，朝鲜不顾国际社会普遍反对，继续进行核试和射导；另一方面，半岛有关方不断扩大军演规模，强化武力应对。半岛局势紧张升级，甚至出现失控风险，不符合任何一方的利益。

主席先生，

朝鲜半岛核问题已延续二十多年，既有着深刻的历史背景，也面临严峻复杂的现实情况。回顾半岛核问题的历史经纬，各方相向而行，尊重彼此关切，是取得成果的经验；而各方相互示强，无视彼此安全，则是导致形势恶化的教训。

当前，半岛局势仍然深陷示强与对抗的恶性循环，前景不容乐观。但同时也要看到，和平的希望仍未湮灭，谈判的前景依然存在，动武的选择不可接受。中方认为，有关各方应从维护半岛和平稳定的大局出发，冷静判断形势，做出明智选择，采取切实行动。

---

① http：//www.fmprc.gov.cn/ce/ceun/chn/hyyfy/t1519984.htm.

一是立即停止一切不利于半岛无核化与和平稳定的言行，尽快缓和半岛局势。半岛有关方轮番示强，只会加剧矛盾分歧与不信任感，无益于各方安全。有关各方应保持冷静克制，防止半岛局势恶化和失控，为推动半岛局势转圜创造必要的条件。

二是遵循安理会涉朝决议的规定和精神，推动半岛核问题的妥善解决。去年以来，安理会已一致通过一系列涉朝决议。安理会决议代表着国际社会的共同意志，是各方都需要遵守的国际责任。各方应全面、完整执行安理会涉朝决议，既要加强防扩散措施遏阻朝核导计划，又要积极推动以外交和政治方式和平解决问题，同时避免朝鲜民生、人道主义援助活动受到不利影响。在安理会之外采取的单边制裁举措破坏安理会团结，损害别国正当权益，应予摒弃。

三是承担自己应有的责任，切实履行自身应尽的义务。半岛问题发展到今天，不是哪一方单独造成的，也不能总想把解决问题的责任单独压给哪一方。有关各方应相向而行，而不应该相互指责，更不应转嫁责任。美方承诺将不寻求朝体制更迭、不寻求朝政权垮台、不急于推进半岛统一、不将军队推过“三八线”，我们希望美方将“四不”承诺转化为具体行动。

四是坚持和平解决的大方向，尽快恢复对话谈判。半岛核问题的核心是安全问题，根本在于平衡解决包括朝鲜在内各方的安全关切。解决半岛核问题没有军事选项，诉诸武力只会给半岛带来灾难性后果。制裁只是手段，不是目的。历史证明，对话谈判是降低半岛紧张局势、推动半岛无核化的根本途径。有关各方要努力将制裁的压力转化为重启对话谈判的动力，尽快把半岛核问题拉回到通过对话谈判和平解决的正确轨道。

主席先生，

作为半岛近邻，中方始终坚持实现半岛无核化，坚持维护半岛和平稳定，坚持通过对话协商解决问题，反对半岛生乱生战。中方一贯支持并全面、严格执行安理会涉朝决议。为此，中方做出了比各方都要多的努力，承受了比各方都要大的代价，对中方努力的质疑是不负责任的。针对当前的半岛局势，中方提出了朝鲜暂停核导活动、美韩暂停大规模联合军演的“双暂停”倡议与并行推进半岛无核化和建立半岛和平机制的“双轨并行”思路。俄罗斯也提出了解决半岛问题分步走设想。在此基础上，今年 7 月 4 日，中俄发表联合声明，提出解决半岛问题的“路线图”。中俄共同倡议现实可行，旨在推动和平解决半岛核问题、维护半岛和平稳定，希望得到有关各方的响应和支持。

主席先生，

由于历史的原因，当前朝鲜半岛仍然处在冷战阴影之中，这是半岛核问题延宕难决的根源所在。有关各方应摒弃一切形式的冷战思维，树立共同、综合、合作、可持续的安全观，寻求通过政治外交手段和平解决半岛核问题，早日实现半岛无核化与东北亚地区的长治久安，造福各国人民。中方愿与国际社会有关各方一道，继续为实现这一目标发挥积极和建设性作用。

谢谢主席先生。

常驻联合国代表团临时代办吴海涛大使在安理会伊朗核问题公开会上的发言[①]

（2017年12月19日）

主席先生，

中方感谢费尔特曼副秘书长、卡尔迪大使和安德森女士所作通报，对有关各方所做工作表示赞赏。

伊朗核问题全面协议执行近两年来，执行情况总体平稳，积极效应正逐步显现和扩大。国际原子能机构已9次确认伊朗按照全面协议要求履行了核领域相关承诺。在各方共同努力下，安理会与“采购渠道”协调运转正常。

全面协议是通过政治外交手段处理国际地区热点问题的成功范例，对于巩固国际核不扩散体系、维护中东地区和平稳定发挥了重要作用。在今年12月13日举行的全面协议联合委员会第十次会议上，各方承诺将继续恪守协议，确保协议在善意和建设性气氛中得到全面、有效执行。全面协议来之不易，在执行过程中不可避免会遇到一些困难和挑战。各方应坚定政治意愿，加强互信，提升对全面协议执行前景的信心。中方赞赏包括伊朗在内有关各方为执行全面协议所做努力，呼吁各方继续以全面协议为准绳，履行各自承诺，推动全面协议行稳致远。

主席先生，

秘书长报告是决议和全面协议执行过程中的一个重要方面，各方应将

① http：//www. fmprc. gov. cn/ce/ceun/chn/hyyfy/t1521114. htm.

其放在决议和全面协议执行的大局中统筹考虑。当前形势下，秘书长报告应客观、平衡反映包括伊朗在内有关各方全面执行决议所做努力。中方注意到，秘书长在报告中强调达成全面协议的重要意义，客观援引国际原子能机构报告有关结论，鼓励所有会员国及国际和地区组织遵守和支持这一历史性协议，发出了继续推动决议和全面协议执行的信号，中方对此予以积极评价。在伊朗空间发射、射导问题上，各方应准确解读安理会相关决议，慎重处理，避免影响执行全面协议大局。中方希望伊朗对报告内容的一些合理关切能够得到反映。

中方对卡尔迪大使及其团队在担任第2231号决议执行机制协调员期间所做努力表示赞赏。中方注意到联合委员会就采购工作组工作情况向安理会提交的报告，将继续积极参与联合委员会和采购工作组工作。中方希望各工作机制根据授权，形成合力，共同推进决议和全面协议执行。

主席先生，

中方始终主张通过政治外交手段解决伊朗核问题，致力于巩固国际核不扩散体系，维护国际和地区和平与稳定。中方坚定支持和维护全面协议这一历史性成果，将继续积极参与决议和全面协议执行进程，推动全面协议红利持续释放、惠及各方，为伊朗核问题的全面、长期和妥善解决做出贡献。

谢谢主席先生。

常驻联合国代表团临时代办吴海涛大使在安理会通过朝鲜射导问题决议后的发言[①]

（2017 年 12 月 22 日）

主席先生，

今天安理会通过的决议，表明了国际社会反对朝鲜发展核和弹道导弹能力、维护国际核不扩散体系的一致立场。中方敦促朝方正视国际社会的要求，遵守和执行安理会决议，不再进行核导试验。同时，决议强调要通过和平、政治和外交方式解决半岛核问题，规定有关措施无意对经济活动与合作、粮食援助与人道主义援助活动产生不利影响。中方希望各方全面、完整执行安理会决议。

当前，朝鲜半岛局势不断呈现紧张。一方面，朝鲜不顾国际社会普遍反对，继续进行核试和射导。另一方面，半岛有关方不断扩大军演规模，强化武力应对。半岛局势紧张升级，甚至出现失控风险，不符合任何一方的利益。朝鲜半岛核问题已延续二十多年。回顾半岛核问题的历史不难看出，半岛无核化取得的进展和有关各方关系的改善都是通过对话谈判取得的，而半岛无核化遇到的挫折和各方关系的恶化则是由相互示强和对抗造成的。经验应该总结，教训必须汲取。

主席先生，

朝鲜半岛核问题必须和平解决，必须综合施策。半岛核问题的核心是

① http：//www.fmprc.gov.cn/ce/ceun/chn/hyyfy/t1521744.htm.

安全问题，根本在于平衡解决包括朝鲜在内各方的安全关切。解决半岛核问题没有军事选项，诉诸武力只会给半岛带来灾难性后果。制裁只是手段，不能指望单靠制裁施压解决问题。历史证明，对话谈判是降低半岛紧张局势、推动半岛无核化的根本途径。

为此，各方应立即停止一切不利于半岛无核化与和平稳定的言行，尽快缓和半岛形势。应遵循安理会涉朝决议的规定和精神，推动半岛核问题的妥善解决。应承担自己应有的责任，切实履行自己应尽的义务。应坚持和平解决的大方向，尽快恢复对话谈判。在安理会之外采取的单边制裁举措破坏安理会团结，损害别国正当权益，应予摒弃。

主席先生，

中方始终坚持实现半岛无核化，坚持维护半岛和平稳定，坚持通过对话协商解决问题，反对半岛生乱生战。中方为推动通过对话谈判解决半岛核问题付出了巨大努力，为执行安理会决议承受了比各方都要大的代价。

针对当前半岛局势，中方提出了朝鲜暂停核导活动、美韩暂停大规模联合军演的“双暂停”倡议与并行推进半岛无核化和建立半岛和平机制的“双轨并行”思路。俄罗斯也提出了解决半岛问题分步走设想。中俄在此基础上发表联合声明，提出解决半岛问题的“路线图”。中俄共同倡议旨在推动和平解决半岛核问题、维护半岛和平稳定，希望得到有关各方的响应和支持。

主席先生，

任由半岛形势陷入恶性循环，路只能越走越窄。只有各方相向而行、对话协商，才是和平解决半岛核问题的根本之道。有关各方都应负起历史责任，尽快重启对话谈判，早日妥善解决半岛核问题。中方愿与国际社会共同努力，推动半岛形势重回和平解决的正确轨道，为实现半岛无核化和长治久安发挥积极和建设性作用。

谢谢主席先生。

五、裁谈会工作

傅聪大使有关裁谈会发展方向问题的发言①

（2017 年 2 月 22 日）

主席先生，

作为唯一的多边裁军谈判机制，裁谈会的重要性不言而喻。在国际安全形势日益复杂严峻的背景下，裁谈会的重要性不是在下降，而是在上升。但令人遗憾的是，裁谈会已经连续 21 年未开展实质性工作。如何打破这一僵局，重新激发裁谈会活力，是国际社会的共同期盼和责任。当前形势下，成立裁谈会发展方向工作组，对裁谈会工作进行全面深入评估和展望，对存在的问题进行梳理把脉，探索打破僵局的突破口，是十分及时和必要的。

在这方面，中方有一些初步的想法，愿与大家分享。

一是求同存异，努力寻求共识。随着国际形势的演变，国际社会对相关问题的思考也在不断深化，主要核大国的军事战略也不可避免地孕育着新的变化。所有这些都将对裁谈会的工作产生直接或间接的影响。比如，在消极安全保障问题上，共识正在不断增加，就此进行深入讨论，甚至开展谈判的可能性正不断上升。在外空问题上，中俄提出的 PPWT［防止在

① http：//www. fmprc. gov. cn/ce/cegv/chn/hyyfy/t1440642. htm.

外空放置武器、对外空物体使用或威胁使用武力条约（草案）］受到国际社会普遍支持，国际社会围绕欧盟 ICOC（国际外空行为准则）倡议也进行了初步讨论，主要大国在外空 TCBM（外空透明与建立信任措施）问题上共识也在扩大。我们认为，各方在外空问题上的立场方法虽有差异，但都有就此开展工作的积极意愿。只要各方共同努力，取得进展并不是遥不可及。

二是与时俱进，不断更新裁军议程。1978 年第一届裁军特别联大确定的议程，是裁谈会开展工作的基础和指南。客观地说，40 年前我们的前辈们确定的议题不仅全面平衡，也具有高度的前瞻性，因此裁谈会的传统议程至今仍未过时。但是，过去四十年国际形势的巨大变化和科技的飞速发展，是谁也无法预测的。因此，第一届裁军特别联大虽然指明了裁谈会工作的大方向，但不可能完全准确预测到今天所面临的新问题、新挑战。因此，我们应该本着继承和创新的精神看待裁谈会的议程。所谓继承，是指要全面继承第一届裁军特别联大的精神，而不是机械地解读四十年前达成的文字，墨守成规，裹足不前。所谓创新，不是要抛弃传统议题，而是充分发掘传统议题的潜力，不断赋予其符合时代特点的新内涵。比如，裁军与防扩散两者相辅相成，以往裁谈会达成的条约多数既是裁军也是防扩散条约。当前，国际防扩散领域存在很多问题，包括防扩散机制散乱、缺乏普遍性和包容性、双重标准泛滥、恐怖威胁突出等问题，对推进裁军进程产生严重制约。我们完全可以在综合裁军方案框架下，就建立适应新形势需要的国际防扩散治理机制开展工作。又比如，网络武器、致命性自主武器系统、新型生化技术等，正对全球战略平衡与稳定产生重大冲击。相对于传统议题，这些新问题可能更加重要和紧迫，也更容易取得进展。如果我们能及时在新型大规模杀伤性武器问题框架下就这些新问题开展工作，开展预防性军控，不仅可以防患于未然，也有助于为解决老问题创造有利条件。

三是应敞开胸怀，不断扩大裁谈会普遍性。众所周知，裁谈会成立于冷战时期，最初的成员构成是东西方两大阵营妥协的产物。20 世纪，裁谈会虽进行了数次扩员，但仍具有明显的冷战痕迹。进入 21 世纪以来，国际格局发生重大调整，国际关系民主化深入推进，全球安全治理方兴未艾，参与裁谈会工作成为多数国家的普遍期待。很显然，裁谈会当前的成员构成确实与国际政治和安全现实严重脱节。我们认为，允许所有联合国成员以正式成员身份参与裁谈会工作，不失为一个好的出路。这样做，有多方面的好处：一是有利于淡化地缘分歧，结束在扩员问题上久拖不决的现状；二是扩大民主，最大限度反映国际社会共识，使抛开裁谈会另起炉灶的做法变得没有必要；三是为裁谈会注入新的动力，可能不仅不会降低决策效率，反而有助于打破僵局、激发裁谈会活力。

以上是中方的一些初步想法，希望以此抛砖引玉，为工作组工作注入一些正能量。下阶段，中方将继续积极参与相关讨论，在认真听取各方看法和建议的同时，进一步阐述中方的立场主张。我们愿与各方共同努力，推动工作组工作取得实质性成果。

谢谢主席先生。

傅聪大使在裁谈会全会关于新型大规模杀伤性武器的发言[①]

（2017 年 2 月 22 日）

主席先生，

今天，我想结合新型大规模杀伤性武器这一主题，谈谈科技发展对国际安全构成的挑战。

冷战结束以来，特别是进入 21 世纪以来，科学技术以史无前例的速度迅猛发展。空间技术取得长足进展并得到广泛应用，越来越多的国家和实体具备进入空间的能力。以互联网为核心的信息技术已渗透到人类生活的方方面面。人工智能技术日趋成熟，机器人在工业生产和人类日常生活中得到广泛普及。基因和生化科技的发展，给医疗、农业等领域带来了无限希望。纳米等新材料技术层出不穷，使原先不可能的事情成为可能。这些技术进步极大地促进了全球经济社会发展，丰富和改善了人类生活质量，深刻改变了人类的生存状态。当前，科技发展正催生第四次工业革命，人类追求幸福生活的前景从未如此美好。

但是，科技发展也是一把双刃剑。科技进步在改善人类生活的同时，也衍生出很多风险和挑战。为了争夺军事优势，一些国家正大力发展外空武器，外空武器化和外空军备竞赛的风险与日俱增。部分国家把网络空间作为新的战场，不遗余力地研发网络作战手段，甚至将网络武器投入实战。

① http：//www. fmprc. gov. cn/ce/cegv/chn/hyyfy/t1440646. htm.

少数国家已将研发、使用杀人机器人在内的自主武器系统纳入其军事战略。在全球一再面临大规模传染疫情考验的同时，生化和基因技术被滥用的风险也日趋突出。在全球化、信息化背景下，人类已经成为休戚与共的命运共同体。科技发展使这个共同体既十分强大，也十分脆弱。正如霍金教授一再指出的那样，人工智能、基因改造病毒等技术将给人类造成巨大威胁，甚至导致人类的灭亡。

主席先生，

无论是外空武器、网络武器，还是自主武器和基因武器，都超越了传统常规武器的范畴，有些具有明显的大规模毁灭性武器特征。此类技术的军事运用乃至武器化，势必将对国际和平与安全与军控裁军进程产生深刻影响。

第一，会改变国际力量对比，打破国际战略平衡与稳定。一些国家利用自身技术优势，大力发展新型战略力量，出现了常规武器战略化趋势，使原本脆弱的国际战略平衡与稳定难以维系。这种趋势如不及时遏制，不仅可能引发新的军备竞赛，也将大大增加推进核裁军进程的难度，使全面普遍裁军的目标更加遥不可及。

第二，会降低战争门槛，改变战争形态。一方面，新型武器具备可精确远程打击、经济成本低、隐匿性强、人员伤亡风险小等特点，一些人甚至错误地认为此类武器更加人道。这些因素有可能使某些决策者在决定使用武力时更加草率。另一方面，各国的关键基础设施都高度依赖网络，网络等新型武器的使用可能引发大范围的灾难，甚至意外引发核冲突。新型武器研发也会使国家间防卫能力的差距日益扩大，客观上也会增加大规模杀伤性武器扩散的风险。

第三，会加剧恐怖攻击风险，加大反恐斗争的难度。在全球化和信息化背景下，获取使用两用技术的门槛越来越低。当前，恐怖极端势力在全球呈蔓延趋势，其技术水平也在不断提升。恐怖组织利用网络传播极端思想、融资、招募人员和进行黑客攻击已经成为现实，给国际社会带来严峻挑战。如果恐怖势力获得先进的人工智能和生化技术，其后果将更加不堪设想。

第四，会危及人类的生存发展。外空、网络空间是人类共同财富，任由外空和网络空间武器化趋势发展，将给人类未来发展造成不可估量的损失。许多科学家认为，人工智能技术发展到一定程度，可能会出现机器控制人类的危险局面。高危敏感生物技术一旦被滥用，不仅可能给物种和生态环境造成毁灭性影响，甚至可能危及全人类的生存。

第五，带来一系列法律和道德伦理问题。网络攻击存在溯源和追责困难的问题，个人的黑客行为与国家行为难以区分，极易引发国家间的冲突。全自主武器系统会带来是否应赋予机器生杀大权的问题。在生物科技领域，跨物种的基因不仅有安全风险，也对传统伦理道德构成挑战。

主席先生，

科技发展带来的上述风险值得我们高度重视。就国际安全与军控而言，我们认为，管控科技发展带来的风险和挑战，应从以下几方面入手：

首先，应开展预防性军控外交。国际社会应该尽早建立权威的科学发展审议机制，对新技术的军事应用前景和风险进行评估。在此基础上，通过谈判制定国际准则，对新技术的军事应用进行必要的预防性限制或禁止。

其次，应加强对科研活动的规范。我们应及时制定科学家行为准则，综合考虑科技发展、人类安全和伦理道德等多方面因素，对有高度风险的科研活动和科学家的行为进行必要合理规范。

最后，建立有效的防扩散机制。各国应不断完善立法和机制建设，加强对敏感技术和物项的管控。国际社会应加强合作，建立各国普遍参与、非歧视的出口控制机制，切实防止极端恐怖势力获取和使用高危的两用技术和物项。

主席先生，

应对科技发展给国际安全带来的挑战，防止出现新的军备竞赛，是国际军控裁军进程的应有之义。作为裁军领域唯一的多边谈判机制，裁谈会在这方面负有不可推卸的责任。令人遗憾的是，近二十年来裁谈会一直深陷僵局，对科技发展带来的新挑战更是视而不见，无所作为。

俗话说，亡羊补牢，不如防患于未然。事实上，相对于久拖不决的旧问题，预防新问题不仅更为紧迫，也更为容易。与其抱着几十年前的旧议题不放，不如与时俱进，引入新的议题。这样做不仅有利于及时妥善应对新挑战，也将为裁谈会走出多年僵局打开新的机会之窗。

中国坚定不移地走和平发展道路，坚定致力于国际军控裁军事业。中国愿与各国一道，为重振裁谈会工作，防范高科技领域的军备竞赛，使科技发展最大限度地造福人类社会做出应有的贡献。

谢谢主席先生。

傅聪大使在裁谈会全会
关于中国《网络空间国际合作战略》的发言①

（2017年3月9日）

主席先生，

我今天要求发言，目的是介绍中国外交部和国家互联网信息办公室于今年3月1日发布的《网络空间国际合作战略》。这是中国在网络领域发布的第一部国际战略，也是当前和今后中国参与网络空间国际治理和相关国际合作的指导性政策文件。中国代表团已要求秘书处将该文件作为裁谈会正式文件散发。我愿在此向各方简要介绍中国政府出台上述《战略》的考虑及《战略》的主要内容：

当前，信息革命深入发展，互联网与实体空间加速融合，给人类带来巨大发展机遇。同时也带来不少新课题，迫切需要国际社会群策群力，共同应对。中国秉持合作共赢理念，与世界各国积极开展网络空间国际合作，致力于与国际社会携手共建网络空间命运共同体。

中国出台《网络空间国际合作战略》，旨在进一步丰富和充实网络空间命运共同体理念，全面阐释中国网络政策主张，明确中国参与相关国际合作的目标和宗旨，表明中方支持网络空间国际交流合作的积极意愿，为破解全球网络空间治理难题提出“中国方案”。

《战略》全面分析了网络空间的机遇和挑战，明确“和平、主权、共

① http：//www.fmprc.gov.cn/ce/cegv/chn/hyyfy/t1444601.htm.

治、普惠”作为网络空间国际合作的基本原则，确立了维护主权与安全、构建国际规则体系、促进互联网公平治理、保护公民合法权益、促进数字经济合作、打造网上文化交流平台六大战略目标，并据此制订了推进网络空间国际合作的九项具体行动计划。概括起来，《战略》有五大要点：

一是“和平发展”。世界的和平与发展离不开网络空间的安全与稳定。《战略》倡导国际社会切实遵守《联合国宪章》宗旨原则，特别是不使用或威胁使用武力、和平解决争端的原则，确保网络空间的和平与安全，防止网络空间成为新的战场。中国愿与各方在相互尊重的基础上，通过合作促进和平，共同维护网络空间的安全与稳定。

二是“合作共赢”。网络空间你中有我，我中有你，对话合作是唯一选项。《战略》以合作共赢为核心，主张各方应以合作谋发展，以合作求安全，在合作中实现网络空间全球治理。中国积极参与网络空间国际进程，不断加强双边、地区及国际对话与合作。希望各国同中国一道秉持合作共赢理念，努力实现网络空间的持久和平与共同繁荣。

三是“主权平等”。《联合国宪章》确立的主权平等原则是当代国际关系的基本准则，理应适用于网络空间。中国主张，各国有权自主选择网络发展道路、网络管理模式、互联网公共政策和平等参与国际网络空间治理。各国应在相互尊重国家主权基础上开展国际合作，共同构建公正合理的网络空间国际秩序。

四是“普惠共享”。《战略》提出，应进一步推动互联网领域开放合作，促进网络空间优势互补，共同发展，确保人人从网络发展机遇中获益。特别应加大对发展中国家援助，弥合“数字鸿沟”。中国愿继续加强同各国的网络安全和信息技术交流合作，共同推动全球数字经济发展和创新，实现网络空间的可持续发展。

五是“共建共治”。《战略》提出，应坚持多边参与、多方参与，建立多边、民主、透明的全球互联网治理体系，实现互联网资源共享、责任共担、合作共治。我们愿与各国共同努力，早日实现这一目标。

中国始终高度重视互联网发展，大力推动并积极参与网络空间国际合作。希望各方与中方携手努力，深化对话合作，共同构建和平、安全、开放、合作、有序的网络空间，建立多边、民主、透明的全球互联网治理体系。

谢谢主席先生。

傅聪大使在裁谈会“发展方向”工作组关于外空总体形势的发言①

（2017年6月22日）

主席之友先生，

中国代表团赞赏你协助缅甸林大使主持“防止外空军备竞赛”问题的实质性讨论。我们也感谢联合国裁军研究所（UNIDIR）学者佩莱格里诺（Pellegrino）先生所做的全面介绍。

在“发展方向”工作组框架下，深入探讨“防止外空军备竞赛”这一攸关外空长治久安的重要问题，有助于各方增进理解，弥合分歧，共同维护外空安全、稳定和可持续发展。我想借此机会，阐述中方的立场。

过去60多年，外空的探索利用给人类社会发展带来了巨大的推动力。目前有60多个国家开展空间活动，1000多颗在轨卫星。空间技术红利已惠及各国经济、社会、民生、安全等各领域。人类生活离不开外空，对外空依赖与日俱增。随着空间应用深入发展，外空安全与发展面临的挑战同步上升，外空安全已成为与人类生存发展息息相关的战略问题。

中方从不否认轨道拥挤、频道干扰、空间碎片增多等导致的空间环境恶化问题，给人类持续利用外空带来巨大挑战。这是外空发展必然遇到的问题，各国有合作解决的良好意愿，正通过联合国及其他多双边机构框架携手应对，并取得积极进展。

① http://www.fmprc.gov.cn/ce/cegv/chn/hyyfy/t1472396.htm.

另外，中方认为，外空武器化及由此引发的外空冲突和外空军备竞赛，才是外空长治久安的最根本挑战。

近年来，随着外空战略地位凸显，个别国家为追求绝对安全和战略优势，不断加大外空武器研发力度，以控制外空为目标的空间战略日益演进成熟，一些天基武器平台已达到部署和实战的水平。虽然目前尚未有国家公开宣布部署外空武器，但我们担忧地看到，人类正一步步滑向外空武器化和外空军备竞赛的深渊。

武器系统一旦进入外空，其危险将远甚于空间碎片。外空武器化趋势如不被遏制，不仅将给外空环境带来毁灭性打击，也将极度恶化全球安全环境：

一是提高空间活动成本。由于空间活动特点，外空资产易攻难受。不难想象，在一个武器化的“不友好”外空环境里，各国为抵御“非对称性”攻击，将不得不投入大量资源对其空间资产进行防护。

二是引发战略误判和冲突升级。外空技术自动化深入发展，预授权的自动防护和反击措施，可能导致对意外情况的误判和冲突升级；信息技术在空间广泛应用，空间资产遭到网络攻击的可能性上升，网络攻击难于溯源，亦可能引发误判和冲突升级。

三是极度恶化空间环境。冲突发展到一定程度，难免由“冷战”上升为“热战”。此种情况一旦发生，将产生大量空间碎片，甚至引发碎片“雪崩效应”，一切减缓空间碎片的努力将化为乌有。

四是引发外空军备竞赛。空间能力领先大国的战略取向，决定外空安全整体态势。发展和部署外空武器会减损战略互信，刺激他国或奋起直追，或发展“反措施”加以自保。由于参与空间活动国家数量众多，多层次、全方位的外空军备竞赛将使外空处于剑拔弩张的紧张态势中。

五是破坏全球战略平衡与稳定。外空军事能力与核、导等战略力量密切相关。外空武器化不仅会导致全球战略格局进一步失衡，大幅增加网络与核冲突风险，也会使推进核裁军进程变得更加困难。因此，国际社会必须全方位看待外空问题，而不是将其作为一个孤立的问题。

主席之友先生，

针对外空武器化趋势和外空军备竞赛苗头，并顺应国际社会强化外空安全机制的呼声，中俄于 2008 年向裁谈会提交 PPWT 条约草案。关于 PPWT 条约草案，中方将在本周五的相关讨论中详细阐述立场。

谢谢主席之友先生。

中国代表团在裁谈会“发展方向”工作组关于核裁军问题的发言①

（2017年8月8日，日内瓦）

主席先生，

在“发展方向”工作组框架下深入探讨核裁军议题，有助于核武器国家与无核国家加强对话、弥合分歧，共同推动国际核裁军进程取得实质性进展。

摆脱核战争威胁，最终全面禁止和彻底销毁核武器，实现无核世界，符合全人类的共同利益与福祉。但安全问题必须联系国际政治现实，核裁军不可能在真空中进行。为切实推进核裁军，国际社会应以共商共筑人类命运共同体的历史责任感，奉行共同、综合、合作、可持续的安全观，努力营造和平稳定的国际安全环境，为核裁军取得进展创造有利条件。为此，中方主张：

（一）拥有最大核武库的国家对核裁军负有特殊、优先责任，应继续以可核查、不可逆及具有法律约束力的方式，进一步大幅度实质性削减其核武库。条件成熟时，其他核武器国家也应加入多边核裁军谈判进程。

（二）降低核武器在国家安全战略中的作用，放弃以首先使用核武器为基础的核威慑政策，承诺在任何时候和任何情况下不首先使用核武器。

（三）明确承诺无条件不对无核国家和无核武器区使用或威胁使用核武

① http://www.fmprc.gov.cn/ce/cegv/chn/hyyfy/t1486460.htm.

器，尽早就消极安保和不首先使用核武器问题谈判缔结国际法律文书。

（四）废除核保护伞及核共享的政策与做法，在国外部署核武器的国家，应将其核武器全部撤回本国。

（五）所有核武器国家都应致力于认真履行《不扩散核武器条约》第六条，公开承诺不寻求永远拥有核武器。

（六）尚未签批《全面禁止核试验条约》的国家应尽快签批，推动条约早日按规定生效。裁谈会是谈判“禁产条约”的唯一适当场所；在全面平衡的工作计划和“香农授权”的基础上启动谈判是唯一可行出路。

（七）有关国家应立即放弃发展或部署破坏全球战略稳定的导弹防御系统，不开展相关国际合作；防止外空武器化和外空军备竞赛；遏制网络和人工智能等领域武器化趋势，为核裁军创造必要的国际安全环境。

主席先生，

多年来，中国积极支持国际核裁军努力，认真履行核裁军义务，以实际行动为推进核裁军进程做出了重要贡献。

——中国始终坚持走和平发展道路，始终坚持自卫防御的核战略，一贯奉行公开、透明、负责任的核政策。

——中国始终恪守在任何时候、任何情况下都不首先使用核武器的承诺，无条件不对无核武器国家和无核武器区使用或威胁使用核武器，并积极推动有关国家就此谈判缔结多边条约。

——中国从未在国外部署核武器，从未参加核军备竞赛，始终将核力量维持在国家安全需要的最低水平。

——中国支持有关国家和地区建立无核武器区的努力，已签批所有开放供签署的无核武器区条约有关议定书。

主席先生，

从拥有核武器的第一天起，中国就主张并积极倡导全面禁止和彻底销毁核武器。但同时也认为，实现核裁军目标无法一蹴而就，必须遵循“维护全球战略稳定”和“各国安全不受减损”原则，循序渐进加以推进；相关进程必须坚持协商一致规则、在现有国际裁军和防扩散机制下处理。

出于对全球战略平衡与稳定的负责任态度，中方没有参加《禁止核武器条约》谈判进程。尽管如此，中方理解无核国家的愿望和期待，中方坚定支持最终全面禁止和彻底销毁核武器的立场没有改变。

谢谢主席。

六、其他军控与裁军问题

常驻联合国代表刘结一大使在安理会审议防扩散委员会工作时的发言[①]

（2017 年 3 月 16 日）

主席先生，

中方感谢安理会 1540 委员会主席萨夏（Sacha Llorentty）大使的通报。中方高度重视安理会第 1540 号决议执行工作。近期，1540 委员会根据其工作计划有序开展工作，中方对主席先生和他的团队所做努力表示赞赏。

防止大规模杀伤性武器及其运载工具的扩散事关国际和平、安全与稳定，是国际社会面临的共同挑战和重要任务，也是全球治理的重要组成部分。

今年初，中国国家主席习近平访问在瑞士的国际组织期间，在联合国日内瓦总部发表题为《共同构建人类命运共同体》的演讲。习近平主席从历史的角度，阐释了主权平等、和平和解、法制正义、开放包容、人道主义等国际关系基本原则，提出构建人类命运共同体的根本遵循。从现实角度，针对当前全球重大挑战，倡导建立持久和平的世界、普遍安全的世界、

① http：//www. fmprc. gov. cn/ce/ceun/chn/hyyfy/t1446399. htm.

共同繁荣的世界、开放包容的世界和清洁美丽的世界，指明实现命运共同体的目标路径。上述主张为国际体系和全球治理的变革与完善提供了动力，也是中国参与国际事务、特别是防扩散领域全球治理的根本出发点。

主席先生，

近年来，在国际社会的共同努力下，国际防扩散进程不断走深走实，但防扩散形势依然严峻。一些防扩散热点问题延宕难决。技术进步降低了扩散门槛。非国家行为体，特别是恐怖分子获取大规模杀伤性武器及相关材料、技术的风险上升。国际社会应共同努力，加强防扩散领域的全球治理。

第一，树立新安全观，营造有利的安全环境。防扩散问题十分复杂，历史恩怨、地区冲突、安全关切、恐怖主义等加深了解决防扩散问题的复杂性和艰巨性。根本出路在于摒弃冷战思维，构建公道正义、共建共享的安全格局，树立共同、综合、合作、可持续安全的新观念，从而营造普遍安全的国际和地区环境，提升各国安全感，消除恐怖主义和极端主义滋生的土壤和扩散动因，为防扩散创造有利环境。

第二，坚持法治原则，巩固和发展国际防扩散体系。国际社会经过多年不懈努力，建立了以《联合国宪章》为准则，以《不扩散核武器条约》《禁止化学武器公约》《禁止生物武器公约》为法律基础，以相关防扩散机制为补充的国际防扩散体系。应切实维护国际防扩散体系的权威性、有效性，建立、健全有关国际规范，切实避免非国家行为体，特别是恐怖分子获取大规模杀伤性武器及相关材料、技术。

第三，坚持多边主义，通过政治外交手段处理防扩散地区热点问题。采取加剧紧张的方式，只会导致冲突升级和外溢，进而加剧扩散风险。各方应始终坚持实现朝鲜半岛无核化、坚持维护半岛和平稳定、坚持通过对话协商解决问题，当务之急是有关方“减速刹车”，切实缓解半岛紧张局势。伊朗核问题全面协议来之不易，有关各方应增强政治互信，不折不扣履行承诺，推动全面协议行稳致远。

第四，多措并举，切实加强安理会第 1540 号决议的全面有效执行。去年，1540 委员会全面回顾近 5 年来各国执行决议情况与委员会各项工作，提出全面审议报告，安理会并一致通过第 2325 号决议。委员会应严守决议和工作计划授权，坚持成员国在防扩散工作中的主导地位，避免建立新的机制。应着重满足发展中国家的援助需求，加强各国执行决议能力建设。

中方将继续与国际社会一道，为完善国际防扩散体系、加强防扩散全球治理、维护世界和平与安全做出贡献。

谢谢主席先生。

史忠俊大使在国际原子能机构三月理事会“加强国际原子能机构有关核安全、辐射安全、运输安全和废物安全的活动”议题下发言①

（2017 年 3 月 21 日）

中国代表团认真研究了《2017 年核安全评论》，支持尊敬的伊朗大使代表 77 国集团和中国就本议题所作的发言，并做如下补充。

《2017 年核安全评论》从 2016 年全球趋势、机构活动情况，以及 2017 年及以后机构加强安全工作的优先事项三个方面展开阐述，全面涵盖了六个重点领域的内容。中方赞赏秘书处在提升全球核安全水平，以及深入推进“核安全行动计划”经验、贯彻《维也纳核安全宣言》精神以及福岛核事故报告所载经验教训方面所做的努力，对报告内容基本满意。

中方注意到，与以往相比，本年度核安全评论采用了新的结构，加入了优先事项等内容，使其重点更加突出，对未来的工作更具实际指导作用。作为本领域一部重要的技术性参考文献，核安全评论肩负揭示全球核安全领域的发展趋势、开展活动以及面临挑战的重任，一向受到成员国的关注与重视。中方针对未来报告的编写提出两点希望：一是未来报告内容能够着眼全球核安全趋势，将机构之外，包括成员国在内的其他重要活动和优先事项均纳入进来，使其更加全面、均衡；二是在对优先事项保持动态更新的同时，就这些优先事项的更新和实际落实情况与成员国加强沟通。

① http：//www. fmprc. gov. cn/ce/cgvienna/chn/hyyfy/t1447175. htm.

中国政府一贯高度重视核安全，认真履行对国际社会承诺的各项义务。即将于 3 月 27 日召开的《核安全公约》缔约方第七次审议会议是《维也纳核安全宣言》发布后召开的首次公约履约审议会议，中方将派高级别代表团参会。中方呼吁各方积极关注本次审议会议。

在发表上述评论后，中国代表团注意到载于 GOV/2017/3 号文件的《2017 年核安全评论》。

谢谢主席先生。

史忠俊大使在国际原子能机构三月理事会“加强国际原子能机构有关核科学、技术和应用的活动”议题下发言[①]

（2017 年 3 月 21 日）

中国代表团认真研究了《2017 年核技术评论》及有关文件，支持尊敬的伊朗大使代表 77 国集团和中国就本议题所作的发言，并作如下补充发言。

《2017 年核技术评论》全面介绍了一年来机构促进全球核能发展和核技术应用最新成果，更新了全球核电机组相关数据及对核电增长的预测情况。中国代表团特别注意到报告客观反映了全球动力堆乏燃料储存和处置、动力堆退役面临的压力，介绍了核技术在粮食、土壤和牲畜管理、癌症诊断和治疗等非动力应用的新发展。中方赞赏机构通过技术合作渠道帮助成员国尤其是发展中国家，在发展核能、核技术以促进经济社会发展方面所做的大量工作，对报告总体表示满意。中方希望，秘书处重视并落实内监办在《2016 技术合作活动的评价》报告所提改进措施建议，提高基于结果的管理效率，为成员国提供更好的服务。

中国政府坚持在确保安全的基础上高效发展核电的政策，2016 年在运机组达到了 35 台，与燃煤发电相比，相当于减少排放二氧化碳 17209 万吨；在建 21 台机组建设顺利，其中包括三代核电技术的 3 台“华龙一号”

① http：//www. fmprc. gov. cn/ce/cgvienna/chn/hyyfy/t1447176. htm

核电机组以及四代技术的高温气冷堆示范电站。中国成功实现微堆高浓铀低浓化，并愿在“加纳模式”基础上，本着自愿务实的原则，协助有关国家改造从中国进口的高浓铀微堆。中国重视放射性废物处理处置工作，计划未来五年内建成高放废物处置库地下实验室。核技术在中国的工业、农业、医学和环保等领域得到了广泛应用。在农业领域，中国辐射诱变育成品种达 900 余种，约占机构诱变育种品种的四分之一；在核医学领域，PET-CT 技术广泛用于癌症诊断与治疗。

主席先生，

中方注意到机构将于 5 月召开技术合作 60 周年国际会议，相信机构将通过这次重要活动，总结技术合作取得的历史成果和成功经验，必将进一步促进成员国经济社会发展。中国高度重视这次活动，将派相关专家参会，并举办展览和边会，全面介绍技术合作成果与核技术应用情况，为成员国实现 2030 年发展目标分享中国经验。此外，中国还将派团参加机构于 4 月召开辐射科学与技术应用国际会议。

在发表上述评论后，中国代表团注意到载于 GOV/2017/2 号文件的《2017 年核技术评论》。

谢谢主席先生。

常驻联合国副代表吴海涛大使在安理会地雷行动和降低爆炸物威胁问题公开会上的发言[①]

（2017年6月13日）

主席先生，

中方感谢您召集今天的会议。感谢祖耶夫助理秘书长及妮娜女士所作的通报。

近年来，在国际社会共同努力下，国际地雷行动取得积极进展，部分国家和地区雷患困扰有所缓解。中方对联合国在该领域所做工作表示赞赏。

当前，国际和地区安全形势正发生复杂、深刻变化，在不少遭受战争或武装冲突影响的国家和地区，地雷、战争遗留爆炸物严重威胁平民生命和财产安全，阻碍经济发展和社会重建。近年来，简易爆炸装置已成为恐怖分子、极端分子采取恐怖和暴力行为的手段。加强地雷行动领域的国际援助与合作，有效降低地雷等爆炸物对平民和维和人员的威胁，是一项重要任务。

中方认为，为有效降低地雷等爆炸物引发的人道主义关切，国际社会应遵循以下原则：

一、坚持会员国主导原则。应充分考虑雷患国家国情和需求，不断提高各国参与扫雷工作的能力和水平，充分发挥其作用。

---

① http：//www.fmprc.gov.cn/ce/ceun/chn/hyyfy/t1470012.htm.

二、坚持平衡处理原则。应尊重各国安全环境、军事力量的差异性，既要妥善解决人道主义关切，也要充分考虑各国的正当军事安全需要。

三、坚持注重实效原则。应注重提高扫雷援助与合作的实际效果，加强援助接收国能力建设，努力实现其从依靠外援向以自身能力为主的转变。

主席先生，

中国高度重视地雷等爆炸物引发的人道主义关切，积极支持《日内瓦公约》《特定常规武器公约》等国际法律文书。中国是《特定常规武器公约》及其五个附加议定书的“完全成员国”，忠实履行公约及相关议定书义务。中国多年来一直与《渥太华禁雷公约》缔约国保持密切的交流合作，以观察员身份参加了公约缔约国会议和审议会议。

中国积极致力于国际人道主义扫雷援助事业，为雷患国和受害者提供力所能及的援助。自 1998 年以来，中国政府通过援助扫雷装备、举办扫雷技术培训、捐款等方式，向近 40 个亚、非、拉国家提供了价值超过 9000 万元人民币人道主义援助，共培训近 500 名专业扫雷技术人员。2015 年 9 月，中国国家主席习近平在第 70 届联大维和峰会期间宣布，中方将在今后 5 年开展 10 个扫雷援助项目。目前，中方正在积极兑现承诺，落实有关项目。

中方重视解决非国家行为体滥用“简易爆炸装置”引发的人道主义关切，支持在《特定常规武器公约》经修订的《地雷议定书》框架内讨论简易爆炸装置问题，愿与各方进行有益的经验交流。中方专家与联合国等有关方面共同制定联合国“简易爆炸装置处置标准”，并于今年 3 月以共同主席身份在华承办专家组首次会议。

主席先生，

中国深切理解雷患国家人民对安全和发展的渴望，愿一如既往切实履行各项国际义务，提供力所能及的帮助，与国际社会一道，为解决地雷等爆炸物引发的人道主义关切做出贡献。

谢谢主席先生。

中国代表团在《全面禁核试条约》组织筹委会第48次会议上的发言①

（2017年6月22日，维也纳）

中方赞赏技秘处严格遵循“实际零增长”原则制定下一个双年度项目与预算草案，同时希望技秘处在提高资金和资源使用效率的基础上，不断加大对能力建设项目的支持力度，并提高用于能力建设资金的透明度。

平衡推进国际监测系统、国际数据中心和现场视察三大领域工作是条约履约筹备建设的重要基础。中方注意到，各方仍对国际数据中心“逐步启动计划”5b阶段路线图存在争议，欢迎会议继续就相关问题展开深入讨论。中方赞赏技秘处多次表示5b阶段活动将恪守“临时试运行”原则，鼓励技秘处平衡处理各方意见，并依据可量化、可检验原则，制定该路线图的技术要求和验收标准。

中方肯定现场视察设备永久性存储与维护设施项目取得的进展，要求技秘处根据筹委会相关决定，做好信息透明。中方欢迎并支持泰国国家审计署竞聘下任外部审计员，鼓励更多发展中国家参与条约各项工作。

当前，国际核裁军领域形势纷繁复杂，核裁军进程未来发展不确定性有所增强。条约在国际军控体系中的价值和地位不容置疑，条约组织筹委会及临时技秘处应坚守自身定位，在条约授权的基础上，进一步做好条约履约筹备及推动条约早日生效等工作，不断增强条约相关机制的活力和吸

① http：//www.fmprc.gov.cn/ce/cgvienna/chn/hplyhnyfks/t1473191.htm.

引力。

中方注意到一些代表团就《全面禁核试条约》组织筹委会同《禁止核武器条约》谈判进程关系的发言，也愿就这一问题简要发表看法。

中方认为，筹委会及其临时技秘处的职责是切实做好条约履约筹备工作，参与《禁核武条约》谈判进程显然超出了这一授权范围。中方希望临时技秘处谨慎行事，严格按照授权开展工作。

作为首批签署条约的国家之一，中国一贯致力于支持技秘处稳步推进国际监测系统建设。去年 12 月，兰州放射性核素台站成为中国境内首座通过核证验收的台站。今年，中国境内另外四座台站也进入到核证验收的关键阶段。近期，中方同技秘处密切配合，顺利接待了技秘处专家对有关台站的维修和核证访问。中方将继续与各方一道，为推动条约履约筹备进程做出积极贡献。

常驻联合国代表刘结一大使在安理会防止非国家行为体从事扩散活动全球努力公开会上的发言[①]

（2017 年 6 月 28 日）

主席先生，

中方赞赏玻利维亚召开此次会议，感谢中满泉副秘书长兼裁军事务高级代表、禁止化学武器组织巴拉德先生的通报。中方赞赏玻利维亚作为安理会 1540 委员会主席所做的工作。

防止大规模杀伤性武器及其运载工具扩散事关国际和平、安全与稳定，是国际社会面临的共同挑战和重要任务，也是全球治理的重要组成部分。

近年来，在国际社会共同努力下，国际防扩散共识不断加深、机制日趋完善，各国防扩散能力建设不断提高、合作更加深入。回顾国际防扩散历程，我们能得出以下四点认识：

第一，共同安全是推进国际防扩散进程的治本之策。营造和平稳定的国际环境，构建公道正义、共建共享的安全格局，实现各国共同安全，是消除恐怖主义和扩散动因的重要基础。

第二，公正、平衡是推进国际防扩散进程的基本原则。单边主义、双重标准和歧视性做法，有损国际防扩散体系的权威性与有效性。各国在履行防扩散义务的同时，享有和平利用科技发展成果的权利。

---

① http：//www.fmprc.gov.cn/ce/ceun/chn/hyyfy/t1473947.htm.

第三，发挥国际防扩散机制作用是推进国际防扩散进程的重要保障。大规模杀伤性武器扩散的威胁超越国界。各国在普遍参与和民主协商基础上，通过联合国和相关国际组织协调防扩散努力，有助于加强和完善国际防扩散体系。

第四，对话合作是推进国际防扩散的有效途径。对抗和一味制裁与施压，只会导致冲突升级和外溢，进而加剧扩散风险。坚持对话协商，以政治外交手段妥善解决防扩散问题，更加持久有效。

主席先生，

近年来，国际防扩散形势依然严峻。一些防扩散热点问题延宕难决。技术进步降低了扩散门槛。非国家行为体，特别是恐怖分子获取大规模杀伤性武器及相关材料、技术的风险上升。国际社会应共同努力，更好把握防扩散全球治理的以下几个方面：

第一，要凝聚政治共识，坚持标本兼治。各国应摒弃冷战思维，树立共同、综合、合作、可持续的新安全观，加强各国的安全环境，早日铲除滋生恐怖主义和扩散活动的土壤。要全面落实防扩散义务及政治承诺，致力于应对现实扩散威胁。

第二，要强化国家责任，构筑防扩散防线。防扩散的首要责任应由各国政府承担。要尊重和支持各国根据本国国情制定防扩散政策，健全防扩散法律法规体系，加强防扩散执法能力建设，筑牢防线。

第三，要深化国际合作，提升防扩散能力。所有国家都应积极参与防扩散全球治理，在尊重各国主权前提下，以开放包容、互利共赢精神，开展防扩散领域交流互鉴与务实合作，共同提升防扩散能力和水平。广大发展中国家在防扩散领域的国际援助需求应得到切实满足。

第四，要多措并举，全面有效执行安理会第 1540 号决议。第 1540 号决议是安理会通过的第一个专门的防扩散决议，凝聚了各国防扩散共识。

1540委员会应恪守安理会决议授权，继承和发扬合作精神，着重加强委员会援助职能，提升各国执行决议意识和能力，推动防扩散领域相关国际合作。

主席先生，

中国坚决反对大规模杀伤性武器及其运载工具的扩散，一贯严格履行防扩散国际义务，积极参与国际和地区防扩散合作，致力于推动防扩散热点问题的政治解决，支持联合国在防扩散领域发挥应有作用。2015年9月，中方与1540委员会在青岛联合举办了首届“亚太地区防扩散国家联络点培训班”，取得了积极效果。今年8月，中方将再次与1540委员会在华合办有关培训班，相信此次培训班将为有关各方的防扩散能力建设发挥建设性作用。

中方将继续与各方一道，共同为完善国际防扩散体系、加强防扩散全球治理、维护世界和平与安全做出贡献。

谢谢主席先生。

国家原子能机构副主任、国际原子能机构理事会中国理事王毅韧在国际原子能机构六月理事会上的发言[①]

（2017 年 6 月 29 日）

主席先生，

中国代表团赞成尊敬的伊朗大使代表 77 国集团和中国就本议题所作的发言。感谢天野之弥总干事所做的介绍性发言以及秘书处 5 月 18 日举办的吹风会。

主席先生，

作为核领域最重要的政府间国际组织，自 1957 年正式成立以来，机构在促进和平利用核能与防止核武器扩散领域做出了重要贡献。中国代表团对机构 60 年来取得的成绩表示赞赏，对 2016 年机构在核能、核技术、核安保、核安全、核核查以及技术合作等领域开展的工作表示满意，对机构技术合作 60 周年大会成功举办表示祝贺。

主席先生，

核能作为低碳能源，是应对气候变化、优化能源结构、减少环境污染的必然选择，是实现未来可持续发展的必然趋势。中国代表团高兴地看到，机构对 2030 年全球核电增长预期依然向好。2016 年，中国投运 7 台核电机组，在运核电机组达到 36 台；在建核电机组达到 20 台，在建规模居世界第一。中国重视先进核能技术研发，中国实验快堆运行良好，第四代核电

① http：//www. fmprc. gov. cn/ce/cgvienna/chn/hplyhnyfks/t1474109. htm/

机组高温气冷堆示范工程建设顺利推进。中国核电累计发电量超过 2000 亿千瓦/时，与燃煤发电相比，相当于减少二氧化碳排放 1.7 亿吨，为应对全球气候变化做出了贡献。

中国赞赏机构根据成员国经济社会发展需求，量身定制技合计划以响应各地区的特定需求和优先事项，技术合作基金达到率继续保持较高水平。中方重视机构技术合作计划的作用，积极参与机构技术合作项目，2016 年承办机构各类培训班、研讨会数十次；中国高校利用在技合计划框架下建立的核教育与培训中心为非洲、亚洲、拉丁美洲第三世界国家培养了数十名核专业人员。

中国代表团注意到核应用实验室改造项目取得的最新进展，支持机构通过核应用实验室改造进一步提升软硬件能力。截至目前，中国已累计向该项目自愿捐款 200 万欧元。希望秘书处严格按照项目设定目标，用好现有资源，按时、保质、保量推进核应用实验室改造项目，尽早为发展中国家提供服务。

主席先生，

中方赞赏机构在核安保、核安全领域发挥的重要作用。2016 年 5 月，《核材料实物保护公约》修订案正式生效，有助于成员国完善实物保护法律法规制度，提升针对各类核材料防护能力；核安全峰会后机构首次国际核安保部长级会议“承诺与行动”成功举办，有利于国际社会将凝聚的共识和承诺转化为实实在在的行动；国际实物保护咨询服务开展 20 年来，有力地推动成员国核安保能力水平提升。此外，机构核安全标准、核安保导则不断完善，成员国对机构开展同行评审和咨询服务需求日益增长，应急演练与能力建设培训活动也已常态化进行。

中国在加强自身核安保能力建设的同时，也积极参与核安保国际交流与合作。核安保示范中心于 2016 年 3 月正式运行，迄今已成功举办包括核安保文化国际研讨班在内的多个国际和地区核安保研讨会和培训班；中国承担的加纳微堆低浓化改造项目迎来里程碑节点，低浓铀燃料正式启运，标志改造项目进入现场实施阶段；中国与机构商定的国际实物保护咨询服务将于今年8月底正式实施；中国连续多年向机构核安保基金捐款，捐款总数已达175万美元。

主席先生，

60年沧桑巨变，一甲子春华秋实。中国愿与机构和其他成员国进一步加强在核能和核技术应用、核安保、核安全、核保障等领域的全方位合作，积极分享中国在核能发展中取得的成果和经验，并积极考虑为机构未来工作提供更多支持。

在发表上述评论后，中国代表团注意到载于GOV/2017/8号的2016年年度报告（草案）。

谢谢主席先生。

中国驻荷兰大使兼常驻禁化武组织代表吴恳在第85届禁止化学武器组织执行理事会上的发言①

（2017年7月11日，海牙）

主席先生，

请允许我代表中国代表团欢迎你主持执理会。中国代表团将与你和各方通力合作，为顺利完成本届会议各项议程做出努力。

中方感谢总干事和各位副主席所作报告，赞同委内瑞拉常驻代表海法·埃萨米大使代表不结盟和中国所作发言。我愿进一步阐述中方在以下几个问题上的立场和主张。

主席先生，

销毁各类化学武器是《禁化武公约》的核心目标。当前，库存化武销毁取得积极进展，但日本遗弃在华化学武器销毁进程严重滞后。今年以来，执理会通过了中日共同提交的2016年以后日遗化武销毁时间框架，执理会代表团对哈尔巴岭日遗化武销毁设施进行了第三次访问。我相信，执理会成员国通过审议和实地考察，对日遗化武历史经纬、现实危害、销毁紧迫性和严峻性有了更全面、更直观的认识，这在执理会代表团访问期间提出的问题和建议中得到充分体现。

中方敦促日方切实履行公约义务，根据第84届执理会通过的时间框架，加大资源投入，加快日遗化武调查挖掘、回收确认和销毁进度。中方

① http：//nl. china-embassy. org/chn/jhwt/t1477380. htm.

作为领土国，将一如既往提供适当合作。执理会应切实履行好审议和监督职能。中国代表团将在会议相关议程下，进一步介绍有关情况。

主席先生，

中方注意到，消除叙利亚化武工作续有进展，叙方宣布的最后一个机库完成销毁，技秘处顺利开展对科学研究中心的现场视察。中方希望叙政府和技秘处加强合作，推动包括宣布澄清在内的问题持续取得进展。执理会各方应保持团结，全面准确执行禁化武组织决定和联合国安理会决议，最终实现叙化武问题的妥善解决。

主席先生，

今年是公约生效20周年，明年将召开第四次审议大会。面向未来，如何平衡推进公约宗旨和目标，为维护国际和平与安全、促进经济社会发展做出应有贡献，是一项重要议题。中方赞赏“未来发展问题开放式工作组”共同主席的工作，期待工作组继续按照缔约国主导、透明和协商一致原则开展工作，早日取得积极成果。

今年我们还将选举任命下任总干事。中方希望各方通过充分磋商，协商一致推举一位素质优良、经验丰富、处事公道的人选，领导技秘处顺利推进各项工作。

中方赞赏尤祖姆居总干事和技秘处为编制2018年禁化武组织方案和预算草案所做努力。中方认为，要确保化武销毁、工业核查、援助与化武防护、国际合作等核心任务顺利开展，技秘处有必要维持合理规模，保持适度预算。中国代表团愿同各国代表团和技秘处一道，本着灵活务实精神参与后续磋商。

主席先生，

为庆祝公约生效20周年，中国政府在中央和各地开展了丰富有效的纪念活动。中国国家履约机构召集中央和地方政府及化工行业代表举行座谈会，推进履约立法、宣布、现场视察、化学品管理工作和外宣。中国国家履约机构高级官员分别在北京和海牙会见尤祖姆居总干事，就履约问题深入交换意见。中方欢迎禁化武组织以“一带一路”倡议为平台，促进缔约国履约合作和化工行业国际产能合作。

中方高度重视公约第十条、第十一条的履行，积极致力于促进国际合作、援助与化武防护。中方刚刚同技秘处在北京合办了援助与化武防护培训班，还将于今年 8 月底在上海合办化学品管理高级总裁培训班，9 月中旬在西安合办医疗防护培训班，欢迎感兴趣的缔约国参加。

中国代表团要求将此发言作为会议正式文件散发，并刊载于禁化武组织公众网和内网。

谢谢主席。

常驻联合国代表刘结一大使在安理会防止恐怖组织获得武器问题公开会上的发言[①]

（2017 年 8 月 2 日）

主席先生，

中方赞赏埃及倡议召开此次公开会。中方认真听取了费多托夫主任、贾汗吉尔·汗主任、陈伟雄代理执行主任和罗克斯特别代表的通报。

中方欢迎安理会一致通过第 2370 号决议，感谢埃及为此做出的重要努力。希望该决议能够推动国际社会加强合作、综合施策，共同切断恐怖组织获得武器的渠道，维护国际和地区和平与安全。

第一，国际社会要坚持统一反恐标准，堵塞各类恐怖组织获得武器的漏洞。安理会有关决议明确要求所有国家均不得向恐怖组织提供武器等任何形式的支持。各国应严格执行安理会相关决议，落实其中关于武器禁运和监测机制等相关规定。只有按照安理会确定的统一标准，共同采取全面有效的具体措施，才能切断恐怖组织获得武器以及各类恐怖组织之间相互传递武器的途径，不给恐怖组织实施恐怖活动任何可乘之机。

第二，会员国要发挥自身作用，承担在防止恐怖组织获得武器方面的主体责任。各国应在本国管辖范围内强化各个环节的管控体制、机制和措施，严格监管武器生产、存储、运输和转让，严厉打击通过非法武器贸易、贩运、走私等途径向恐怖组织提供武器。要不断完善法律、法规和行政程

① http：//www. fmprc. gov. cn/ce/ceun/chn/hyyfy/t1482136. htm.

序，为防止恐怖组织从武器贩运犯罪网络获得武器提供制度性保障。

第三，会员国要加强国际和地区反恐合作，切实形成防止恐怖组织获得武器的联动和合力。各国应共享关于恐怖组织获得武器途径和方式等信息，加强情报交流，相互借鉴打击非法贩卖、转让和生产武器及简易爆炸装置等方面的做法和经验。联合国反恐机构应加强反恐形势新动向、新特点、新趋势研判，发挥多边反恐机制的沟通协调作用，并应会员国要求提供技术支持，协助会员国加强能力建设。加强网络反恐的国际和地区合作至关重要，必须合力阻断恐怖分子通过互联网和社交媒体等信息技术手段获得武器、资金等渠道。

主席先生，

中方深入参与联合国、上海合作组织和全球反恐论坛等多边合作机制。上海合作组织成员国元首理事会第十七次会议不久前在哈萨克斯坦举行。这次峰会签署了《上海合作组织反极端主义公约》，中方主张加强地区反恐怖机构建设，愿再次主办上海合作组织网络反恐联合演习。这体现了中方与有关国家共同强化国际和地区反恐合作的努力。中方期待本次安理会会议的成果转化为国际反恐合作的新局面。

谢谢主席先生。

史忠俊大使就 CTBT 核查机制建设等问题阐述中方立场[①]

（2017 年 8 月 22 日）

8 月 21 日，史忠俊大使率团出席《全面禁止核试验条约》组织筹委会核查工作组第 49 次会议，就条约核查机制建设、国际监测系统、国家数据中心等问题阐述中方立场。

史大使表示，核查机制建设是条约履约筹备的重要组成部分。中方注意到，“建立可靠的禁核试核查体系”已被临时技秘处确立为下阶段两大战略任务之一。我们鼓励临时技秘处在下步工作中继续依据筹委会授权，按照“临时试运行”原则和现实合理方针制订工作计划，平衡推进国际数据中心、国际监测系统和现场视察机制的建设进度，同时在预算方面尽可能保持实际零增长。

史大使指出，国际数据中心承担监测数据处理和分析等职能，作用独特且重要。中方注意到，上次会上各方对国际数据中心“逐步启用计划”5b 阶段路线图仍存不同意见。我们欢迎会议继续就相关问题展开深入讨论，并鼓励临时技秘处平衡处理各方意见，依据可量化、可检验原则，制定路线图技术要求和验收标准。我们也欢迎会议继续讨论国际数据中心“验证与验收计划草案”，希各方广泛提出意见，并不断予以完善。

中方赞赏临时技秘处在推动各国国家数据中心建设方面取得的成绩，

① http：//www. fmprc. gov. cn/ce/cgvienna/chn/hyyfy/t1486492. htm.

希技秘处进一步采取措施提高国家数据中心对国际数据中心数据和产品的分析能力。中方根据履约筹备工作需要，建成了专业化的国家数据中心，并在相关技术领域积累了一定经验。下步，中方愿配合技秘处做好地区技术培训等工作，为各国国家数据中心能力建设做出贡献。

史大使表示，作为首批签署条约的国家之一，中方一贯致力于维护条约的宗旨和目标，恪守暂停核试验承诺，稳步推进国内履约筹备，并积极参与和促进条约生效进程。中方重视与临时技秘处及国际社会的交流合作。中方大力配合技秘处开展履约筹备，派遣专家担任有关任务组共同主席，积极参与技秘处各项研讨会及培训，并将派团参与今年条约促进生效大会。同时，在技秘处支持下，中方部分监测台站进入核证验收关键阶段，于近期顺利接待技秘处专家的访问和视察，为后续工作奠定了基础。

中国代表团团长傅聪大使在《禁止生物武器公约》2017年缔约国会议上的发言①

（2017年12月8日）

主席先生，

首先，请允许我代表中国代表团对你担任《禁止生物武器公约》2017年缔约国会议主席表示祝贺。我们相信，凭借丰富的外交经验和杰出的才能，你将引导会议取得积极成果。中国代表团将全力配合和支持你的工作。

中国代表团也愿意借此机会，对公约八审会主席莫纳大使及履约支持机构所做工作表示赞赏。同时，我们欢迎萨摩亚成为公约第179个缔约国，高兴地看到公约普遍性进一步提高，呼吁尚未加入公约的国家尽快签署或加入公约。

主席先生，

公约是首个禁止一整类大规模杀伤性武器的国际法律文书。自公约生效以来，其在消除生物武器威胁、防止生物武器扩散、促进生物技术和和平利用与国际合作、维护全球生物安全等方面发挥了不可替代的作用。当前，随着生物科技迅猛发展、国际安全形势深刻演变，国际社会所面临的生物武器、生物恐怖主义、大规模传染病等生物安全威胁日益严峻，生物安全在全球安全治理中的地位日益凸显。面对上述挑战，唯有各方携手同心，充分发挥多边主义优势，方能有效共同应对。唯有加强公约权威性和

① http：//www.fmprc.gov.cn/ce/cegv/chn/hyyfy/t1517932.htm.

有效性，推进公约进程不断深入，方能增进共同利益，实现普遍安全。

中方始终认为，谈判达成一项包括核查机制、具有法律约束力、旨在全面加强公约的议定书，是提高公约有效性的最佳途径。在去年公约八审会上，各方就如何进一步加强公约、如何开展本轮会间会工作等诸多问题开展了深入讨论，提出不少新主张、新倡议。令人遗憾的是，各方未能就会间会工作计划达成一致。

制订实施一项全面平衡、现实可行的会间会工作计划，有助于凝聚各方共识，协调推进公约宗旨和目标，不断加强公约有效性和权威性。中方注意到公约存约国就会间会工作计划提出的建议。各方应抓住本次缔约国会议契机，妥善照顾彼此关切，努力弥合分歧，推动会议取得积极成果。

在八审会进程中，中方提出了在公约框架下制定“生物科学家行为准则范本”和建立“生物防扩散出口管制与国际合作机制”两项倡议，得到了很多国家欢迎和支持。中方认为，制定“生物科学家行为准则范本”将有助于提升全球生物科研人员生物安全意识，切实防止生物科技误用和谬用，有效应对生物科技发展带来的新挑战。在公约框架下建立“生物防扩散出口管制和国际合作机制”，则将在兼顾防扩散与国际合作两项目标、平衡处理缔约国权利与义务的同时，切实填补南北发展的鸿沟。我们期待在本轮会间会进程与各方共同推进上述倡议，为加强公约有效性做出贡献。

主席先生，

中国一贯严格遵守公约规定，认真履行公约义务，深入参与公约进程，按时提交建立信任措施材料。中国秉持总体国家安全观，在不断完善生物安全顶层设计的同时，继续加强生物安全领域机制和能力建设，有效实施各项监管，努力提升公众意识，积极开展生物安全国际合作。今年10 月，中国科学院武汉病毒研究所举办了“生物安全实验室管理与实验技术国际培训班”（international workshop on biosafety laboratory management and experimental techniques)，旨在为发展中国家培养传染病防控研究人才，为国际社会提供生物安全公共产品，巴基斯坦、哈萨克斯坦、斯里兰卡、埃及、肯尼亚、塞尔维亚、匈牙利等国派员参加，取得良好效果。

主席先生，

今年1月，中国国家主席习近平在万国宫发表主旨演讲，提出“共商共筑人类命运共同体”。不久前举行的中国共产党第十九次全国代表大会进一步确立“推动构建人类命运共同体”这一宏伟目标，建设持久和平、普遍安全、共同繁荣、开放包容、清洁美丽的世界。这与公约宗旨和目标高度契合。中国将继续发挥负责任大国作用，推动构建相互尊重、公平正义、合作共赢的新型国际关系，积极参与全球治理体系改革和建设，不断贡献中国智慧和力量。中国愿与各方一道，把握本次缔约国会议的宝贵机会，继续推进公约进程，秉持共商共建共享的全球治理观，深化生物安全国际合作，为彻底排除使用生物武器的可能性、构建公正合理的全球生物安全秩序做出贡献。

谢谢主席先生。

常驻联合国代表团临时代办吴海涛大使在安理会轻小武器问题公开会上的发言[①]

（2017 年 12 月 18 日）

主席先生，

中方感谢联合国副秘书长、裁军事务高级代表中满泉所作通报。

当前，国际安全形势正发生深刻复杂变化，传统和非传统安全威胁相互交织，地区冲突与热点问题此起彼伏。轻小武器非法贸易加剧地区武装冲突，影响和平进程和战后重建工作，助长恐怖主义蔓延和跨国有组织犯罪，不利于各国实现可持续发展目标。

近年来，国际社会为解决轻小武器问题做出一系列努力并取得积极进展。安理会先后通过第 2117 号、第 2220 号决议并发表有关主席声明，体现了国际社会致力于解决轻小武器问题的政治意愿。为进一步防范和打击轻小武器非法贸易，中方愿提出以下主张：

一是通过和平、合作、发展消除轻小武器问题的动因。国际社会应坚持通过政治、外交手段解决争端，维护国际和地区和平稳定。同时，应加强维和与战后重建努力，帮助有关国家尽快恢复经济发展和社会稳定，实现可持续发展。只有多管齐下、标本兼治，才能从根本上解决轻小武器问题，建立和平、繁荣、远离枪支暴力的世界。

二是充分发挥联合国等多边机构的重要引领作用。联合国相继达成轻

① http：//www. fmprc. gov. cn/ce/ceun/chn/hyyfy/t1520573. htm.

小武器问题《行动纲领》和《识别与追查文书》，为国际社会应对轻小武器问题提供了政策依据。各方应全面、有效落实《行动纲领》和《识别与追查文书》，推动国家、地区和国际层面打击轻小武器非法贸易的努力取得新进展。中方重视秘书长再次就轻小武器问题提交报告，支持秘书长、联合国各机构和国际刑警组织等多边组织在解决轻小武器问题上发挥积极作用。

三是加大轻小武器管控力度，推进国际合作与援助。各国政府在打击轻小武器非法贸易方面承担着首要责任，应严格执行安理会相关决议，采取负责任的武器贸易政策，健全法律法规，加大执法力度，防止轻小武器流入非法渠道。国家间、国家和国际组织间应加强信息交流和务实合作，尤其应加大对发展中国家的 援助力度，协助其提高库存管理、识别和追查、收缴和销毁非法枪支的能力。

主席先生，

中国政府一贯坚决反对轻小武器非法贸易，认真落实《行动纲领》和《识别与追查文书》，及时提交国家履约报告。中国不断加强国内立法和执法，支持和参与打击枪支非法贸易的国际和地区合作。

中国已连续三次以观察员身份参加《武器贸易条约》缔约国会议，希望《武器贸易条约》有助于解决包括轻小武器在内的常规武器非法贸易问题，同时不影响各国主权、安全和正当的国防需要，也不影响国家间正常合法的武器贸易。

主席先生，

2016 年，联合国第六次轻小武器问题双年度会议达成成果文件，这为 2018 年《行动纲领》三审会打下良好基础。中国愿积极参与联合国框架下有关工作，共同推动《行动纲领》三审会取得积极成果，为国际社会早日解决轻小武器问题贡献力量。

谢谢主席先生。